111 Gründe, die Rhein-Neckar Löwen zu lieben

Thorsten Eisenhofer

111 GRÜNDE, DIE RHEIN-NECKAR LÖWEN ZU LIEBEN

Eine Liebeserklärung an die großartigste
Handballmannschaft der Welt

SCHWARZKOPF & SCHWARZKOPF

INHALT

1. LAUERNDE LÖWEN

Weil wir viele Tiefs durchleiden mussten, bevor die Hochzeiten kamen • Weil Titel umso schöner sind, wenn sie nicht zur Gewohnheit werden • Weil die »Kleinen« lange Zeit etwas »Großes« verhinderten • Weil Löwen und Leiden manchmal Synonyme sind • Weil die Löwen 2016 endlich Deutscher Meister geworden sind • Weil wir auch ohne hauptamtlichen Manager Meister geworden sind • Weil aller guten Dinge ausnahmsweise mal vier sind • Weil in der Saison 2015/16 niemand die Löwen stoppen konnte • Weil wir den 5. Juni 2016 nie vergessen werden

2. DIE LÖWEN IM JAGDFIEBER

Weil nun niemand mehr »Ihr werdet nie Deutscher Meister« singen kann • Weil sieben Löwen besser als 14 Kieler sind • Weil wir das »Vizekusen«-Image abgelegt haben • Weil wir spontan feiern können • Weil der Ball eben knapp daneben ging • Weil auch dank der Löwen die Bundesliga so spannend ist • Weil wir gleich zwei Titel innerhalb von 87 Tagen geholt haben • Weil wir mehr erreichen, als wir uns zutrauen • Weil wir richtig feiern können • Weil die Löwen aus wenig viel machen • Weil unsere Meisterfeiern außergewöhnlich sind • Weil wir gerne Loser sind ;-) • Weil wir zu den ewig Besten gehören • Weil Löwen Monster sind • Weil Stuttgart zwar Schwabenland, aber toller als Hamburg ist

3. LÖWEN-REKORDE, LÖWEN-KURIOSITÄTEN, LÖWEN-SENSATIONEN

Weil wir Bundesliga-Auswärtsspiele mit einer sehr kurzen Anreise haben • Weil uns mal der höchste Auswärtssieg der Bun-

desliga-Geschichte gelungen ist • *Weil noch nie jemand vor mehr Zuschauern Handball gespielt hat* • *Weil es uns in einer Saison zweimal gelungen ist, in Kiel zu gewinnen* • *Weil wir dreifach in der ewigen Zweitliga-Tabelle vertreten sind* • *Weil wir in zehn Champions-League-Jahren gegen den großen FC Barcelona zu Hause nicht verloren haben* • *Weil wir bei einer der kuriosesten Pokalpartien aller Zeiten mitspielten* • *Weil wir eine imposante Serie beendet haben* • *Weil der erste Welthandballer-Torwart mal ein Löwe war* • *Weil wir gerne Britney Spears hören* • *Weil wir mehr Heimspielstätten haben als andere Vereine Bundesligajahre* • *Weil wir auch im Internet Spitze sind*

Weil wir die besten Linksaußen der Welt hatten • *Weil Uwe Gensheimer doch noch mit uns Meister geworden ist* • *Weil uns Gensheimer den EHF-Pokal schenkte* • *Weil Uwe Gensheimer ein Mannheimer Junge ist* • *Weil wir bunter sind* • *Weil wir mit Andy Schmid einen Mann für Tore in den entscheidenden Momenten haben* • *Weil wir mal den gefürchtetsten Abwehrspieler der Bundesliga hatten* • *Weil der beste deutsche Bundesliga-Feldtorschütze mal ein Löwe war* • *Weil die beste Löwen-Sieben aller Zeiten eine Weltauswahl ist* • *Weil wir Rafael Baena haben* • *Weil wir uns an Mariusz Jurasik erfreuten* • *Weil Patrick Groetzki für immer ein Löwe bleibt* • *Weil Alexander Petersson immer besser wird* • *Weil es auch ohne Pep geht*

Weil das Abschiedsspiel von Oliver Roggisch eine große Sause war und über die am Vortag verpasste Meisterschaft hinwegtröstete • *Weil wir selbst rund 100 Kilometer nach Frankfurt fahren, um ein Heimspiel zu sehen* • *Weil die Stimmung in der SAP-Arena mittlerweile richtig gut ist* • *Weil die Spieler der Löwen »greifbar« sind* • *Weil man die Löwen (fast) überall auf der Welt kennt* •

Weil wir weiterhin von einem Champions-League-Sieg träumen dürfen • Weil wir uns mehr freuen als die Fußballnationalmannschaft • Weil wir faire Fans sind • Weil wir bei Endspielen stets mit unseren Lieblingen mitfiebern können • Weil man als Löwen-Fan großartige Comebacks erlebt • Weil wir nicht der beste Club der Welt sein müssen • Weil Feen keine Löwen lieben, wir aber sie • Weil die Rhein-Neckar Löwen in der ganzen Rhein-Neckar-Region zu Hause sind • Weil wir es auch alleine können • Weil ansonsten an 25 Abenden im Jahr in der SAP-Arena nichts los wäre

Weil die Leistungen der Löwen menschlich erscheinen • Weil eine starke Abwehr alle(s) zusammenhält • Weil die Löwen die Könige der Tiere sind • Weil wir den besten Innenblock der Liga haben • Weil wir die besten Torhüter haben • Weil wir irgendwann Pokalsieger werden • Weil es so schön ist, wenn Ex-Kieler im Löwen-Trikot den THW ärgern • Weil wir den Flensburg-Fluch irgendwann beenden werden • Weil wir die geilste Sportart ausüben • Weil die Rhein-Neckar-Region ohne die Löwen um eine Attraktion ärmer wäre • Weil unser Angstgegner zugleich unser Lieblingsgegner ist • Weil wir eine Hochburg für Isländer sind • Weil unser Nachwuchs zu den Besten gehört

Weil Nikolaj Jacobsen einer der besten Trainer der Welt ist • Weil sie mit Guðmundur Guðmundsson mal den wohl perfektionistischsten Trainer der Welt hatten • Weil wir immer einen der weltbesten Trainer als Coach haben • Weil wir die einzige Managerin der Bundesliga haben

Weil wir gegen den großen FC Barcelona auf tragische Weise ausscheiden dürfen • Weil wir trotz schmerzhafter Abgänge immer ein

Spitzenteam geblieben sind • Weil uns in der Saison 2009/2010 einfach das Glück fehlte • Weil wir bei unserer ersten Champions-League-Teilnahme gleich ins Halbfinale stürmten • Weil die Löwen nach jeder großen Niederlage gegen Kiel wieder aufgestanden sind • Weil wir erst knapp an Göppingen scheitern müssen, um uns im Folgejahr zu revanchieren und den Titel zu gewinnen • Weil wir aufstehen können, nachdem wir hingefallen sind • Weil die Abwehrspezialisten auch Spektakel können • Weil wir auch aufsteigen können • Weil wir in der Bundesliga gleich durchgestartet sind • Weil wir mehr Tradition haben, als manche glauben

Weil in der sportverrückten Metropolregion Rhein-Neckar noch Platz für eine Handballmannschaft ist • Weil es ein Gegengewicht zu den starken Teams aus Norddeutschland braucht • Weil die Rhein-Neckar-Region eine große Handballtradition hat • Weil Deutschland ohne uns 2016 nicht Europameister geworden wäre • Weil eigentlich alle Weltstars schon mal in Mannheim gespielt haben • Weil man nirgends in der Region für so wenig Geld so tollen Sport sehen kann • Weil Mannheim ansonsten weniger zu feiern hätte • Weil wir einen Olympiasieger haben • Weil wir dank der Löwen Europa kennenlernen durften • Weil wir mal ein Dorfverein waren

Weil wir in Andy Schmid den besten Feldspieler-Torwart der Liga haben • Weil Kim Ekdahl du Rietz sich seinen Traum erfüllen konnte • Weil wir bei Karol Bieleckis Comeback dabei waren • Weil sich bei uns Träume erfüllen • Weil wir uns mit Myrhol freuten • Weil wir ein »Rugby«-Team besiegten und so erster EHF-Cupsieger wurden • Weil Marius Steinhauser als Kameramann berühmt wurde • Weil 110 Gründe schlichtweg nicht reichen

ALLER ANFANG IST SCHWER

VORWORT

V on Gummersbach nach Nettelstedt-Lübbecke, genauer gesagt, von der Schwalbe-Arena in Gummersbach zur Merkur-Arena in Lübbecke, sind es knapp über 200 Kilometer. Laut Routenplaner braucht man für diese Strecke im besten Fall knapp über zwei Stunden. Die Rhein-Neckar Löwen haben für diese Strecke deutlicher länger gebraucht. 743 Tage, um genau zu sein. Zumindest, wenn man vom wohl brutalsten Tag in der Geschichte des Handball-Bundesligisten am 24. Mai 2014 – der bei Punktgleichheit um zwei Treffer verpassten Meisterschaft gegenüber dem THW Kiel – bis zum wohl schönsten Tag, dem erstmaligen Gewinn des Deutschen Meistertitels am 5. Juni 2016, rechnet. Der Titelgewinn durch den Sieg bei Nettelstedt-Lübbecke war nach vielen Enttäuschungen (unter anderem jenem zu knapp ausgefallen Sieg in Gummersbach, der den THW Kiel in der Tabelle am letzten Spieltag noch vorbeiziehen ließ) der (vorläufige) Höhepunkt einer zu diesem Zeitpunkt noch nicht besonders lange andauernden Zugehörigkeit zum Kreis der besten Handballteams des Landes.

Im Sommer 2003, genau genommen am 29. August gegen die HSG D/M Wetzlar (26:37), absolvierten die Rhein-Neckar Löwen, die damals noch SG Kronau/Östringen hießen, ihre Premieren-Partie in der Handball-Bundesliga. Das Debüt der Badener in der stärksten Liga der Welt ist also erst rund eineinhalb Jahrzehnte her. Nicht viel, wenn man bedenkt, dass die Handball-Bundesliga in ihrer jetzigen (eingleisigen) Form schon seit 1977, also seit über 40 Jahren, besteht.

Und doch haben die Löwen dem Handball in Deutschland in diesem Jahrtausend ihren Stempel aufgedrückt. Sie haben sich nach dem direkten Wiederabstieg, auf den ein sofortiger Wiederaufstieg folgte, schnell zu einem Bundesliga-Spitzenteam gemausert, schafften umgehend den Einzug in den europäischen Wettbewerb und waren seitdem immer international vertreten.

Die Badener haben nicht sofort Erfolg gehabt, sondern einige bittere Lektionen mit vielen knapp verpassten Titeln lernen müssen – in fast allen Wettbewerben. Bei der bittersten aller Niederlagen haben sie den so greifbaren Deutschen Meistertitel am Ende der Saison 2013/14 zwar um zwei Treffer verloren, dafür aber viel Mitgefühl und vor allem viele Sympathien gewonnen. Und sie haben dann ja auch nach einigen Lehrjahren in der höchsten deutschen Spielklasse die Wandlung von einem (verhinderten) Spitzen- zu einem Erfolgsteam geschafft.

Die Löwen sind sicherlich alles andere als ein typischer Verein – sollte es einen solchen überhaupt geben. Wer mit ihnen mitfiebert, hat viel durchgemacht. Viel mehr, als es dem einen oder anderen Fan recht sein mag. Viel mehr, als sich in 111 Gründen niederschreiben lassen mag. Und viel mehr, als mancher Anhänger eines anderen Vereins in 20, 30 oder gar 40 Jahren Bundesliga-Zugehörigkeit erlebt haben mag.

Die Geschichte der Löwen ist dabei nicht immer nur positiv verlaufen. Aber schaut man auf das große Ganze, auf die Entwicklung über einen längeren Zeitraum, dann erkennt man einen langsamen, aber stetigen Aufstieg der Gelbhemden. Und dieser Aufstieg der Löwen ist mit vielen Namen, mit vielen Orten und mit vielen Ereignissen verbunden: mit Uwe Gensheimer, Andy Schmid, Nikolaj Jacobsen, der schon erwähnten Halle in Lübbecke, der Titelverteidigung 2017 oder dem Sieg im EHF-Cup 2013. Um diese Namen, Orte und Ereignisse – und um noch viel mehr – wird es auf den nächsten knapp 250 Seiten gehen.

Thorsten Eisenhofer

KAPITEL 1

LAUERNDE LÖWEN

DER LANGE WEG ZUM ERSTEN TITEL

Weil wir viele Tiefs durchleiden mussten, bevor die Hochzeiten kamen

Im Sport ist es nicht immer, aber fast immer so, dass der Zweite der erste Verlierer ist. Der Zweite ist der, der den Titel knapp verpasst hat, sein Ziel nicht erreicht hat, im Schatten des Siegers steht. Der Zweite ist eigentlich nur dann ein Gewinner, wenn er völlig überraschend so weit vorne im Ranking landet. Aber auch dann fragt sich sicherlich der eine oder andere Zweite (zumindest mit ein bisschen Abstand ein paar Wochen später), ob vielleicht nicht doch ein bisschen mehr drin gewesen wäre. Und ein bisschen mehr ist für den Zweiten nun mal der erste Platz.

So ist das im Sport, so ist das in unserer Gesellschaft. Nicht umsonst hat sich der Begriff »Vizekusen«[1], der dem Fußball-Bundesligisten Bayer 04 Leverkusen nach einigen zweiten Plätzen in Meisterschaft, Pokalwettbewerb und auch in der Champions League verliehen wurde, etabliert. Es ist nicht unbedingt ein Begriff, der einem schmeichelt, wenn man damit in Verbindung gebracht wird. Es ist eher ein Begriff, der mit Scheitern in Verbindung gebracht wird.

Als Fan der Rhein-Neckar Löwen dürfte man sich in der Vergangenheit das eine oder andere Mal als »Vizekusener« gefühlt haben. Die Liste von zweiten Plätzen und knapp verpassten Titeln bei den Badenern ist schließlich lang. Ziemlich lang sogar. Im DHB-Pokal verloren die Löwen bei allen drei Final-Teilnahmen das Endspiel: 2005/06 mit 25:26 gegen den HSV Hamburg, 2006/07 mit 31:33 gegen den THW Kiel (trotz einer zwischenzeitlichen Führung von 22:18) und 2009/10 erneut gegen Hamburg, diesmal erst in der Verlängerung mit 31:33. Hinzu kommt die Niederlage im Finale des Europapokals der Pokalsieger gegen Veszprém in der Spielzeit 2007/2008 (32:37, 28:28). Und natürlich gibt es da noch die beiden knapp verpassten Meisterschaften 2013/14 und in der folgenden Spielzeit 2014/15.

Es sind also Geschichten der Tränen und der Trauer. Vor allem, weil es bei vielen verpassten Titelgewinnen knapp war. Beispielsweise bei den beiden Endspiel-Niederlagen im DHB-Pokal gegen den HSV Hamburg. Und natürlich auch bei der um zwei Tore verfehlten Deutschen Meisterschaft in der Saison 2013/14 – aus Löwen-Sicht ja quasi die Mutter aller zweiten Plätze.

Erinnert man sich nun aber an die Meisterfeier 2016, den Jubel der Spieler – viele waren ja bei den knapp verpassten Titelgewinnen in den Vorjahren dabei gewesen – und auch an die Ausgelassenheit der Fans, dann erfährt man auch viel darüber, wie groß Freude sein kann, wenn man zuvor viel Frust erlebt hat. Der Moment des Triumphes schmeckt dann gleich noch einmal süßer. Viel süßer. Wobei man ja nicht unterschlagen sollte, dass der erste Titelgewinn schon 2013 mit dem Gewinn des EHF-Pokals stattfand – nur dass dieser im Vergleich zu Titeln in Meisterschaft, nationalem Pokalwettbewerb oder der Champions League im Handball eine eher zweitrangige Bedeutung hat.

Übrigens: Es gab auch mal einen zweiten Platz, mit dem die Rhein-Neckar Löwen gut leben konnten. In der Saison 2004/05 war das, als die Löwen noch SG Kronau-Östringen hießen, und Rang zwei im Endklassement der Südstaffel der Zweiten Bundesliga belegten. Dieser zweite Rang berechtigte nämlich zur Teilnahme an der Aufstiegsrelegation, in der sich die Spielgemeinschaft mit 33:29 und 26:22 gegen Eintracht Hildesheim[2] durchsetzte.

Weil Titel umso schöner sind,
wenn sie nicht zur Gewohnheit werden

Wissen Sie auswendig, wie oft der FC Bayern München schon Deutscher Fußballmeister geworden ist? Können Sie – ohne nachzuschauen – sagen, wie viele Male der FC Barcelona Spanischer Meister im Handball geworden ist? Oder haben Sie im Kopf, wie oft der THW Kiel in diesem Jahrtausend Deutscher Meister geworden ist? Ziemlich oft jeweils, dazu kommen die Erfolge der Vereine in nationalen und internationalen Pokalwettbewerben – und sonstige Titel.

Für solche Vereine sind Titel zur Gewohnheit geworden. Sie werden gefeiert, na klar, aber sicherlich nicht mehr so ausgiebig und intensiv wie bei Vereinen, die nicht zu den Serienmeistern zählen, für die eine Feier nach dem Sieg in der Meisterschaft oder dem Pokal noch etwas Besonderes ist. Für Vereine, die Titel nicht am Fließband produzieren, steckt dann viel mehr dahinter. Weil man die Chance nicht jede Saison bekommt. Weil man davon dann oftmals in vielen weniger guten Spielzeiten zehren muss. Und weil der erste Titelgewinn in der Geschichte im Regelfall immer der schönste ist.

Und wenn man etwa, wie die Rhein-Neckar Löwen, erst viele Rückschläge hinnehmen muss, wie zum Beispiel das knappe Ausscheiden im Halbfinale des EHF-Pokals vor dem Gewinn des Titels im Folgejahr, oder die zweimal so knapp verpasste Meisterschaft, dann schmecken die Erfolge umso süßer. Denn dann musste man erst leiden, Niederlagen wegstecken, bevor man feiern darf.

Ach so, hier noch die Auflösung der Eingangsfragen für alle großen und kleinen Statistiker. Deutsche Meistertitel des FC Bayern München: 27[3]. Spanische Handballmeisterschaften des FC Barcelona: 32[4]. Deutsche Handballmeisterschaften des THW Kiel: 20[5] (Stand: Juni 2017).

Weil die »Kleinen« lange Zeit etwas »Großes« verhinderten

Letztmals in der Saison 2006/07 hat der Deutsche Meister im Handball am Saisonende mehr als zehn Minuspunkte auf seinem Konto gehabt (Stand: Juni 2017). Nimmt man den Durchschnitt der vergangenen zehn Spielzeiten seitdem, sind es rund sechs Minuspunkte im Schnitt, die der nationale Titelträger in seiner Meistersaison »verkraften« musste – »umgerechnet« in Spiele also quasi drei Niederlagen pro Spielzeit.

Das wiederum heißt, dass man schon fast eine perfekte Saison spielen musste und muss, wenn man am Ende der Runde die Meisterschale überreicht bekommen möchte. Denn drei Niederlagen in (zumeist) 34 Spielen sind wenig. Ziemlich wenig sogar. Zwei schwere Auswärtsspiele verloren, dazu noch eine Niederlage bei einem unbequem zu spielenden Gegner. Und schon hat man die wenigen (Minus-)Zähler zusammen, die man abgeben darf. Ausrutscher dürfen dann eigentlich nicht passieren, und zu Hause sollte man eigentlich keinen Punkt abgeben. Keinen einzigen.

Es ist schon bemerkenswert, was die Spitzenmannschaften THW Kiel, Rhein-Neckar Löwen, HSV Hamburg und SG Flensburg-Handewitt im vergangenen Jahrzehnt geleistet haben – und zu welchen Höchst- und Spitzenleistungen sie sich immer wieder gegenseitig angetrieben haben. Das ging so weit, dass in der Saison 2013/14 das Torverhältnis entscheiden musste, wer Deutscher Meister wird. Der THW Kiel setzte sich damals in einem irren Wettwerfen in der Endphase der Saison mit teilweise skurril-deutlichen Ergebnissen durch – weil die Norddeutschen am Saisonende ein um zwei Treffer besseres Torverhältnis als die Löwen hatten.

Dass die Löwen in jener Saison den Titel verpassten, lag ein bisschen am fehlenden Glück – aber auch an einer 22:23-Auswärtsniederlage beim TuS Nettelstedt-Lübbecke. Denn alle anderen sieben Verlustpunkte (drei Unentschieden und zwei weitere Niederlagen) fielen aufgrund der Qualität der Gegner in die Rubrik »durchaus einplanbar«.

Diese jedoch nicht eingeplanten zwei verlorenen Punkte in Ostwestfalen an einem Samstagabend Mitte Oktober, trotz einer Führung in der Schlussphase, waren irgendwie typisch für die Löwen. Denn wenn man sich überlegt, warum es lange Zeit nicht mit Titelgewinnen bei den Badenern geklappt hat, kommen unweigerlich unnötige (Auswärts-)Niederlagen bei den vermeintlichen »Kleinen« ins Spiel. Vor allem in Nettelstedt-Lübbecke. In der Saison 2012/13 reichte es nur zu einem Punkt (24:24), in der Spielzeit davor verloren die Gelbhemden in Ostwestfalen (31:32). Dazu fallen einem verlorene Partien in Hannover oder Punkteteilungen in Lemgo ein, die alle in irgendeiner Runde unnötig das Minuspunktekonto belasteten. Und dann vielleicht auch der frühzeitige Punktverlust zu viel waren, um noch an den Titelgewinn zu glauben. Aber genau diese dummen, unnötigen Niederlagen, die dann am Saisonende wieder einmal den Unterschied ausgemacht haben (siehe die Runde 2013/14), machen eine Mannschaft ja auch menschlich. Weil die Spieler in den Begegnungen gegen die Abstiegskandidaten eben nicht immer 120 Prozent motiviert sind – so wie gegen den THW Kiel oder den FC Barcelona. Sondern es ein bisschen schleifen lassen, nur 85 Prozent geben. Nur 85 Prozent geben, weil sie unterbewusst denken, das reicht ja, egal wie oft der Trainer im Vorfeld davor warnt, den Gegner zu unterschätzen. Und so schon mal gegen einen Außenseiter, der wiederum 120 Prozent abruft, verlieren.

Diese Schwäche haben die Löwen mittlerweile quasi abgestellt – auch ein Grund, warum es zuletzt gleich zweimal mit dem Gewinn der deutschen Meisterschaft klappte. Die erste machten die Löwen – Ironie der Geschichte – ausgerechnet in einem Gastspiel beim TuS Nettelstedt-Lübbecke perfekt.

4. GRUND

Weil Löwen und Leiden manchmal Synonyme sind

Warum es sich einfach machen, wenn es auch kompliziert geht? Einfach wäre zum Beispiel gewesen, in der Champions-League-Saison 2016/17 auch die letzten beiden Gruppenspiele zu gewinnen. Das hätte zu Tabellenplatz eins in der Vorrundengruppe B gereicht, damit zu einem Freilos im Achtelfinale und mit ein bisschen Glück im Viertelfinale – oder zwei guten Partien dort – zum Einzug in das Final-Four-Turnier in Köln. Und dass dort in den zwei Tagen vieles möglich ist, dass dort nicht unbedingt immer die Mannschaft sich am Ende Champions-League-Sieger nennt, die als großer Favorit angereist ist, haben die vergangenen Jahre ja oft genug gezeigt. Zumindest träumen darf man ja mal!

Doch die Löwen haben es sich ja in der Champions-League-Saison 2016/17 nicht einfach, sondern kompliziert gemacht. Nach dem zwölften von 14 Vorrundenspieltagen und dem knappen 25:24-Heimsieg gegen Brest HC Meschkow standen sie weiterhin auf Tabellenplatz zwei. Einen Zähler hinter Spitzenreiter Vadar Skopje. Die Löwen waren also in Lauerstellung. Es war klar, dass sie für den Gruppensieg auf einen Ausrutscher von Skopje hoffen musste. Es war aber auch klar, dass es im Laufe der Vorrunde schon viele überraschende Ergebnisse gegeben hatte. Für die Gelbhemden standen noch die Auswärtsaufgabe gegen Celje und das Heimspiel gegen MOL-Pick Szeged an. Keine einfachen Aufgaben, aber machbar. Vor allem mit dem Wissen im Hinterkopf, dass im Falle des Gruppensieges zwei freie Wochenenden winken würden – was die Löwen-Spieler zuvor immer als großen Vorteil aufgrund der hohen Belastung in der Bundesliga gepriesen hatten.

Doch dann verloren die Badener erst überraschend in Celje mit 31:37 – und am letzten Spieltag auch noch mit 24:30 zu Hause gegen Szeged. Anstatt sich mit zwei Siegen den ersten Platz zu krallen, da

Skopje, der spätere Champions-League-Sieger, noch Punkte abgab, purzelten die Löwen auf Tabellenrang vier zurück. Anstatt eines Freiloses wartete im Achtelfinale nun einer der stärksten Gegner, der THW Kiel. Und gegen den Rivalen aus Norddeutschland schieden die Löwen trotz einer zwischenzeitlichen 19:13-Führung im Hinspiel noch aus, weil sie am Ende »nur« mit 25:24 gewannen und das Rückspiel in Mannheim 24:26 verloren.

Selbst mit nur einem Sieg aus den letzten zwei Gruppenspielen wäre der Weg für die Rhein-Neckar Löwen in Richtung Final Four einfacher gewesen. Dann wären sie im Achtelfinale auf Montpellier getroffen. Kein leichter Gegner, aber ein Gegner, der normalerweise ein gut verdaulicher Fraß für die Löwen gewesen wäre. So aber war in der Champions League mal wieder früh Schluss für die Löwen – zum dritten Mal in Folge schieden sie im Achtelfinale aus.

Aber wenn man als Fan dann mal darüber hinweg ist, sich zu ärgern, sich aufzuregen, dann verbindet solch ein Scheitern meistens noch viel mehr mit dem eigenen Verein. Weil eben nicht nur große Siege (wie die Meisterschaft ein paar Wochen später), sondern auch unnötige, schmerzhafte Niederlagen zusammenschweißen.

5. GRUND

Weil die Löwen 2016 endlich Deutscher Meister geworden sind

Dazu muss eigentlich nicht viel gesagt werden, außer: Endliiiiiiiiii iiiiiiiiiiiiiiiiiich Deutscher Meister.

Weil wir auch ohne hauptamtlichen Manager Meister geworden sind

Am 25. Juni 2014 hielt Thorsten Storm in der SAP-Arena vor über 13.000 Zuschauern eine Rede. Am Tag zuvor hatten die Löwen gegenüber dem THW Kiel um zwei Treffer bei Punktgleichheit den Titel des Deutschen Meisters verpasst. Nun stand das Abschiedsspiel von Oliver Roggisch an, aber natürlich waren an diesem Tag auch viele Seelen zu trösten: Ob von Spielern, von Offiziellen oder von Zuschauern. Und als Geschäftsführer mag man in solch einem Moment vielleicht auch untröstlich sein, aber von der Kraft seines Amtes her hat man wohl die Aufgabe, eine Rede zu halten. Etwas zu sagen, was den einen oder anderen dann vielleicht trösten mag – zumindest ein bisschen.

Thorsten Storm also ergriff an diesem Tag das Wort in der Mehrzweckarena und redete darüber, wie knapp man die Meisterschaft verpasst habe. Er sagte solche Dinge wie, dass man nun nicht aufgeben, sondern in der nächsten Saison wieder angreifen werde. Dieser »Angriff«, er sollte allerdings ohne Thorsten Storm erfolgen. Zehn Tage später, Anfang Juni 2014, verkündete Storm, dass er den Löwen nur noch in der folgenden Saison, der Spielzeit 2014/15, als Manager zur Verfügung stehe – und dann zum großen Konkurrenten THW Kiel wechseln werde.

Schnell war bei den Löwen klar, dass man mit Storm nicht noch eine Saison weiter zusammenarbeiten kann, weil der Manager ansonsten ja quasi die Kaderplanung für zwei Meisterschaftskonkurrenten angehen müsste – offiziell für seinen »Noch«-Verein und inoffiziell sicherlich auch schon für seinen »Bald«-Verein. Das würde zu viel Zündstoff bieten. Was wäre, wenn beide Clubs um den gleichen Spieler buhlen würden? Also einigten sich die Löwen und Storm im August 2014 auf die Auflösung des Vertrages zum

Monatsende. Im November nahm Storm dann seine Arbeit in Kiel auf.

Die Löwen brauchten, nicht gerade zu einem günstigen Zeitpunkt für solch eine Verpflichtung, nun natürlich einen Nachfolger. Der wurde in Lars Lamadé gefunden, der zuvor im Aufsichtsrat der Löwen saß und Anfang September 2014 bei den Badenern als Geschäftsführer anfing. Allerdings war er eher so eine Art Teilzeit-Geschäftsführer, denn Lamadé gab seinen Job beim Software-Konzern SAP nicht vollständig auf. In einem Interview mit der Internetseite Handball-World sagte er damals: »Ich habe meine Arbeitszeit bei SAP reduziert, um mich professionell auf meine neue Aufgabe als Geschäftsführer bei den Rhein-Neckar Löwen konzentrieren zu können.«[6] Also hatten die Löwen zwar einen neuen Manager, aber eben keinen hauptamtlichen Manager.

Und trotz dieses Defizits im administrativen Bereich gelang es den Gelbhemden rund eindreiviertel Jahre später, Anfang Juni 2016, Deutscher Meister zu werden. Vor dem THW Kiel mit Ex-Löwen-Geschäftsführer Storm als Vollzeit-Manager.

Am Ende der ersten Meister-Saison beendete Lamadé seine Tätigkeit als Geschäftsführer der Rhein-Neckar Löwen nach zwei Jahren, um bei der SAP einen größeren Verantwortungsbereich zu übernehmen. »Diese Entscheidung ist mir nicht leicht gefallen, aber mittel- bis langfristig waren beide Positionen von mir nicht mehr zu begleiten. Ich werde den Rhein-Neckar Löwen aber natürlich erhalten bleiben und zurück in den Aufsichtsrat wechseln«[7], sagte er damals. Auf Lamadé folgte Jennifer Kettemann, die in ihrer Einarbeitungsphase gleich die erste Meisterschaft miterlebte – und nur zwölf Monate später gleich den zweiten Titel mitfeiern durfte.

Weil aller guten Dinge ausnahmsweise mal vier sind

Man könnte jetzt natürlich einwenden, dass die Rhein-Neckar Löwen zwölf Anläufe benötigt haben, um erstmals Deutscher Handball-Meister zu werden. Denn so viele Spielzeiten haben die Badener schließlich in der Bundesliga gespielt, bevor es mit dem erstmaligen Titelgewinn geklappt hat. Aber eigentlich kann man aus Sicht der Löwen sagen – aller guten Dinge sind vier. Denn im vierten Anlauf hat es geklappt. Im vierten Anlauf in den Spielzeiten, in denen die Löwen in der Rückrunde der Handball-Bundesliga noch eine realistische Chance auf die Meisterschaft hatten und diese somit ein realistisches Ziel war. Mit dem Ziel – oder zumindest dem Wunsch –, Meister zu werden, sind die Badener sicherlich öfter als die angesprochenen vier Mal in die Saison gegangen. Gerade in den Runden, in denen ihnen ein starker Kader mit einer Ansammlung an Topstars zur Verfügung stand. Allerdings war das Ziel an Weihnachten dann meistens schon so weit weg wie ein 35-Grad-Sommertag – zu groß war da im Regelfall schon der punktemäßige Abstand auf den Tabellenführer.

Anders war dies in den Spielzeiten 2012/13, 2013/14, 2014/15 und 2015/16.

In der Saison 2012/13 erwischten die Löwen einen super Start in die Runde, gewannen die ersten 13 Spiele – bevor es eine schallende 17:28-Heimniederlage im Spitzenspiel gegen den THW Kiel gab. Die Badener kämpften sich anschließend an die Tabellenspitze zurück, waren bis in das letzte Saisonviertel hinein der ärgste Rivale des THW, bevor sie durch einige Punktverluste noch hinter die am Ende zählergleiche SG Flensburg-Handewitt auf Tabellenrang drei zurückfielen.

In der Saison 2013/14 lagen die Löwen zu Beginn der Rückrunde eigentlich schon aussichtslos im Hintertreffen gegenüber dem THW

Kiel. Fünf Punkte Rückstand waren es am 17. Spieltag. Doch weil die Badener danach keine einzige Begegnung in der Bundesliga mehr verloren, übernahmen sie am 29. Spieltag die Tabellenführung – punktgleich vor dem THW Kiel. Es folgte ein Wettwerfen um die Deutsche Meisterschaft, bei dem es um jedes Tor ging. Lange Zeit sprach das Torverhältnis für die Löwen – bevor die Kieler die Gelbhemden am letzten Spieltag doch noch überflügelten und sich am Ende aufgrund der um zwei Treffer besseren Tordifferenz den Titel sicherten.

Vor der Saison 2014/15 dachten viele Experten, die Löwen müssten sich erst einmal von dem Schock der so knapp verpassten Meisterschaft in der Vorsaison erholen und würden eher keine Rolle im Titelkampf spielen. Doch weit gefehlt. Die Badener waren wieder der hartnäckigste Konkurrent der Kieler und lieferten den Norddeutschen einen Kampf um den Titel bis zum letzten Spieltag. Die Führung in der Tabelle zwischen den beiden Mannschaften wechselte ständig, das Aufeinandertreffen in Kiel kurz vor dem Ende der Saison endete 23:23, die Norddeutschen lagen aufgrund des etwas besseren Torverhältnisses weiterhin vorne. Sollte es wieder ein Wettwerfen um den Titel geben? Nein, entscheidend war schließlich eine überraschende 27:31-Niederlage der Badener bei der HSG Wetzlar am sechstletzten Spieltag. Die Meisterschaft blieb zwar weiterhin spannend. Weil sich der THW allerdings keinen Ausrutscher mehr leistete, wurden die Norddeutschen erneut Meister – diesmal mit zwei Zählern vor den Löwen.

In der Saison 15/16 waren es dann endlich die Löwen, die am Ende der Spielzeit den Deutschen Meistertitel feiern konnten. Die Badener starteten mit 13 Siegen in Serie (wenn man die Partie gegen den HSV Hamburg dazurechnet, dem im Laufe der Saison die Lizenz entzogen wurde) in die Saison, verloren dann bei der MT Melsungen mit 23:25, blieben allerdings trotz der Niederlage Spitzenreiter. Als es dann kurz vor Weihnachten eine 20:31-Klatsche beim THW Kiel gab, dachten viele, die Löwen würden diese sportliche Demütigung nicht wegstecken. Doch sie steckten diese weg. Mit einer ebenso fast makellosen Serie nach der Unterbrechung der Bundesligarunde wegen der Handball-EM im Januar 2016 und nur vier weiteren Minuspunkten bis zum abschließenden Saisonspieltag ließen die Löwen in der Tabelle kein Team mehr an sich vorbeiziehen – und feierten nach dem 35:23-Auswärtssieg beim TuS Nettelstedt-Lübbecke am letzten Spieltag schließlich den erstmaligen Gewinn der Deutschen Meisterschaft.

8. GRUND

Weil in der Saison 2015/16 niemand die Löwen stoppen konnte

Als Favorit in die Bundesliga-Saison 2015/16 ging – natürlich – der THW Kiel. Wer sollte das Starensemble auf dem Weg zum Titel schon stoppen? Den Löwen war es zuletzt zweimal in Folge ganz knapp nicht gelungen. Sie galten natürlich auch in der Spielzeit 2015/16 wieder als Verein mit Außenseiterchancen auf den Titel. Aber: Die Badener hatten den Abgang von Torwart Niklas Landin zu verkraften, der zu ebenjenem THW gewechselt war und diesen verstärkte.

Doch trotz des auf jeden Fall schmerzhaften Verlustes des Schlussmannes erwischten die Löwen einen guten Start in die Saison. Nach zwei eher einfachen Aufgaben zum Rundenbeginn behielten die Gelbhemden auch am dritten Spieltag beim traditionell schweren Auswärtsspiel in Magdeburg die Oberhand, siegten mit 24:23. Es sollten neun weitere Bundesliga-Begegnungen folgen, die die Badener siegreich gestalten konnten. Darunter so starke (Abwehr-)Leistungen wie beim 25:14 gegen Frisch Auf Göppingen oder beim 30:18 beim TSV Hannover-Burgdorf. Und auch der THW Kiel wurde zu Hause mit 24:20 besiegt. Die Löwen führten die Tabelle souverän an, waren also doch wieder ein ernst zu nehmender Titelanwärter.

Erst am 14. Spieltag, am 21. November, gab es für die Gelbhemden den ersten Rückschlag. Nach 13 Siegen in Serie folgte die erste Niederlage. 23:25 hieß es bei der MT Melsungen. Die Löwen riefen bei den Nordhessen nicht ihre beste Leistung ab. Doch die Badener warf die Niederlage nicht um, sie kehrten sofort in die Erfolgsspur zurück. Zehn Tage später gewannen sie bei der SG Flensburg-Handewitt mit 32:25. Vor allem in der ersten Hälfte, die die Badener 18:10 gewannen, brillierten die Löwen. Für viele Experten spielten sie die beste Halbzeit in der Geschichte des Vereins. Nach dem folgenden 31:22-Heimsieg gegen den VfL Gummersbach schlossen die Löwen die Hinrunde mit nur zwei Minuspunkten ab – und waren somit plötzlich der Topfavorit auf den Titel des Deutschen Meisters.

Nach einem Sieg gegen HBW Balingen-Weilstetten zum Rückrunden-Auftakt folgte kurz vor Weihnachten allerdings ein herber Dämpfer. Die Badener verloren das Spitzenspiel beim THW Kiel mit 20:31 mehr als deutlich – es war ein schwarzer Abend für die Löwen. In der ersten Hälfte (9:12) hielt der Spitzenreiter noch einigermaßen mit, ging dann im zweiten Durchgang aber unter. Bitter: In Kiel fehlte schon Uwe Gensheimer (Muskelverletzung), zudem zog sich Patrick Groetzki in der Spitzenpartie bei einem Konter einen Wadenbeinbruch zu. Doch trotz der Demontage im Hinterkopf und ohne die Flügelzange Groetzki/Gensheimer gewannen die Löwen drei Tage später das schwere Heimspiel gegen den SC Magdeburg. Die Badener gingen somit als Spitzenreiter in die WM-Pause.

Gleich im zweiten Spiel nach der WM-Unterbrechung empfingen die Löwen zu Hause die SG Flensburg-Handewitt – ein Sieg hätte einen großen Schritt Richtung des ersten Deutschen Meistertitels bedeutet. Doch die Badener verloren mit 22:25. Spätestens zu diesem Zeitpunkt war aus dem Zweikampf um den Titel ein Dreikampf geworden. Denn die schlecht in die Saison gestartete SG lag nur noch einen Zähler hinter den punktgleich auf Rang eins und zwei liegenden Löwen und Kielern.

Doch nur die Löwen überstanden die kommenden Partien unbeschadet – erst einmal. Denn nach der 20:24-Niederlage in Berlin am 28. Spieltag ging es in der Tabelle wieder ganz eng zu. Während sich die Kieler durch zwei Niederlagen an den beiden folgenden Spieltagen selbst aus dem Meisterschaftsrennen kegelten, lieferten sich die Löwen und Flensburg bis zum letzten Spieltag ein Kopf-an-Kopf-Rennen. Ein Zähler trennte beide Teams in der Tabelle. Die schwierigste Hürde auf dem Weg zum Titel stellt für die Badener dabei das Auswärtsspiel am drittletzten Spieltag in Wetzlar dar. Doch die Löwen siegten bei der HSG nach 10:11-Halbzeitrückstand noch mit 23:19. Genau zwei Wochen später durften sie sich nach dem 35:23-Auswärtssieg beim TuS Nettelstedt-Lübbecke dann erstmals Deutscher Handball-Meister nennen.

9. GRUND

Weil wir den 5. Juni 2016 nie vergessen werden

5. Juni, 16.26 Uhr. Ein magisches Datum, eine magische Zeit für alle Löwen-Fans. Denn am 5. Juni um 16.26 Uhr endete das Bundesliga-Spiel der Rhein-Neckar Löwen beim TuS Nettelstedt-Lübbecke, die letzte Begegnung der Saison 2015/16. Und damit endete auch die Zeit des Wartens. Die Zeit des Wartens auf den ersten Deutschen Meistertitel. Denn durch den 35:23-Erfolg beim bereits feststehenden Absteiger aus Ostwestfalen ließen sich die Badener auch am letzten Spieltag nicht mehr von der SG Flensburg-Handewitt vom ersten Tabellenplatz verdrängen – und holten sich damit das, was ihnen ja eigentlich schon zwei Jahre zuvor zugestanden hätte und am letzten Spieltag so knapp und auf so brutale Weise entrissen worden war: die Meisterschale.

Als das Spiel zu Ende war, hüpften die Löwen-Spieler durch die Halle, fielen sich in die Arme. Der eine oder andere Akteur weinte – diesmal nicht vor Enttäuschung wie noch zwei Jahre zuvor in Gummersbach. Sondern diesmal vor Glück. Uwe Gensheimer, in seinem letzten Spiel für die Löwen vor seinem Wechsel zu Paris Saint Germain, erhielt schließlich von Liga-Präsident Uwe Schwenker die Meisterschale und streckte diese in gelbem Konfetti-Regen nach oben. Was für ein Moment. Der scheidende Löwen-Kapitän sprach von einer erfüllten Mission, Patrick Groetzki sagte damals: »Genugtuung ist das nicht mit Blick auf die beiden vergangenen Jahre. Wir sind nur unglaublich glücklich, dass wir es geschafft haben.«

Über 2.000 Fans hatten die Löwen zu dem entscheidenden Spiel nach Lübbecke begleitet – noch nie zuvor waren so viele Anhänger der Gelbhemden bei einem Auswärtsspiel dabei gewesen. Nicht nur im Löwen-Block, in der ganzen Halle waren gelbe Trikots und T-Shirts zu entdecken. Jeder wollte bei dem größten Erfolg, dem größten Moment des Vereins, dabei sein. Als die Mannschaft vor der Partie mit dem Bus an der Halle in Lübbecke vorfuhr, wurden die Spieler und die Betreuer schon von 500 Fans erwartet. »Das zeigt, wie wichtig der Erfolg für die Region ist. Wir sind sehr glücklich, dass wir es geschafft haben«, sollte Löwen-Trainer Nikolaj Jacobsen später mit Blick auf die vielen Anhänger und den ersehnten Titelgewinn sagen.[8]

Ach ja: Ein Handballspiel fand vor den Meisterschaftsfeierlichkeiten, die am Abend und an dem folgenden Tag in Mannheim fortgeführt wurden, natürlich auch noch statt. In diesem zeigten die Löwen von der ersten Sekunde an, dass sie, anders als zwei Jahre zuvor in Gummersbach, nicht gewillt waren, sich den Titel noch entreißen zu lassen. Nein, diesmal packten die Löwen zu. Sie dominierten, angetrieben von einem starken Andy Schmid (acht Treffer), die Partie. Waren die Gastgeber beim 7:5 (12.) noch in Schlagdistanz zu den Badenern, setzten sich die Gelbhemden danach unwiderstehlich ab.

17:10 stand es zur Pause. Zu diesem Zeitpunkt hatten die Löwen schon eineinhalb Hände an der Meisterschale – mindestens.

Im zweiten Abschnitt setzten sich die Badener dann sogar auf bis zu zwölf Treffer Differenz ab (29:17/49.), sodass die Feierlichkeiten auf der Tribüne – und ein bisschen auf der Bank – an diesem Sonntagnachmittag schon recht frühzeitig beginnen konnten. Der letzte Treffer zum 35:23 in seinem letzten Spiel für die Löwen mit seinem letzten Wurf war dann Uwe Gensheimer vorbehalten. Danach brachen alle Dämme, Fans und Spieler feierten und feierten und feierten.

KAPITEL 2

DIE LÖWEN IM JAGDFIEBER

Weil nun niemand mehr
»Ihr werdet nie Deutscher Meister« singen kann

Ein Mittwochabend, Anfang September 2015. Die Bundesliga-Saison 2015/16 ist noch ganz jung, gerade einmal drei Spiele sind absolviert. Die Löwen, die in den beiden Spielzeiten zuvor jeweils ganz knapp den Titel verpasst haben – einmal um zwei Tore, einmal um zwei Punkte –, sind mit drei Erfolgen in die neue Runde gestartet. Nun ist Frisch Auf Göppingen am Spieltag Nummer vier zum baden-württembergischen Derby in der Mannheimer SAP-Arena zu Gast.

Zwischen den Vereinen hatte es in den vergangenen Jahren immer wieder heiß umkämpfte, ja auch hitzige Derbys gegeben. Beispielsweise in den Halbfinal-Spielen um den EHF-Pokal in der Saison 2011/12, als die Göppinger sich knapp durchsetzten (32:33, 33:29). Und bei einer vorliegenden sportlichen Rivalität ist es ja normal, dass man den Gegner mit seinen Gesängen auch mal zu ärgern versucht, vor allem, wenn man eine eigene Überlegenheit und/oder eine Schwäche beziehungsweise Reizbarkeit des Kontrahenten ausgemacht hat und diese demonstrieren möchte – beispielsweise in der Anzahl der gewonnenen deutschen Meistertitel. In dieser Kategorie führte Frisch Auf damals mit 9:0, auch wenn der letzte nationale Titel der Göppinger schon über vier Jahrzehnte zurückliegt. Also stimmten die mitgereisten Fans aus Göppingen unter den fast 6000 Zuschauern in der Mannheimer SAP-Arena zu Beginn der Partie den Evergreen *Ihr werdet nie Deutscher Meister* an.

Nun, im Laufe der Begegnung verging den Gästefans allerdings die Lust am Singen: Denn die Akteure der Löwen gaben die passende Antwort auf dem Spielfeld. Gestützt auf eine starke Abwehr, spielten die Badener die Göppinger teilweise schwindelig. Die Gelbhemden ließen den Gästen fast keine Möglichkeiten, überhaupt zum Abschluss zu kommen. Gerade einmal drei Treffer gelangen Frisch Auf so in den ersten 20 Spielminuten, zehn Minuten in Folge waren sie gar ohne Treffer geblieben. Die Löwen erkämpften sich die Bälle, blockten die Würfe – oder aber Darko Stanić im Tor der Gelbhemden parierte die Bälle, die auf sein Gehäuse abgefeuert wurden. Das Angriffsspiel von Göppingen jedenfalls war nur phasenweise erfolgreich, am Ende siegten die Löwen mit 25:14 (14:8).

Auf den Sieg gegen Göppingen folgten im weiteren Saisonverlauf noch viele weitere Erfolge der Badener – und nur wenige Niederlagen. Und so stand am Ende der Saison der bis dahin größte Erfolg der Vereinsgeschichte, der Gewinn der ersten Deutschen Meisterschaft. Nach zwei ganz knapp verpassten Titeln war das Löwen-Rudel nun an seinem Ziel. Und die Zeit der Häme der Fans der Konkurrenz war vorbei.

Und noch einmal, liebe Göppinger. Wer ist noch einmal Deutscher Handballmeister der Saison 2015/16? Und auch der Saison 2016/17?

11. GRUND

Weil sieben Löwen besser als 14 Kieler sind

Die beste deutsche Handballmannschaft in Deutschland ist seit Jahren, mittlerweile kann man sogar schon langsam von Jahrzehnten sprechen, der THW Kiel. Das ist unbestritten. Seit Mitte der 90er-Jahre des vorherigen Jahrhunderts sind die Norddeutschen (in der Regel) eine Titel produzierende Erfolgsmaschine. Die gesammelten (Meister-)Werke aufzuzählen bringt nichts, weil diese Aufzählung kurz danach eh schon wieder überholt ist. Denn meistens hat der THW Kiel schon wieder den nächsten Titel eingefahren. Titellose Spielzeiten (wie etwa in der Saison 2015/16) kommen beim deutschen Rekordmeister selten vor. Äußerst selten.

Der THW ist natürlich – ähnlich wie der FC Bayern München im Fußball – nicht zufällig dort, wo er ist: meistens an der nationalen Spitze, manchmal auch an der internationalen. Da steckt natürlich seit vielen, vielen Jahren eine gute Managementarbeit dahinter, kluge Transfers, die langfristige Planung, der Blick über den morgigen Tag hinaus. Dadurch hat der THW Kiel nicht nur mehr Titel als die Löwen in seiner Historie gesammelt, sondern die Norddeutschen haben auch ganz andere finanzielle Mittel als die Badener zur Verfügung. Diese ermöglichen es ihnen nicht nur, immer mal einen guten Spieler der Löwen abzuwerben (beispielsweise Niklas Landin und Hendrik Pekeler), sondern auch ganz andere Geldsummen in ihren Kader zu stecken. In Kiel spielen nicht sechs oder sieben, sondern 14, 15 oder gar 16 Spieler mit Weltklasseformat. Oder zumindest angehendem Weltklasse-Format. Die zweite Sieben ist nicht viel schlechter als die erste Sieben, denn jede Position ist eigentlich immer mit zwei super Akteuren, im Regelfall auch Nationalspielern, besetzt. Rechtsaußen spielten in der Saison 2016/17 Christian Sprenger und Niklas Ekberg, Linksaußen Raul Santos und Rune Dahmke, im Tor Niklas Landin und Andreas Wolff, im Rückraum rechts Marko Vujin, Christian Zeitz und Steffen Weinhold. Und so weiter, und so fort.[9]

Die Löwen wissen, dass sie mit ihren finanziellen Mitteln solch einen starken Kader nicht zusammenstellen können. Sie haben sich stattdessen für einen anderen Weg entschieden. Sie haben sich dafür entschieden, eine ähnlich starke erste Sieben wie der THW Kiel zu haben. Aber dahinter eben nicht noch sieben weitere Weltklassespieler. Sondern vor allem junge, hungrige Spieler, die zwar lernwillig und aufstrebend sind, die aber eine viel größere Leistungsstreuung in ihrem Spiel haben als Akteure auf Weltklasseformat, weil sie noch einiges lernen müssen, mal sehr gut, aber auch mal schlechter agieren. Qualität vor Quantität ist das Motto der Badener.

In der Saison 2015/16 und in der darauffolgenden Spielzeit ist die Rechnung der Gelbhemden aufgegangen. Da haben quasi sieben Löwen 14 Kieler geschlagen. Die Badener haben es durch eine kluge Verteilung der Belastung der Akteure geschafft, dass die erste Sieben in den Topspielen immer Topleistungen abrufen konnte. Gegen Kiel (oder auch Flensburg) mussten die Stammspieler dann größtenteils durchspielen, während der Gegner wechseln konnte, ohne großartige Qualitätseinbußen zu haben. So ist es den Gelbhemden gelungen, viele Punkte aus den Topspielen zu holen – und am Ende der Saison den Titel des Deutschen Meisters zu gewinnen.

Natürlich hat auch ein bisschen Glück dazugehört. Glück, dass kein Leistungsträger längerfristig verletzt ausfiel. Denn solche Qualitätseinbußen hätten die Löwen mit ihrem kleinen Kader wohl kaum weggesteckt. Sie mussten zwar im Dezember 2015 die Verletzungen von zwei absoluten Topspielern, Uwe Gensheimer (Muskelfaserriss in der rechten Wade und Reizung der rechten Achillessehne) und Patrick Groetzki (Wadenbeinbruch), hinnehmen. Aber glücklicherweise aus Löwen-Sicht folgte dann erst einmal die Bundesliga-Pause aufgrund der Europameisterschaft in Polen. Gensheimer und Groetzki konnten dann zwar nicht beim Titelgewinn der deutschen Nationalmannschaft mitwirken, allerdings verpassten sie so nur wenige Spiele der Rhein-Neckar Löwen.

12. GRUND

Weil wir das »Vizekusen«-Image abgelegt haben

Der Fußball-Verein Bayer Leverkusen wird vermutlich auf ewig mit dem Begriff »Vizekusen«[10] in Verbindung gebracht werden. Es sei denn, die Werkself gewinnt irgendwann einmal vier deutsche Meisterschaften in Folge und holt in dem Zeitraum auch gleich noch zwei Pokalsiege und einmal den Champions-League-Pokal – doch das scheint derzeit, ohne dem Verein zu nahe treten zu wollen, eher so wahrscheinlich wie eine von Menschen bewohnte Großstadt auf dem Mond.

Daher wird man vermutlich auch in zwei Jahrzehnten noch von Bayer Leverkusen und »Vizekusen« sprechen, wenn man über einen Verein redet, der es einfach niemals schafft, Erster zu werden – dafür aber ganz oft Zweiter. Leverkusen ging in der Fußball-Bundesliga-Saison 1999/2000 als Tabellenführer mit drei Punkten Vorsprung auf Bayern München in den letzten Spieltag. Bayer verlor 0:2 in Unterhaching, so schnappten sich die Bayern vor Bayer noch die Meisterschaft. Zwei Spielzeiten später belegte Leverkusen in einer Saison in allen drei Wettbewerben, an denen der Verein teilnahm, den dritten Platz: In der Meisterschaft landete man in der Abschlusstabelle einen Rang hinter Borussia Dortmund, im DFB-Pokal-Finale verlor man mit 2:4 gegen den FC Schalke 04, und im Endspiel um den Titel in der Champions League gab es eine bittere 1:2-Niederlage gegen Real Madrid. Spätestens da war Leverkusen als ewiger Zweiter abgestempelt, der Begriff »Vizekusen« war geboren. Der Verein ließ sich den Begriff später sogar markenrechtlich schützen.

Auch mit den Rhein-Neckar Löwen hat man den Begriff »Vizekusen« bis zum 5. Juni 2016 und dem erstmaligen Gewinn der deutschen Meisterschaft gerne in Verbindung gebracht. Immerhin hatten die Löwen bis dahin eine Art Dauer-Abonnement auf Rang zwei: zweimal in Folge Deutscher Vizemeister, dabei einmal den Titel ähnlich dramatisch verpasst wie Bayer Leverkusen in der Saison 1999/2000, dreimal Deutscher Vize-Pokalsieger und einmal unterlegener Finalist im Endspiel um den Europapokal der Pokalsieger.

Doch während Bayer Leverkusen an den drei verpassten Titelchancen in einer Spielzeit schwer zu knabbern hatte, in der Folgesaison beinahe abgestiegen wäre[11] (die Mannschaft rettete sich erst am letzten Spieltag) und seitdem weitere zweite und dritte Plätze, aber keinen Titelgewinn erreichen konnte (Stand: Februar 2018), haben die Löwen das Image des ewigen Zweiten mittlerweile längst abgelegt. Das gelang schon 2013 mit dem Gewinn des EHF-Pokals, dem ersten Titel in der Vereinsgeschichte. Spätestens aber – dem EHF-Pokal sagt man ja gerne nach, dass er von der Bedeutung her ein eher zweitklassiger Wettbewerb ist – mit den beiden deutschen Meisterschaften in den Spielzeiten 2015/16 und 2016/17. Seit jener Zeit sind die Löwen auf jeden Fall ein Verein, der von anderen Clubs aufgrund seiner fehlenden Titel auf dem Briefkopf nicht mehr belächelt wird. Und den Begriff »Vizekusen« müssen sich nun andere Vereine anheften lassen.

13. GRUND

Weil wir spontan feiern können

Die Schlusssirene an jenem 31. Mai 2017 in der Mannheimer SAP-Arena ging im Jubel unter. Im Jubel auf dem Feld, wo die Spieler schon zehn Sekunden vor dem Ende der Partie gegen den THW Kiel – die Löwen gewannen mit 28:19 – den Ball weggeworfen und zu feiern angefangen hatten. Und im Jubel auf den Rängen, wo die 13.200 Fans schon lange vor dem Ende der Partie begonnen hatten, den zweiten Meistertitel in Folge zu bejubeln. Bevor dann Mannschaft und Anhänger zusammen feierten. Ausgelassen feierten.

Es war eine sehr spontane Feier an jenem Abend. Denn wer hatte im Vorfeld schon damit gerechnet, dass es so schnell gehen würde, schon an diesem Mittwochabend gelingen würde, den Titel zu sichern. Möglich geworden war dieser durch die Niederlage des letzten verbliebenen Meisterschaftskonkurrenten SG Flensburg-Handewitt zwei Stunden zuvor bei Frisch Auf Göppingen.

Im Internetzeitalter war bei den Fans in der Halle vor Spielbeginn natürlich durchgesickert, dass Flensburg-Handewitt in Göppingen zurücklag, streckenweise mit fünf Treffern. Großen Jubel in der Mannheimer Arena löste dann die Ansage von Hallensprecher Kevin Gerwin aus, dass die letzten zwei Spielminuten aus Göppingen auf dem Videowürfel übertragen werden. Und es war wohl das erste Mal in der Geschichte der Löwen, dass Aktionen des baden-württembergischen Konkurrenten Frisch Auf Göppingen lautstark bejubelt wurden. Denn der 31:27-Erfolg der Göppinger rollte den Löwen den roten Teppich zur Meisterschaft aus. Und die Löwen schritten anschließend durch den Erfolg gegen Kiel darüber.

Einziges Problem dabei: Die Feier war so überraschend und spontan, dass Dinge, die bei solchen Ereignissen dazugehören – zum Beispiel jede Menge Bier, das vor allem benötigt wurde, um es Mitspielern und Trainern überzuschütten – überhaupt nicht in den Mengen vorhanden war, wie diese zum Überschütten benötigt wurden. Teilweise mussten Mitarbeiter der Geschäftsstelle bei einer Tankstelle »Nachschub« organisieren.

Es war dann trotzdem eine Sause, an die sich vermutlich alle in der Halle noch lange erinnern werden. Erst einmal wurde das, was in den eineinhalb Stunden zuvor noch das Spielfeld gewesen war, zu einer Art Tummelplatz für die Spieler, die sich herzten, zusammen hüpften und sich mit Bier übergossen. Dann wurde auf dem Spielfeld eine kleine Bühne errichtet, die Fans durften das Spielfeld betreten und alle zusammen feierten. Immer wieder wurde »Deutscher Meister, Deutscher Meister« skandiert. »Es ist toll, den Titel vor solch einer großartigen Kulisse feiern zu können«, rief Kim Ekdahl du Rietz den Fans zu. Andy Schmid sprach vom »Wahnsinn«, Marius Steinhauser prophezeite »eine sehr lange Nacht«.

Die wurde es dann nicht nur für ihn, seine Mannschaftskollegen, das Trainerteam und viele andere aus dem Team der Rhein-Neckar Löwen. Die wurde es auch für viele der Fans, die zum Teil erst weit, weit nach Mitternacht nach Hause und ins Bett gingen, um ein paar Stunden später schon wieder zur Arbeit zu gehen. Anders als die Mannschaft. Die hatte von Trainer Nikolaj Jacobsen ein paar Tage frei bekommen, ein Teil des Teams nutzte dies zu einem Spontan-Trip nach Mallorca.

Ähnlich toll wie die Feier war übrigens auch zuvor der Auftritt der Löwen gegen den THW Kiel gewesen. In der ersten Halbzeit konnten die Norddeutschen noch ganz gut mithalten. Knapp mit 11:10 führten die Löwen beim Seitenwechsel. Dann aber überrannten die Löwen den THW sprichwörtlich, erzielten Tor um Tor per Tempogegenstoß oder per zweiter Welle. Mit einem 13:4-Lauf in den ersten 20 Minuten der zweiten Hälfte fegten die Löwen wie ein Sturm über den THW hinweg – bevor in den letzten zehn Spielminuten im Gefühl des sicheren Sieges schon langsam die Meisterschafts-Feierlichkeiten beginnen konnten.

14. GRUND

Weil der Ball eben knapp daneben ging

Wer weiß, wie dieses Spiel ausgegangen wäre, wenn Kentin Mahé in der drittletzten Minute der Bundesliga-Begegnung zwischen der SG Flensburg-Handewitt und den Rhein-Neckar Löwen von der Mittellinie aus das leere Löwen-Tor getroffen und das 22:22 erzielt hätte? Wer weiß, ob die Löwen dann die Begegnung trotzdem gewonnen hätten? Wer weiß, ob sie dann drei Tage später auch Deutscher Meister geworden wären? Ob sie überhaupt Meister geworden wären?

Es lief die drittletzte Spielminute in einer Partie, die zumindest in puncto Spannung und Dramatik hielt, was sie im Vorfeld versprochen hatte. Viertletzter Spieltag der Saison 2016/17, der Tabellenführer Rhein-Neckar Löwen gastierte beim einen Punkt schlechteren Zweiten, der SG Flensburg-Handewitt. Die Löwen konnten mit einem Sieg einen wichtigen Schritt in Richtung Meisterschaft und Titelverteidigung machen. Die SG Flensburg-Handewitt hingegen war eigentlich zum Siegen verdammt, wollte sie noch Meister werden. Doch der SG merkte man den Druck an, die Löwen spielten viel befreiter und führten fast die komplette erste Hälfte, zeitweise schien es sogar, als könnten sie sich schon vorentscheidend absetzen.

In der zweiten Hälfte gelang den Löwen zu Beginn im Angriff aber nicht mehr viel, nur zwei Treffer waren es bis zur 45. Spielminute. Neun Minuten in Folge blieben die Badener gar ohne eigenen Torerfolg, Flensburg gelang so seit langem mal wieder der Ausgleich: 15:15. Löwen-Trainer Nikolaj Jacobsen reagierte und brachte im Angriff den siebten Feldspieler. Das tat dem Angriffsspiel der Gelbhemden sichtbar gut, auch wenn es die Gäste in der Schlussphase verpassten, sich deutlich abzusetzen, etwa als Rafael Baena beim Stand von 21:19 den Ball nicht im Tor der Gastgeber unterbrachte. So war Flensburg beim Stand von 22:21 wieder dran.

Ein siebter Feldspieler im Angriff bedeutet allerdings auch immer, dass sich dem Gegner bei einem schnellen Ballgewinn die Chance bietet, den Ball ins leere Tor zu werfen. Und genau solch eine Möglichkeit hatte der Flensburger Kentin Mahé in der drittletzten Spielminute, als er nach einem Fehler der Löwen im Spielaufbau an den Ball kam, zur Mittellinie sprintete, von dort warf, der Ball aber knapp neben dem linken Torpfosten aus der Sicht des Schützen landete. Einmal tief durchatmen bei den Löwen und ihren Anhängern. Denn so blieb es beim 22:21 für die Gäste, die dann kurz vor Schluss der Partie bei angezeigtem Zeitspiel das 23:21 erzielten. Andy Schmid traf mit einem fast nicht für möglich gehaltenen Wurf um die Mauer aus Händen von Flensburger Spielern herum.

Der Rest ist bekannt: Die Löwen feierten den Sieg, die Flensburger Spieler waren am Boden zerstört und verloren drei Tage später bei Frisch Auf Göppingen mit 27:31. Diese Niederlage ermöglichte es den Löwen, deren Begegnung im Anschluss an das Spiel Göppingen gegen Flensburg stattfand, mit einem Sieg über den THW Kiel bereits am drittletzten Spieltag die Meisterschaft perfekt zu machen. Und genau diese Möglichkeit nutzten die Löwen dann auch, überrollten den THW Kiel an jenem 31. Mai 2017 in der Mannheimer SAP-Arena vor 13.200 euphorisierten Fans förmlich, gewannen in einer nicht für möglich gehaltenen Deutlichkeit mit 28:19 und feierten somit den zweiten deutschen Meistertitel in Folge.

15. GRUND

Weil auch dank der Löwen die Bundesliga so spannend ist

Okay, der FC Bayern ist nicht jedes Mal Deutscher Meister geworden, seit es die Fußball-Bundesliga gibt. Und der FC Bayern München ist auch in den vergangenen Spielzeiten nicht jedes Mal Deutscher Meister im Fußball geworden. Aber fast jedes Mal. Der deutsche Rekordmeister, das kann man so sagen, dominiert den deutschen Fußball seit Jahren. Seit dem Jahr 2010 ist es nur Borussia Dortmund zweimal gelungen, die Vorherrschaft der Bayern zu unterbrechen und sich den Meistertitel zu schnappen (Stand: Mai 2017)[12].

Die Dominanz der Bayern ist dabei teilweise schon extrem. In der Saison 2012/13 etwa holten sich die Münchener den Titel mit einem Rekordvorsprung von 25 Punkten[13]. Sie wären also – rein theoretisch – auch Meister geworden, wenn sie nur zu 26 der 34 Saisonpartien angetreten wären. Die Überlegenheit führte so weit, dass Gegner in den vergangenen Runden schon mal die Partie im Vorfeld abschenkten, Spieler schonten oder sich Akteure mit Absicht die fünfte Gelbe Karte in der Begegnung vor dem Bayern-Spiel einholten, um diese gesperrt zu verpassen und in wichtigeren Partien wieder dabei zu sein. War ja eh egal, ob man jetzt 0:3 oder 0:5 verliert.

Ist eine Mannschaft so deutlich überlegen, führt dies zu Langeweile. Zu gähnender Langeweile. Als spannend kann die Liga (und das Fernsehen) dann nämlich nur noch den Kampf um die Tabellenränge, die zur Teilnahme an einem internationalen Wettbewerb berechtigen, verkaufen – sowie den Kampf um den Klassenerhalt. Bei den Fans – zumindest bei denen, die nicht mit den Bayern mitfieberten – führte dies nicht unbedingt zu einem gestiegenen Interesse. Denn wo ist die Spannung, wenn man im Vorfeld eh schon weiß (oder zumindest ahnt), wer am Ende gewinnt und sich den Titel sichert?

Ganz anders ist das im Handball. Mit Ausnahme der Kieler Rekordsaison 2011/12, als die Norddeutschen 68:0 Punkte[14] sammelten und am Saisonende elf Zähler Vorsprung auf den Zweitplatzierten SG Flensburg-Handewitt hatten, ging es in der Handball-Bundesliga zumeist sehr spannend zu. Häufig gab es in den vergangenen Jahren einen Zweikampf, teilweise sogar einen Dreikampf um den Titel.

Und in den vergangenen Spielzeiten war die Meisterschaft selten vor dem letzten Spieltag entschieden. Es war zwar nicht jede Runde so spannend wie in der Saison 2013/14, als die Rhein-Neckar Löwen und der THW Kiel punktgleich in den letzten Spieltag gingen und die Kieler sich dank eines deutlich(er)en Sieges noch den Titel schnappten – wegen der um zwei Treffer besseren Tordifferenz. Aber auch in den Folgesaisons entschied sich die Meisterschaft erst am abschließenden Spieltag: 2014/15 erneut zwischen den Kiel und den Löwen (erneut mit dem besseren Ende für Kiel), bevor sich dann die Löwen in der Saison 2015/16 erst nach dem letzten Spiels des Titels sicher sein konnten (ein Punkt mehr als die SG Flensburg-Handewitt). Und auch in der Saison 2016/17 war es lange ein Dreikampf zwischen Kiel, Flensburg und den Löwen um den Titel, bevor die Badener dann schon drei Spieltage vor dem Saisonende Meister wurden.

Weitere Beispiele? Gerne. 2009/10 setzte sich der THW mit nur einem Zähler Vorsprung vor dem HSV Hamburg durch, drei Jahre zuvor entschied sogar nur das Torverhältnis zwischen den beiden Teams im Kampf um Platz eins.

Dass es in der Handball-Bundesliga so spannend zugeht, hat auch mit dem Aufstieg der Rhein-Neckar Löwen zu einer absoluten Spitzenmannschaft zu tun. Denn seitdem sind es in der Regel nun immer drei (vor der Insolvenz des HSV Hamburg sogar vier) Mannschaften, die das Zeug haben, sich am Ende einer Spielzeit den deutschen Meistertitel zu sichern. Und somit ist klar: Wenn eines dieser absoluten Topteams einmal schwächelt (wie etwa die SG Flensburg-Handewitt in der Saison 2014/15), sind immer noch zumindest zwei Titelanwärter da, sodass der Kampf um die Meisterschaft äußerst spannend bleibt und eine ähnliche Langeweile wie in der Fußball-Bundesliga nicht zu befürchten ist. Den Löwen sei Dank.

16. GRUND

Weil wir gleich zwei Titel innerhalb von 87 Tagen geholt haben

Der 5. Juni 2016 wird für immer als einer der tollsten Tage in der Geschichte der Rhein-Neckar Löwen in Erinnerung bleiben – selbst, wenn die Badener mal deutscher Rekordmeister, Rekord-Champions-League-Sieger und die beste Mannschaft des Universums sein sollten. Denn der 5. Juni 2016 hat für vieles entschädigt, was in den Jahren zuvor passiert ist. Vor allem für die vielen zweiten Plätze, für die vielen Momente, in denen die Löwen einen Titel knapp – oder sogar sehr knapp – verpasst haben. An die zweiten Plätze in der Meisterschaft, an die bis dahin neun Teilnahmen am Final-Four-Turnier um den DHB-Pokal, ohne dabei auch nur einmal das Endspiel zu gewinnen, an die verpassten Chancen (den EHF-Pokal-Sieg 2013 ausgenommen), einen internationalen Titel zu gewinnen.

Jetzt ist es ja im Sport manchmal so, dass man mehrmals an etwas scheitert. Und wenn man es dann irgendwann endlich hinbekommt, dann schafft man es plötzlich immer wieder. Wie ein Weitspringer, dem es jahrelang nicht gelingt, die 8-Meter-Marke zu überspringen. Nachdem er es dann aber einmal geschafft hat, gelingt es ihm in den kommenden Wettkämpfen immer wieder. Weil es im Kopf »klick« gemacht hat. So war das auch bei den Rhein-Neckar Löwen mit dem Gewinnen von Titeln. Die Löwen haben nach dem Meistertitel im Juni 2016 erst einmal kräftig (und heftig) gefeiert und anschließend die Sommerpause genossen. Dann ging irgendwann die Vorbereitung auf die kommende Saison, die Spielzeit 2016/17, los. Es folgten viele Trainingseinheiten, einige Testspiele und die beiden Pokalpartien des Erstrunden-Final-Four-Turniers gegen den TV Hochdorf (42:19) und den TuS Ferndorf (31:22).

Drei Tage später, am letzten Augusttag des Jahres 2016, stand dann das Spiel um den Supercup gegen den SC Magdeburg in Stuttgart an. Die Partie war nicht nur eine Standortbestimmung gegen einen starken Gegner drei Tage vor dem Beginn der neuen Bundesliga-Saison (die mit einem Heimspiel gegen eben jenen SC Magdeburg beginnen sollte), sondern auch die Möglichkeit, 87 Tage nach dem Gewinn der Deutschen Meisterschaft einen weiteren Titel zu holen.

Und die Löwen nutzen diese Chance – und zeigten damit, dass sie nicht nur weiterhin hungrig auf Erfolge sind, sondern auch gelernt haben, sich Titel zu krallen. In der Partie gegen das Team aus Ostdeutschland gaben die Gelbhemden von Beginn an den Takt vor. Im Tor stand Neuzugang Andreas Palicka, der seinen Anteil daran hatte, dass die Badener zwischen der 5. und 25. Spielminute nur drei Gegentore kassierten. So konnten sich die Gelbhemden schon in der ersten Halbzeit absetzen. Da der Deutsche Meister im zweiten Durchgang phasenweise etwas schluderte, kamen die Magdeburger zwar noch einmal heran, letztendlich gewannen die Löwen aber mit 27:24 und konnten somit erneut über einen Titel jubeln.

Es war übrigens der erste Gewinn des Supercups für die Rhein-Neckar Löwen. Schon einmal standen sie im Supercup-Finale. Das war im Jahr 2007 gewesen, wenn auch nur stellvertretend als Vize-Pokalsieger für den THW Kiel, der in der Saison 2006/07 Meister und Pokalsieger geworden war. Da eine Mannschaft ja schlecht das Supercup-Endspiel gegen sich selbst austragen kann, rückt in solch einem Fall der Vize-Meister oder der Vize-Pokalsieger nach. Die Löwen verloren damals in München recht deutlich mit 31:41[15] …

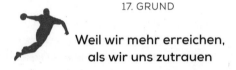

17. GRUND

Weil wir mehr erreichen, als wir uns zutrauen

Vielleicht 15 bis 20 Minuten nachdem die Partie der Rhein-Neckar Löwen gegen den THW Kiel am 31. Mai 2017 zu Ende war, die Löwen also seit 15 bis 20 Minuten Deutscher Meister der Spielzeit 2016/17 waren, kam Jennifer Kettemann zu den Journalisten. Die saßen nicht mehr an den ihnen bei Heimspielen in der SAP-Arena zugewiesenen Arbeitsplätzen direkt am Spielfeldrand (die Werbebande trennte die Arbeitsplätze vom Beginn des Spielfeldes), sondern standen ein, zwei Meter dahinter. Manchmal kletterten sie allerdings auch schnell auf die andere Seite der Tische, um ein Interview mit einem Spieler zu führen und ihn zu seinen Gefühlen kurz nach dem Gewinn der Deutschen Meisterschaft zu fragen.

Dass die Journalisten nicht mehr an ihren Arbeitsplätzen saßen, hatte zum einen den Grund, nicht zufällig eine Bierdusche abzubekommen, weil sich direkt auf der anderen Seite der Bande die Bühne befand, auf der die Spieler den Titelgewinn feierten und dabei reichlich Alkohol verschütteten und versprühten. Und zum anderen hatte das den Grund, dass man ganz gut sehen konnte, was sich auf dieser Bühne abspielte. Von den Journalistenplätzen aus hätte man nämlich nur eine Reihe von (Spieler-)Rücken gesehen.

Nach solch einem Titelgewinn versuchen Journalisten immer möglichst viele Stimmen einzufangen. Es sind natürlich immer sehr viele Sätze dabei, die sich gleichen, aber es kommen dabei natürlich auch Sprüche raus, die man dann gerne abtippt, weil sie einfach originell sind. Oder lustig. Oder weil sie sich einfach gut lesen. Löwen-Trainer Nikolaj Jacobsen etwa sagte: »Die Meisterschaft ist der Lohn dafür, wenn man nachts um halb drei im Bus sitzt, alle Knochen wehtun – und die Pizza wieder kalt ist. Dafür spielen wir Handball.«

Kurz nach Jacobsen kam dann an diesem Abend – wie schon erwähnt – Geschäftsführerin Kettemann zu den Journalisten. Sie setzte sich auf die Kante eines der Tische, an dem normalerweise die Journalisten sitzen, und plauderte eine Weile über die abgelaufene Saison. Kettemann sprach davon, wie schön es ist, den Titel geholt zu haben. Und sie sprach davon, wie toll es ist, den Titel verteidigt zu haben. Und dann sagte die Löwen-Geschäftsführerin noch: »Vor der Saison hatte uns niemand auf dem Zettel. Nicht einmal wir selbst.«

Denn geht es vor der Saison darum, wer am Ende die Meisterschale hochrecken darf, werden immer andere Clubs höher gehandelt als die Rhein-Neckar Löwen. Selbst nach dem erstmaligen Titelgewinn in der Saison 2015/16 sprachen vor der folgenden Spielzeit alle vom THW Kiel und vor allem von der SG Flensburg-Handewitt als den großen Meisterschaftsanwärtern. Von den Löwen sprach eigentlich niemand. Und wenn man den Worten von Geschäftsführerin Kettemann Glauben schenkt, dann haben ja nicht einmal die Löwen selbst an eine Titelverteidigung geglaubt.

Doch dann kam ja alles anders, nicht Kiel, nicht Topfavorit Flensburg, sondern die Löwen bekamen am 10. Juni 2017 die Meisterschale überreicht.

Weil wir richtig feiern können

Es ist schon viel drüber geschrieben und gesagt worden, wie lange die Rhein-Neckar Löwen auf den ersten deutschen Meistertitel ihrer Vereinsgeschichte warten mussten. Da waren all die Versuche in den späten Nullerjahren des aktuellen Jahrhunderts, als die Löwen mit einer zusammengekauften Weltauswahl große Ziele hatten, aber nur wenig erreichten. Da war die bei Punktgleichheit um zwei Tore so knapp verpasste Meisterschaft in der Saison 2013/14. Und da war der nur um zwei Zähler verpasste Meistertitel in der darauffolgenden Spielzeit.

Da ist es verständlich, dass die Feier der ersten Meisterschaft, im Sommer 2016 war es endlich so weit, etwas heftiger ausfiel. Diese Feierlichkeiten begannen an jenem 5. Juni auf dem Parkett der Halle des TuS Nettelstedt-Lübbecke, wo mit einem 35:23-Auswärtserfolg im letzten Spiel der Bundesligasaison der Titel perfekt gemacht wurde. Sie gingen in der Kabine und auf dem Heimflug weiter und wurden dann zusammen mit den Fans im Mannheimer Friedrichspark, dem früheren Stadion der in der Eishockey-Bundesliga DEL beheimateten Adler Mannheim, fortgesetzt und endeten für einige der Spieler dann erst am frühen (oder etwas späteren) Montagmorgen, als es schon längst wieder hell draußen war.

Es folgte dann am Montagnachmittag der zweite Teil der gemeinsamen Feierlichkeiten von Mannschaft und Fans in Mannheim. Die Löwen wurden von Mannheims Oberbürgermeister Peter Kurz im Rathaus empfangen, anschließend ging es mit einem offenen Bus durch die Innenstadt bis zu den Kapuzinerplanken. Dort feierten die Löwen auf einer Bühne, und rund 1500 Anhänger davor, weiter. Viele trugen bereits das Meistershirt des Vereins. Immer wieder wurde »Deutscher Meister, Deutscher Meister« angestimmt. Mal von den Spielern auf der Bühne. Mal von den Fans davor.

Viele Spieler waren zu den Feierlichkeiten an jenem Montagnachmittag mit Sonnenbrillen erschienen. Das war wohl weniger dem Wetter als vielmehr der langen – beziehungsweise kurzen – Nacht geschuldet. Und noch jemand überstand die Meisterfeierlichkeiten nicht ganz unbeschadet: die Meisterschale. Während sich die Mannschaft nach dem Empfang beim Oberbürgermeister auf dem Balkon des Rathauses den Fans zeigte, ließ einer der Spieler die Meisterschale fallen. Ein Schuldiger ließ sich – zumindest nach außen – nicht finden[16].

Die Schale wurde dabei ganz schön ramponiert, zwei Innenteile waren herausgebrochen. Der Versuch, die Schale an Ort und Stelle zu reparieren, misslang, da im Rathaus kein Metallkleber aufzutreiben war und dem Oberbürgermeister auch kein Handwerker in der Nähe einfiel, der den Schaden auf die Schnelle hätte beheben können. Egal, es wurde einfach so weitergefeiert.

Mit der Reparatur konnten sich die Löwen ja dann auch viel Zeit lassen. Denn die Schale blieb ja gleich mal länger als nur ein Jahr bei den Badenern.

19. GRUND

Weil die Löwen aus wenig viel machen

Wenn man, wie mancher europäischer Spitzenclub, etwa der FC Barcelona, quasi eine Weltauswahl zur Verfügung hat, ist es leicht, etwas zu gewinnen. Vor allem, wenn hinter der Weltauswahl noch einmal eine Weltauswahl steht. Wenn also Verletzungen oder Formschwächen von Spielern nicht wirklich zu einem Qualitätsverlust auf dem Parkett führen, weil alle 14, 15 oder 16 Mann im Kader auf einem Niveau spielen. Auf einem ziemlich hohen Niveau. Doch nicht nur beim FC Barcelona, auch bei Paris St. Germain oder dem ungarischen Serienmeister KC Veszprém fühlt man sich an eine

Weltauswahl erinnert, wenn man die Kader der Clubs, beziehungs-weise die Qualität der Kader, anschaut.

Es gab mal Zeiten, da spielte ein Großteil der besten Spieler der Welt in der stärksten Liga der Welt, also in Deutschland. Doch da woanders mittlerweile deutlich höhere Gehälter gezahlt werden und auch die Belastung in den heimischen Ligen für die Spieler in eigentlich allen anderen europäischen Spielklassen geringer ist als in Deutschland, spielen die meistens Weltstars eben nun lieber in Paris, Barcelona, Veszprém oder Kielce anstatt in Flensburg, Ham-burg, Mannheim oder Kiel. Mittlerweile stehen sogar einige der bekanntesten Gesichter des deutschen Handballs im Ausland unter Vertrag. Uwe Gensheimer etwa wechselte im Sommer 2016 von den Rhein-Neckar Löwen nach Paris.

Bei den Löwen kommt hinzu, dass sie in den vergangenen Jahren auch noch die finanziellen Altlasten aus den Zeiten abtragen muss-ten, als unter dem dänischen Mäzen Jesper Nielsen üppige Gehälter gezahlt wurden. Das daraus resultierende wirtschaftliche Defizit belastete die Löwen über Jahre und beeinflusste dementsprechend auch die Kaderplanung. Die Löwen konnten sich daher weder wie Paris, Barcelona oder Veszprém quasi zwei Mannschaften auf Welt-klasseformat leisten. Noch waren sie finanziell in der Lage, sich einen so breiten Kader wie ihre nationalen Konkurrenten THW Kiel oder SG Flensburg/Handewitt zusammenzustellen. Sie haben dann einfach so viele gute Spieler wie möglich geholt, auch wenn der Kader dann jeweils zwei oder drei gute Spieler weniger als bei der nationalen Konkurrenz umfasste.

Doch die Löwen haben in den vergangenen Jahren mit diesem Minimalismus das Maximale herausgeholt. Wenn man weniger Spieler auf einem hohen Niveau zur Verfügung hat, muss man eben seine Kräfte gut einteilen, beispielsweise den Fokus auf einen der drei Wettbewerbe legen – wie die Löwen auf die nationale Meis-terschaft in der Saison 2015/16. Denn wer in drei Wettbewerben immer das Maximale herausholen will, wird dies mit einem kleinen Kader nicht schaffen, weil jeder Spieler irgendwann mal einen schlechten Tag hat oder irgendwann überspielt wirkt.

Und der Erfolg gab den Löwen ja recht: Denn sie gewannen ja schließlich den Meistertitel. Auch wenn neben der klugen Kräfteeinteilung sicherlich auch Faktoren wie wenig Verletzungspech eine Rolle spielten. Zumindest eine klitzekleine.

20. GRUND

Weil unsere Meisterfeiern außergewöhnlich sind

Zu Beginn des 19. Jahrhunderts war man auf der Suche nach alternativen Fortbewegungsmitteln zu Pferdekutschen, vor allem, weil der Erwerb von Pferden zu dieser Zeit doch sehr teuer war und der Preis für Pferdefutter nach einer Missernte 1812 stieg. Einer, der dabei eine geniale Idee hatte, war Karl Drais. Drais, genaugenommen Karl Freiherr von Drais, war eigentlich von Beruf Forstbeamter. Einen Namen machte er sich aber vor allem als Erfinder.

Er war es, der die Laufmaschine erfand, die später auch als Draisine bekannt werden sollte. Im Grunde genommen war diese Vorform des Fahrrads ein Längsbalken mit Sattel und Rädern an beiden Enden. Das Neue daran war, dass sich die beiden Räder hintereinander – und nicht nebeneinander – befanden. Dadurch war das Vorderrad beweglich und lenkbar. Am 12. Juni 1817 fuhr Karl Drais erstmals auf einer dieser Laufmaschine durch Mannheim. Somit kann sich Mannheim durchaus mit dem Titel Geburtsstadt des Fahrrads schmücken. Neben dem Titel Geburtsstadt des Autos, den sich die Stadt an Rhein und Neckar ja auch gerne anheftet[17].

Dieses Ereignis, also die Geburtsstunde des Fahrrads, war im Jahr 2017 dann 200 Jahre alt, weswegen es viele Feierlichkeiten dazu gab. Auch und vor allem natürlich in Mannheim, wo das Rad ja gewissermaßen losrollte. Am Wochenende des 10. und 11. Juni

2017 etwa wurde das Fahrrad-Jubiläum in Mannheim groß gefeiert. In der Innenstadt gab es an diesen beiden Tagen verschiedene Aktionen, etwa ein Draisinen-Rennen, eine Liegerad-WM, ein Festumzug aus »verrückten« Rädern oder verschiedene Fahrrad-Mitmach-Aktionen. Viele Menschen waren auf den Beinen oder besser gesagt auf den Rädern.

Am Wochenende des 10. und 11. Juni 2017 feierten die Menschen in Mannheim aber nicht nur das 200-jährige Fahrrad-Jubiläum. An diesem Wochenende feierten sie in Mannheim auch die zweite deutsche Meisterschaft der Rhein-Neckar Löwen. Diese hatten die Gelbhemden zwar schon zehn Tage zuvor durch einen 28:19-Erfolg im Heimspiel gegen den THW Kiel klar gemacht. Aber am 10. Juni fand das letzte Saisonspiel der Badener gegen die MT Melsungen statt, das die Löwen zu Hause mit 33:28 gewannen. Und anschließend feierten die Spieler und die Fans zusammen in der SAP-Arena, die Meisterschale wurde überreicht, und am Abend gingen die Feierlichkeiten des Löwen-Rudels dann in einem Mannheimer Club weiter.

Doch damit noch nicht genug der Feierlichkeiten. Am Folgetag stand dann für den neuen und alten Deutschen Meister der Besuch beim Oberbürgermeister an und anschließend eine weitere Sause mit den Fans auf dem Mannheimer Münzplatz in der Innenstadt. Und dorthin gelangten die Löwen-Spieler und Löwen-Verantwortlichen – passend zum Fahrradjubiläum – durch die Innenstadt mit dem Rad. Trainer Nikolaj Jacobsen etwa ließ sich in einer Rischka chauffieren, Oliver Roggisch sorgte auf dem Musikbike für musikalische Untermalung, und ein Großteil der Mannschaft hatte auf dem Bier-Bike Platz genommen. Da konnten die Spieler zwar auch in die Pedale treten, sich aber auch mit dem bei solchen Feiern immer begehrten Getränk versorgen. Geleitet von der Polizei ging es so durch für den Autoverkehr gesperrte Straßen durch die Innenstadt. Und am Straßenrand standen die Löwen-Fans und jubelten ihren Spielern zu, bevor dann auf dem Münzplatz noch einmal gemeinsam gefeiert werden konnte. »Deutscher Meister, Deutscher Meister«.

21. GRUND

Weil wir gerne Loser sind ;-)

Das Achtelfinal-Rückspiel der Rhein-Neckar Löwen in der Champions-League-Saison 2016/17 gegen den THW Kiel war gerade ein paar Minuten vorbei, die Badener waren trotz eines 25:24-Hinspielsieges in Kiel durch eine 24:26-Niederlage in eigener Halle aus der Königsklasse ausgeschieden, hatten somit ein Viertelfinale gegen den großen FC Barcelona verpasst. Die Enttäuschung bei den Spielern der Gelbhemden war natürlich groß. Sehr groß sogar, schließlich hatten sie im Hinspiel schon deutlich geführt und einen klaren Sieg verspielt. Und auch im Rückspiel sah es lange Zeit so aus, als würden die Löwen ins Viertelfinale einziehen.

Doch dann kam es in der Schlussphase anders, der THW siegte und zog in die Runde der letzten acht Mannschaften ein – und kurz danach musste Kim Ekdahl du Rietz vor die Fernsehkameras treten. Der Schwede, der gerade auch sein letztes Spiel in der Champions League absolviert hatte und rund zweieinhalb Monate später seine Karriere beenden sollte, sagte damals unter anderem folgenden Satz: »Manchmal denke ich, wir sind ein Haufen Loser.«[18]

Es war natürlich eine Aussage direkt nach dem Spiel. Eine Aussage aus den Emotionen, aus der Enttäuschung heraus. Der Rückraumspieler war natürlich aufgrund des knappen Ausscheidens aufgewühlt. Doch die Aussage kann man natürlich in Zusammenhang damit bringen, dass es das dritte Achtelfinal-Aus in der Königsklasse in Serie für die Badener war und dass Ekdahl du Rietz mit den Löwen zuvor schon die eine oder andere bittere Niederlage in einem wichtigen Spiel hatte einstecken müssen: beim DHB-Pokal-Final-

Four in Hamburg zum Beispiel, das du Rietz mit den Löwen nie für sich entscheiden konnte. Oder auf dem Weg zur angestrebten deutschen Meisterschaft in den Spielzeiten 2013/14 oder 2014/15.

Vergessen hatte der Schwede in diesem emotionalen Moment allerdings offenbar kurzfristig, dass er mit den Löwen rund zehn Monate zuvor Deutscher Meister geworden war und 2013 auch den EHF-Pokal gewonnen hatte. Er, beziehungsweise die Löwen, waren daher genau genommen nicht manchmal »ein Haufen Loser«. Wenn überhaupt, dann eher »in seltenen Fällen ein Haufen Loser«.

Aber wenn wir uns einmal in der Saison selbst als Loser beschimpfen und diese Spielzeit dann mit einem Titel – in diesem Fall der Deutschen Meisterschaft 2016/17 – abschließen, dann sind wir für einen Tag doch alle gerne Loser ;-)

22. GRUND

Weil wir zu den ewig Besten gehören

Für Statistikfreunde im Sport sind alle möglichen Tabellen einsehbar. Neben der aktuellen Tabelle einer Spielklasse gibt es auch Heim- und Auswärtstableaus, Rankings für die Hin- und die Rückrunde, Kreuztabellen, Tabellen der letzten x Spieltage und so weiter und so fort. Vermutlich kann man über eine längere Dauer Tabellen anschauen, als man Zeit benötigen würde, alle jemals ausgestrahlten Folgen der ARD-Kultsendung *Lindenstraße* zu sehen.

Und dann gibt es ja noch die ewige Tabelle einer Spielklasse[19]. Also ein Klassement, in dem alle Punkte zusammengerechnet sind, die eine Mannschaft jemals in einer Liga gesammelt hat. Die ewige Tabelle ist oftmals ein interessantes und überraschendes Tableau, weil dort auch Mannschaften auftauchen, die man schon längst vergessen oder niemals bewusst wahrgenommen hat, weil sie seit Jahrzehnten nicht mehr in der Spielklasse sind (zum Beispiel der

TSV Milbertshofen in der ewigen Tabelle der Handball-Bundesliga) oder nur ganz kurz und ohne große Spuren zu hinterlassen dort aktiv waren (zum Beispiel der BSV Stahl Brandenburg in der ewigen Tabelle der Handball-Bundesliga).

Die Rhein-Neckar Löwen haben es am 15. September 2017 durch den 29:26-Erfolg in der Bundesliga beim VfL Gummersbach zum ersten Mal unter die Top Ten in dieser ewigen Tabelle der Handball-Bundesliga geschafft. Sie haben in dieser Tabelle noch immer (und werden ihn vermutlich auch immer haben) einen riesigen Rückstand auf den »ewigen Spitzenreiter« THW Kiel. Der deutsche Rekordmeister hat rund 1.300 Zähler mehr als die Löwen gesammelt, hatte dafür aber – das darf man nicht vergessen anzumerken – auch 36 Spielzeiten mehr Zeit. Auch die SG Flensburg-Handewitt (rund 700 Punkte vor den Löwen) oder Frisch Auf Göppingen (rund 350 Punkte vor den Löwen) liegen unerreichbar weit entfernt vor den Gelbhemden.

Aber die Badener sind das einzige Team unter den Top-Ten-Mannschaften in der ewigen Tabelle der Handball-Bundesliga, das weniger als 20 Spielzeiten in der Bundesliga aufweist. Die Löwen haben den Sprung unter die ersten Zehn sogar zu Beginn ihrer 15. Bundesliga-Saison geschafft – und damit den zweifachen deutschen Meister SG Wallau/Massenheim verdrängt. Die Hessen, mittlerweile in der Unterklassigkeit der deutschen Handball-Ligen verschwunden (zu Beginn der Saison 2017/18 mussten sie sogar ihre erste Mannschaft aus der Bezirksliga A zurückziehen), waren zuvor das einzige Team mit unter 20 Erstliga-Spielzeiten in den Top Ten gewesen (19). Der weitere Weg nach oben in der ewigen Tabelle der Handball-Bundesliga verlangt nun aber Geduld von den Löwen. Denn der Neuntplatzierte, der TSV GWD Minden, und der Achtplatzierte, TUSEM Essen, haben beide schon fast 1000 Zähler in der Bundesliga gesammelt, liegen also rund 300 Punkte vor den Badenern – auch wenn beide Teams in den vergangenen Jahren nicht so eifrig Punkte sammelten wie die Gelbhemden.

Aber wer weiß, wie dieses Ranking in ein paar Jahren und vor allem in ein paar Jahrzehnten einmal aussehen wird. Denn der eine oder andere Verein mit einer Top-Ten-Platzierung spielt aktuell (Stand: Saison 2017/18) nicht mehr in der Bundesliga (TV Großwallstadt, Essen) beziehungsweise gehörte in den vergangenen Jahren eher zu den »Fahrstuhlmannschaften«, die zwischen den beiden höchsten deutschen Spielklassen pendelten. Oder er drohte, das eine oder andere Mal in die Zweitklassigkeit abzurutschen. Und möglichst viele Punkte sammelt man ja vor allem, wenn man erfolgreich Handball spielt und sich in den obersten Tabellengefilden aufhält – so wie die Rhein-Neckar Löwen das in den vergangenen Jahren stets taten.

23. GRUND

Weil Löwen Monster sind

Diese sieben Tage Anfang Oktober 2017 wird bei den Rhein-Neckar Löwen wohl so schnell keiner vergessen. Weder die Spieler, noch die Fans, noch die Verantwortlichen. Denn die Rhein-Neckar Löwen hatten in diesen sieben Tagen Anfang Oktober nicht weniger als vier Spiele innerhalb von sieben Tagen zu absolvieren. Das hieß: Zwischen den Anwurfzeiten der einzelnen Partien lagen zwischen 45,5 und 50,5 Stunden – zieht man die Spielzeit ab, wird es noch weniger. Viel mehr als spielen, schlafen, Videogucken, wieder schlafen und dann erneut spielen war da nicht möglich. Hinzu kam vor dem vierten Spiel noch eine kleine Reise. Eine kleine Reise, die die Löwen immerhin ins südschwedische Kristianstad führte.

Löwen-Trainer Nikolaj Jacobsen sprach vor den vier Spielen von einer »Monsterwoche«[20]. Es ist in der Tat auch mehr als ungewöhnlich, dass Handballspieler – außerhalb von Welt- oder Europameisterschaften – solch eine Menge an Spielen in solch einer ungewöhnlich kurzen Zeit zu absolvieren haben.

Grund für diese aus sportlicher Sicht eher unglückliche Terminierungen waren mehrere Faktoren: Zum einen spielten da die Interessen des TV-Senders Sky mit rein, der seit der Saison 2017/18 alle Spiele in der Handball-Bundesliga live überträgt und der bei der Terminierung der Spiele durch die Liga ein Mitspracherecht hat. Dann gab es die Interessen des europäischen Verbandes, der die Partien seines Premiumproduktes Champions League gerne am Wochenende angesetzt hat. Und dann muss für Heimspiele (und drei der vier Begegnungen fanden ja zu Hause statt) natürlich auch die SAP-Arena verfügbar sein – und darf nicht für eine andere Veranstaltung geblockt sein.

So kam es eben, dass die Löwen in diese Monsterwoche starten mussten – ob sie nun wollten oder nicht. Gleich zum Auftakt, an einem Sonntagnachmittag, gastierte der THW Kiel bei den Badenern. Die Norddeutschen waren schlecht in die Saison gestartet und hatten auch in Mannheim keine Chance. Das Endergebnis von 28:30 schmeichelte dem deutschen Rekordmeister noch. Kiel konnte den Rückstand in der Schlussphase etwas verkürzen, weil die Löwen schon Kraft für die kommenden Partien sparten.

Denn nur zwei Tage später gastierte ja schon der TSV Hannover-Burgdorf in der SAP-Arena. Die Niedersachsen waren die Überraschungsmannschaft zu Beginn der Saison 2017/18. In Mannheim hatten sie allerdings keine Chance, wurden von den Löwen regelrecht überrollt. Die Badener begannen stark, führten zur Pause 17:9, am Ende hieß es 35:23.

Wiederum zwei Tage später war dann der Aufsteiger TV Hüttenberg bei den Löwen zu Gast. Gegen die Hessen waren die Gelbhemden zu Beginn nicht so fokussiert, brauchten ein wenig, um in die Partie zu finden. Die Badener lagen in der ersten Hälfte zum Teil zurück, 15:12 stand es zur Pause. Am Ende gab es dann einen deutlichen 31:21-Sieg.

Die ersten drei Partien dieser harten Woche hatten die Löwen also ohne Stolperer hinter sich gebracht. Sollte das auch im vierten Spiel gelingen? Bei IFK Kristianstad hatten die Badener in der Champions League immerhin schon einmal verloren, im Oktober 2015 (29:32). Und obwohl Trainer Jacobsen einige Akteure schonte, lief es bei den Löwen. Sie gewannen in Südschweden mit 35:22.

Nimmt man jetzt Jacobsens Aussage von der »Monsterwoche« als Grundlage, kann man durchaus sagen, dass die Löwen wahre Monster sind. Wahre Monster, weil sie die Monsterwoche so bravourös gemeistert und ohne Punktverlust überstanden haben.

Rund fünf Wochen später folgte für die Löwen dann übrigens noch ein, um im Sprachgebrauch zu bleiben, »Monsterwochenende«. Da hatten die Gelbhemden innerhalb von knapp 27 Stunden zwei Partien zu absolvieren. Zwei Auswärtspartien auch noch: das Spiel in der Bundesliga in Leipzig (29:23-Erfolg) am Samstagabend und die Begegnung in der Champions League beim FC Barcelona (26:26) am Sonntagabend. Eine andere Terminierung war nicht möglich gewesen. »Eingebettet« waren diese zwei Spiele in zwei Tagen übrigens in eine Serie von neun (!!!) aufeinanderfolgenden Auswärtsspielen für die Löwen, ein Novum im professionellen Handball.[21]

24. GRUND

Weil Stuttgart zwar Schwabenland, aber toller als Hamburg ist

Das Wort Hamburg löst bei Löwen-Fans schlaflose Nächte aus. Oder Angstschweiß. Oder Magenschmerzen. Oder alles auf einmal. Denn mit Hamburg bringt wohl jeder Löwen-Fan das Final-Four-Turnier um den DHB-Pokal, das in der Hansestadt stets im Mai stattfindet, in Verbindung. Und bei jenem Final-Four waren die Löwen nun ja schon x-mal dabei. Ein paar Mal haben sie dabei das Finale erreicht, um dann dort zu verlieren. Ein paar Mal sind sie gleich im Halbfinale ausgeschieden, in den vergangenen Jahren zumeist gegen die SG Flensburg-Handewitt. Gewonnen haben die Löwen den nationalen Pokal jedenfalls noch nie (Stand: nach der Saison 2016/17).

Das Wort Stuttgart löst bei Löwen-Fans freudige Erinnerungen aus. Oder Jubelschreie. Oder ein Siegerlächeln. Oder alles auf einmal. Denn mit Stuttgart bringt wohl jeder Löwen-Fan die beiden Supercup-Titel der jüngeren Vergangenheit in Verbindung. Denn in Stuttgart haben die Löwen zweimal im Endspiel gestanden – und zweimal gewonnen. Im Sommer 2016 mit 27:24 gegen den SC Magdeburg, im Sommer mit 32:30 nach Siebenmeterwerfen gegen den THW Kiel. Mit den beiden Siegen im Supercup haben die Gelbhemden quasi ihren zuvor errungenen deutschen Meistertitel »vergoldet«.

Das Supercupspiel gegen Magdeburg war für die Löwen damals die erste wichtige Partie ohne den nach Paris abgewanderten Weltklasse-Linksaußen Uwe Gensheimer. Zumindest in der Anfangsphase zeigte sich der amtierende Deutsche Meister meisterlich, führte phasenweise deutlich, ließ die Magdeburger im zweiten Abschnitt allerdings noch einmal gefährlich herankommen. So blieb die Partie zumindest bis kurz vor dem Abpfiff spannend.

Noch spannender verlief dann das Spiel um den Supercup ein Jahr später. Der THW Kiel erwischte den besseren Start in die Begegnung und führte nach einer Viertelstunde mit 7:4. Doch nach einer Auszeit kämpften sich die Löwen zurück in die Partie, glichen innerhalb von nur drei Minuten aus. Und der Löwen-Lauf ging anschließend weiter, die Badener konnten den Vorsprung nun ihrerseits bis zum Seitenwechsel auf drei Treffer ausbauen (14:11). In der zweiten Halbzeit konnte der THW jedoch wieder aufschließen und schaffte bald den Ausgleich. Nun ging es hin und her, die Partie wurde immer spannender. Den Führungstreffer der Kieler zum

28:27 30 Sekunden vor dem Ende der Begegnung glich Jerry Tollbring zwei Sekunden vor dem Schlusspfiff aus. So schloss sich ein Siebenmeterwerfen an, in dem die Löwen-Schlussmänner Andreas Palicka und Mikael Appelgren jeweils einen Siebenmeterwurf der Kieler parierten – und somit einen großen Anteil am 32:30-Erfolg und dem zweiten Supercup-Titel in Serie hatten.

Danach durften die Löwen erneut den Pokal entgegennehmen – und feierten den Triumph mit ihren Fans. Inmitten der Feierlichkeiten meinte Oliver Roggisch, der Sportliche Leiter der Rhein-Neckar Löwen: »Vielleicht sollte man das Final Four um den DHB-Pokal nach Stuttgart verlegen.«[22] Auch wenn die Schwaben-Metropole jetzt sicherlich nicht die Lieblingsstadt eines jeden Badeners ist, hat Roggischs Idee durchaus ihren Charme. Und auch ihren (sportlichen) Sinn aus Sicht der Gelbhemden. Denn in Stuttgart scheint es den Rhein-Neckar Löwen deutlich leichter zu fallen, Titel zu gewinnen. Vielleicht gelänge es ihnen dann sogar, aus einer Serie des Scheiterns (wie beim Final Four in Hamburg) eine Serie des Siegens (wie bei den Supercupspielen in Stuttgart) zu machen.

KAPITEL 3

LÖWEN-REKORDE, LÖWEN-KURIOSITÄTEN, LÖWEN-SENSATIONEN

Weil wir Bundesliga-Auswärtsspiele mit einer sehr kurzen Anreise haben

Anruf bei Uwe Gensheimer kurz nach dem feststehenden Aufstieg der TSG Friesenheim, die mittlerweile Eulen Ludwigshafen heißen, aus der 2. Liga in die Bundesliga im Sommer 2014. »Herr Gensheimer, freuen Sie sich über den Aufstieg der TSG?« Gensheimer, damals Kapitän der Rhein-Neckar Löwen, sagt ein paar nette Worte. Eben das, was man in solch einer Situation als Mannschaftsführer der Handballmacht in der Metropolregion Rhein-Neckar über den Aufstieg des »kleinen Nachbarn« halt sagt. Er freue sich, es sei schön für den Verein, für die Fans, für die Region. Solche Sachen eben. Dann fügt Gensheimer noch an: »Und natürlich freuen wir uns darüber, dass wir ein Auswärtsspiel mit solch einer kurzen Anreise haben.«

In der Tat, im Vergleich zu den Fahrten beziehungsweise Flügen nach Flensburg, Berlin oder Kiel hätten die Spieler der Löwen die Reise in die Mannheimer »Schwesterstadt« Ludwigshafen auch fast zu Fuß antreten können – oder zumindest mit dem Fahrrad. Gerade einmal knapp zehn Kilometer trennen die Spielstätten der beiden Vereine, die Mannheimer SAP-Arena und die im Ludwigshafener Stadtteil Friesenheim gelegene Friedrich-Ebert-Halle, die Heimspielstätte der »Eulen«. Und nicht nur für die Spieler, auch für den einen oder anderen Fan ist die Begegnung auf der anderen Rheinseite natürlich ein willkommener Anlass, die Partie in der ausverkauften Friedrich-Ebert-Halle zu schauen. So schnell ist man ja ansonsten nicht bei einem Auswärtsspiel seiner Mannschaft.

Die Kieler haben es weiter nach Flensburg, die Fußballfans von Dortmund nach Schalke ebenso wie auch die Eishockey-Anhänger der Kölner Haie zum Spiel der Düsseldorfer EG. Und trotz der kleineren Distanz von Mannheim nach Ludwigshafen ist die Rivalität zwischen den Löwen und der Eulen nicht etwa größer. Im Gegenteil: Eine wirkliche Rivalität zwischen den beiden Vereinen gibt es trotz der geografischen Nähe eigentlich nicht. Was auch darin begründet liegen mag, dass es in den vergangenen 13 Spielzeiten gerade einmal sechs Liga-Punktspiele gab, in denen sich die Rhein-Neckar Löwen und die Eulen Ludwigshafen gegenüberstanden. Und zwar in den drei Erstligaspielzeiten der Ludwigshafener, 2010/11, 2014/15 und 2017/18. Die Ergebnisse waren in der Regel recht eindeutig zugunsten der Löwen.

Die Friedrich-Ebert-Halle in Ludwigshafen haben die Löwen übrigens auch schon mal als Heimspielstätte für das eine oder andere Pokalspiel genutzt. In der Saison 2015/16 gewannen sie dort im Achtelfinale gegen die Füchse Berlin mit 29:23 und dann im Viertelfinale gegen die MT Melsungen mit 22:21. Diese Partie musste nach einer Fehlentscheidung der Unparteiischen in der Schlussphase allerdings wiederholt werden. Im Wiederholungsspiel siegten die Löwen schließlich mit 26:23, das Spiel fand dann allerdings in der SAP-Arena statt. Aber das ist eine andere Geschichte. Auch wenn hier Uwe Gensheimer wieder eine wichtige Rolle spielte.

26. GRUND

Weil uns mal der höchste Auswärtssieg der Bundesliga-Geschichte gelungen ist

Als an jenem 10. Mai 2014 noch 17 Sekunden in der Bundesliga-Begegnung zwischen dem ThSV Eisenach und den Rhein-Neckar Löwen zu spielen waren, nahm Löwen-Trainer Guðmundur Guðmundsson eine Auszeit. Die Zuschauer in der Halle in Eisenach pfiffen. Sie machten so ihrem Unmut Luft. Denn sie konnten nicht verstehen, warum ein Übungsleiter bei einer deutlichen 41:19-Führung seiner Mannschaft die Partie noch künstlich verlängern muss.

Schließlich würde ihr Team auch so schon hoch genug verlieren – und zudem nach dem Spieltag als Absteiger in die 2. Liga feststehen. Die Zuschauer fühlten sich veräppelt und vorgeführt.

Doch Guðmundsson hatte durchaus einen Grund, warum er die Auszeit nahm. Der Isländer machte das nicht, um den Gegner und die Zuschauer in der Halle zu ärgern, sondern um das bestmögliche Ergebnis für seine Mannschaft zu erzielen. Denn die Löwen befanden sich damals, am drittletzten Spieltag der Saison 2013/14, in einem munteren Wettwerfen mit dem THW Kiel um die Deutsche Meisterschaft. Beide Teams waren punktgleich, die Löwen hatten die etwas bessere Tordifferenz, obwohl die Norddeutschen am Spieltag zuvor durch einen 46:24-Kantersieg gegen den TBV Lemgo den Tore-Rückstand deutlich verkürzt hatten. »Es ging darum, dass für uns jedes Tor zählt im Vergleich zu Kiel«[23], erklärte Guðmundsson damals nach dem Spiel den Beweggrund für die späte Auszeit. Und den Löwen gelang es ja dann auch, in jenen letzten 17 Sekunden noch einen Treffer nachzulegen. Andy Schmid erhöhte in der Schlusssekunde per Siebenmeter auf 42:19, mit seinem zwölften Treffer in der Begegnung[24].

Was Guðmundsson in jenem Moment, in dem er die Grüne Karte für die Auszeit auf den Kampfrichtertisch legte, ganz sicher nicht im Kopf hatte: Den Löwen fehlte in den Schlusssekunden noch ein Treffer, um den höchsten Auswärtssieg in der Geschichte der Handball-Bundesliga zu schaffen. Diesen konnte bis dahin noch der THW Kiel für sich beanspruchen. Und zwar durch jenes bereits erwähnte 46:24 gegen den TBV Lemgo. 22 Tore Differenz hatten die Norddeutschen ein paar Tage zuvor zwischen sich und ihren Konkurrenten geschaufelt. 22 Tore Differenz waren es nun auch zwischen den Löwen und Eisenach, als die Badener in der Schlussphase noch einmal im Angriff waren. Und durch den Treffer von Schmid in der Schlusssekunde machten die Löwen nicht nur einen Treffer mehr auf Kiel im Kampf um die Deutsche Meisterschaft gut. Nein, sie sicherten sich gleichzeitig auch einen Eintrag in die

Geschichtsbücher der Handball-Bundesliga: den für den höchsten Auswärtssieg in der Geschichte der Bundesliga.

Die Löwen waren den Eisenachern in der Partie vor allem in der ersten Halbzeit total überlegen. 22:8 stand es nach den ersten 30 Minuten. Die Löwen standen stark in der Abwehr, dahinter wehrte ein klasse haltender Torwart Niklas Landin 15 Wurfversuche der Gastgeber ab (am Ende kam er auf 21 Paraden, was einer Quote an gehaltener Bällen von über 50 Prozent entsprach). So waren die Löwen immer wieder durch Tempogegenstöße erfolgreich. Ein Erfolgsgeheimnis für den deutlichen Sieg hatte Coach Guðmundsson im Nachhinein auch parat. »Wir haben uns auf die Partie gegen Eisenach vorbereitet wie auf die Spiele gegen Barcelona oder Hamburg«, sagte der Übungsleiter und gab zu, »von solch einem Ergebnis nicht einmal geträumt zu haben«.

Den Rekord für den höchsten Auswärtssieg der Bundesliga-Geschichte sind die Löwen mittlerweile leider wieder los, er hielt nur bis zum Abend des 1. März 2017. Da gewann die SG Flensburg-Handewitt beim TSV GWD Minden mit 41:17[25], hatte damit 24 Tore mehr als der Gegner erzielt und damit eines mehr als die Löwen bei ihrem Rekordsieg in Eisenach im Mai 2014. Aber dafür schnappten die Löwen ihnen am Ende jener Saison 2016/17 bekanntermaßen ja den Titel des Deutschen Meisters weg. Und der ist ja mehr wert als der höchste Auswärtssieg in der Bundesliga-Geschichte.

27. GRUND

**Weil noch nie jemand vor mehr Zuschauern
Handball gespielt hat**

Samstagnachmittags ist in der Commerzbank-Arena im Frankfurter Stadtwald meistens gute Stimmung, wenn die Frankfurter Eintracht in der Fußball-Bundesliga ein Heimspiel hat. Rund 50.000

Zuschauer peitschen dann in der Regel ihr Team nach vorne in der Hoffnung, dass der Traditionsverein am Ende der Saison den Klassenerhalt schafft – oder manchmal auch ein bisschen mehr.

Der 6. September 2014 war ebenfalls ein Samstagnachmittag, es herrschte ebenfalls gute Stimmung in der Frankfurter Commerzbank-Arena. Nur dass unten auf dem Rasen nicht die Frankfurter Eintracht ein Heimspiel austrug. Genaugenommen wurde auch nicht auf Rasen gespielt, sondern auf einem Handballboden. Und auf dem standen sich die Rhein-Neckar Löwen und der HSV Hamburg gegenüber. Zwei Handball-Bundesligamannschaften. In einem Fußballstadion.

Der 6. September 2014 war der »Tag des Handballs«. Ein Tag, der dem Handball noch einmal einen positiven Schub geben sollte, in Sachen Aufmerksamkeit etwa. Es gab erst ein Jugendturnier mit 80 Mannschaften und dann eine Prominenten-Partie. In den Teams der Kapitäne Stefan Kretzschmar (Ex-Nationalspieler) und Frank Buschmann (Sport-Kommentator), das 27:22 für Kretzschmar und Co. endete, waren zahlreich Handball-Größen zu sehen. Unter anderem Daniel Stephan, Florian Kehrmann, Christian Schwarzer (2007 bis 2009 bei den Löwen), Markus Baur, Henning Fritz (2007 bis 2012 bei den Löwen), Andreas Thiel, Ólafur Indriði Stefánsson (2009 bis 2011 bei den Löwen), Joel Abati, Stefan Lövgren oder Magnus Wislander. Zudem waren unter anderem die ehemaligen Fußballprofis Christoph Metzelder, Marko Rehmer und Uli Borowka dabei.

Der Höhepunkt war dann allerdings die Partie zwischen den Löwen und dem HSV Hamburg. 44.189 Zuschauer sahen dieses Spiel, was ein neuer Weltrekord für Handballspiele war. Die bisherige Bestmarke stammte aus dem Mai 2011: 36.651 Besucher hatten im Bröndby-Stadion in Kopenhagen das dänische Meisterschaftsfinale zwischen AG Kopenhagen und BSV Bjerringbro-Silkeborg verfolgt. Der deutsche Rekord waren 30.925 Zuschauer gewesen. So viele Fans waren 2004 in der Arena Auf Schalke beim Spiel des TBV

Lemgo gegen den THW Kiel dabei gewesen. Zudem wurde die Partie zwischen den Löwen und dem HSV Hamburg in 45 Ländern live im Fernsehen übertragen. »So ein Event braucht der Handball, um positive Schlagzeilen zu schreiben«, sagte damals Uwe Schwenker, Präsident des Ligaverbandes der Handball-Bundesliga.

Auf dem Feld schrieben vor allem die Löwen positive Schlagzeilen. Und dies besonders in der ersten Halbzeit, in der sie klasse spielten. Stark im Angriff, stark in der Abwehr, so als würden sie jeden Tag vor über 44.000 Zuschauern auflaufen: 17:8 stand es nach 30 Minuten. Nach dem Wechsel agierten die Badener dann allerdings zu nachlässig, nach 42 Spielminuten waren die Hamburger beim Stand von 20:16 wieder in Schlagdistanz. Näher kamen die Norddeutschen allerdings nicht mehr heran, die Löwen setzen sich wieder auf sechs Treffer ab. Das Endergebnis von 28:26 klang dann knapper, als die Partie verlaufen war. Denn spätestens nach dem 28:23 durch Bjarte Myrhol (57.) war die Begegnung entschieden – und die Zuschauer ließen die »La-Ola-Welle« durchs Stadion schwappen und feierten sich, den Weltrekord sowie den Löwen-Erfolg.

28. GRUND

Weil es uns in einer Saison zweimal gelungen ist, in Kiel zu gewinnen

Der THW Kiel ist zu Hause eine Macht. Dass die Norddeutschen ein Spiel in der Ostseehalle verlieren, kommt im Regelfall selten vor. Ziemlich selten sogar. Von 2003 bis 2006 haben die Zebras mal 1.012 Tage in Folge kein Bundesliga-Heimspiel verloren. Noch länger dauerte die Serie ohne Niederlage von November 2007 bis Ende März 2011 an. Man muss schon sagen, dass das schon ziemlich beeindruckende Zahlen sind. Die Löwen haben es mal geschafft, 27 Bundesliga-Begegnungen in Folge in der SAP-Arena nicht zu verlieren. Dann kam, man ahnt es schon, der THW Kiel nach Mannheim und gewann im Oktober 2014 mit 29:28. Die Heimserie der Löwen war damit, nach etwas mehr als eineinhalb Jahren, futsch.

Doch wir wollen ja über die Heimserie des THW Kiel reden. Es gab Zeiten, da galt es als nahezu unmöglich, in der Ostseehalle zu gewinnen. Selbst wenn man einen guten Tag erwischt hatte und der THW einen schlechten, schafften es die Kieler meistens irgendwie, die Begegnung noch siegreich zu gestalten. Auch wenn sie zur Pause mit vier Treffern zurücklagen. Das Heimspiel-Torverhältnis von 549:390 in Kiels Punkterekordsaison (68:0 Zähler) zeigt alleine schon, dass man meistens schon chancenlos an die Ostsee gefahren ist. Im Schnitt gewannen die Kieler ihre Heimspiele in dieser angesprochenen Spielzeit 2011/12 mit über neun Treffern Differenz. Das sind dann schon Welten.

Umso mehr kann man sich darauf einbilden, wenn es einem in einer Spielzeit gelungen ist, gleich zwei Mal in Kiel zu gewinnen. Bei zwei Partien. Das schafften die Rhein-Neckar Löwen in der Saison 2016/17. Erst gewannen sie drei Tage vor Weihnachten die Bundesliga-Begegnung bei den Zebras mit 29:26. Und rund drei Monate später siegten sie dann im Achtelfinal-Hinspiel der Champions League mit 25:24. Wem ist es schon gelungen, innerhalb von drei Monaten zweimal die Ostseehalle als Sieger zu verlassen?

Beeindruckend war dabei vor allem der Sieg in der Bundesliga. Denn fast auf den Tag genau ein Jahr zuvor waren die Löwen von den Kielern an der gleichen Stelle noch überrollt worden. Die Gelbhemden waren damals als Bundesliga-Spitzenreiter an die Ostsee gereist, ein Erfolg hätte bereits eine Vorentscheidung im Kampf um die Meisterschaft bedeutet. Denn dann hätten die Badener sechs Zähler Vorsprung gehabt. Doch es kam ganz anders. Eine Hälfte lang hielten die Löwen noch einigermaßen mit (9:12), dann bekamen sie eine ziemliche Abreibung verpasst, unterlagen am Ende mehr als deutlich mit 20:31. Es gibt nicht wenige, die damals geglaubt hatten, von der Klatsche würden sich die Löwen so schnell nicht mehr erholen. Doch die Badener erholten sich schnell – und feierten rund fünfeinhalb Monate später den Gewinn des ersten deutschen Meistertitels.

29. GRUND

Weil wir dreifach in der ewigen Zweitliga-Tabelle vertreten sind

2. Liga und Rhein-Neckar Löwen? Ja, das gab es auch mal, auch wenn die Zeiten schon so weit weg erscheinen wie die Kanzlerschaft von Konrad Adenauer, angesichts der Erfolge der vergangenen Jahre, unter anderem mit den deutschen Meistertiteln. Längst sind die Löwen ja eine Spitzenmannschaft in Deutschland – und in Europa.

Doch in die Handball-Bundesliga kommt man nicht, indem man eine Summe Geld auf den Tisch legt, in einem Casting-Verfahren ausgewählt wird oder durch ein Wunder, sondern durch den Aufstieg aus der 2. Liga in die höchste Spielklasse. Also mussten auch die Löwen, beziehungsweise die Vorgängervereine der Rhein-Neckar Löwen, diesen Weg gehen.

Im Jahr 1995 schaffte der TSV Baden Östringen den Aufstieg in die Südstaffel der damals noch zweigeteilten 2. Bundesliga[26]. Das Team hatte schon in der ersten Saison in der zweithöchsten deutschen Spielklasse nichts mit dem Abstieg zu tun und erreichte eine einstellige Tabellenplatzierung – wie auch jeweils in den Folgejahren. In der Saison 2000/01 gelang dem TSV dann als Vierter im Abschlussklassement erstmals eine Topplatzierung. In der Folgesaison schaffte Östringen dann sogar den Sprung auf Rang zwei, der zur Teilnahme an der Qualifikation zur Relegation gegen den Drittletzten der Bundesliga berechtigte. Doch der TSV Baden

Östringen scheiterte in den beiden Partien gegen den Nord-Zweiten Wilhelmshavener HV knapp – nach der 21:25-Hinspiel-Niederlage gab es einen 24:21-Erfolg im Rückspiel in heimischer Halle. Wilhelmshaven setzte sich dann gegen die SG Solingen durch und realisierte so den Aufstieg in die Bundesliga[27].

Der gelang den Badenern dann in der kommenden Saison. Allerdings nicht mehr als TSV Baden Östringen, sondern als SG Kronau/Östringen. Denn nach der Saison 2001/02 folgte die Fusion mit der TSG Kronau. Diese hatte in den beiden Vorsaisons ebenfalls in der 2. Liga gespielt. Und zwar zusammen mit dem HV Bad Schönborn als HSG Kronau/Schönborn. Die HSG erreichte nach ihrem Aufstieg im Jahr 2000 zweimal einstellige Platzierungen in der 2. Liga.

Die SG Kronau/Östringen setzte sich in der Saison 2002/03 mit deutlichem Vorsprung als Meister der Südstaffel durch. Nach dem Abstieg aus der Bundesliga nach nur einer Saison folgte in der Spielzeit 2004/05 der sofortige Wiederaufstieg, als sich die Spielgemeinschaft in der Aufstiegsrelegation gegen Eintracht Hildesheim durchsetzen konnte. 117:19 Punkte hat die SG in den beiden Zweitliga-Jahren gesammelt und dabei nur acht Niederlagen in 68 Partien kassiert[28].

Der TSV Baden-Östringen war insgesamt sieben Spielzeiten in der Bundesliga aktiv, erreichte eine Punktebilanz von 294:182 Zählern und nimmt damit immerhin Platz 34 in der ewigen Tabelle der 2. Liga (Stand nach der Saison 2016/17) ein. Die HSG Kronau/Schönborn kommt auf 75:61 Punkte in ihren beiden Zweitliga-Spielzeiten[29].

Seit 2007 spielen die Rhein-Neckar Löwen unter ihrem heutigen Namen.

Weil wir in zehn Champions-League-Jahren gegen den großen FC Barcelona zu Hause nicht verloren haben

Für den großen FC Barcelona sind die Rhein-Neckar Löwen vermutlich einfach irgendein Verein aus der Handball-Bundesliga, gegen den man in der Geschichte halt schon ein paar Mal in Pflichtspielen angetreten ist. Neun Mal, um genau zu sein (Stand: Ende Dezember 2017). Die richtig großen Gegner sind da schon eher der THW Kiel, gegen den die Spanier in den vergangenen Jahren öfter gespielt haben, auch im Final-Four-Turnier um den Champions-League-Titel, Paris St. Germain oder MKB Veszprém KC. Also eben die absoluten Topteams des Kontinents der vergangenen Jahre. Und Gegner, mit denen der FC Barcelona in den vergangenen Spielzeiten mehrfach um Titel und Trophäen gekämpft hat. Die Rhein-Neckar Löwen haben in den vergangenen Jahren nicht um internationale Trophäen gekämpft, zumindest nicht in der Champions League, in der Barcelona als Serienmeister Stammgast ist. Denn wenn in den vergangenen Spielzeiten die heiße Phase in der Königsklasse anstand, waren die Rhein-Neckar Löwen jeweils schon ausgeschieden.

Wie in der Saison 2016/17 etwa. Dort hätte der FC Barcelona im Viertelfinale auf die Löwen gewartet, wenn, ja wenn die Badener nicht im Achtelfinale knapp am THW Kiel gescheitert wären (25:24, 24:26). Ob die Löwen gegen Barcelona anschließend eine Chance gehabt hätten, ist im Nachhinein natürlich eine hypothetische Frage. Kiel hatte es jedenfalls, schied nach einem 28:26-Heimerfolg aus, weil das Rückspiel in Spanien mit 18:23 verloren ging. Aber es hätte auf jeden Fall Gründe gegeben, die für die Badener gesprochen hätten.

Denn der FC Barcelona sollte eigentlich nicht so gute Erinnerungen an die Rhein-Neckar Löwen haben. Zumindest nicht an die

Auswärtsspiele gegen die Badener. Denn die Spanier haben gegen die Löwen bei deren ersten acht Champions-League-Teilnahmen auswärts noch nie gewonnen. Die Bilanz lautet nach vier Aufeinandertreffen in der Königsklasse: zwei Siege für die Gelbhemden, zwei Unentschieden. Eine Bilanz, die sich sehen lassen kann. In der Saison 2010/11 trafen beide Teams in der Gruppenphase der Königsklasse aufeinander. Die Löwen führten im Heimspiel zur Pause mit 22:17, Uwe Gensheimer erzielte insgesamt 15 Tore, Bjarte Myrhol netzte neun Mal ein, die Partie endete 38:38. Drei Spielzeiten später lieferten die Löwen im Viertelfinal-Hinspiel gegen die Spanier ein berauschendes Handball-Fest ab, siegten mit 38:31 – und verpassten den Halbfinal-Einzug am Ende äußerst knapp wegen der Auswärtstorregel. In der Saison 2015/16 folgte dann ein 22:21-Erfolg in der Mannheimer SAP-Arena in der Gruppenphase. Und zwei Spielzeiten später erreichten die Löwen im ersten Gruppenspiel ein 31:31 gegen Barça – nachdem die Badener zur Pause schon 12:18 zurücklagen. Doch in der zweiten Hälfte kämpften sie sich zurück und Patrick Groetzki gelang quasi mit dem Schlusspfiff der Ausgleichstreffer.

Zudem haben die Löwen gegen den FC Barcelona auch insgesamt eine ausgeglichene Bilanz – welcher Verein kann das schon von sich behaupten? Denn von neun Duellen mit dem spanischen Serienmeister gewannen die Badener drei (zu den zwei schon erwähnten Heimsiegen kommt noch ein 31:30-Auswärtserfolg zum Auftakt der Vorrunde der Saison 2010/11, zwei Tage nach dem Trainerwechsel von Ola Lindgren zu Guðmundur Þórður Guðmundsson). Bei drei Unentschieden haben die Gelbhemden nur dreimal gegen den FC Barcelona verloren. Eine Bilanz, die schon fast zu schön ist, um wahr zu sein.

Weil wir bei einer der kuriosesten Pokalpartien aller Zeiten mitspielten

Der 16. Dezember 2015 war kein gewöhnlicher Tag in der Geschichte des DHB-Pokals. Das lag nicht nur daran, dass die SG Flensburg-Handewitt ihre Viertelfinal-Begegnung beim THW Kiel gewann. Das lag vor allem an der Partie zwischen den Rhein-Neckar Löwen und der MT Melsungen, die in der Ludwigshafener Friedrich-Ebert-Halle ausgetragen wurde. Dass die Partie spannend werden würde, war zu erwarten. Dass die Partie so spannend werden würde, war nicht unbedingt zu erwarten. Und dass die Partie nach dem Abpfiff eigentlich noch nicht beendet war, sondern weiterging, war jetzt auch nicht gerade zu erwarten gewesen.

Doch der Reihe nach: Als die letzten fünf Spielminuten begannen, hielt es kaum noch einen der 2.140 Zuschauer auf seinem Platz. Rafael Baena hatte in diesem Pokalkrimi die Badener gerade mit 21:20 in Führung geworfen. Es war ein Lebenszeichen der Löwen, nachdem sie in den 20 Minuten zuvor eine 5-Tore-Führung (17:12) verspielt und nur wenige Treffer erzielt hatten. Fast alle Zuschauer bibberten, fast alle Zuschauer zitterten mit den Gastgebern, die unbedingt wieder zum Final-Four-Turnier nach Hamburg wollten. Zum neunten Mal.

Doch es ging spannend weiter. Sehr spannend. Auszeit Melsungen. Ballgewinn Löwen. Ballverlust Löwen. Parade Mikael Appelgren, Fehlwurf Patrick Groetzki. Dann der Ausgleich von Melsungen durch Patrik Fahlgren. Noch zwei Minuten waren zu diesem Zeitpunkt zu spielen.

Löwen-Trainer Nikolaj Jacobsen nahm eine Auszeit. Andy Schmid scheiterte anschließend bei seinem Wurfversuch. Die Gastgeber blieben im Ballbesitz, doch auch Mads Mensah Larsen scheiterte. So waren plötzlich, 75 Sekunden vor dem Ende der Partie, die Gäste im Vorteil. Doch die Löwen wehrten alle Versuche der Melsunger, zum Abschluss zu kommen, ab. Schlussendlich parierte Appelgren gegen seinen Ex-Verein den Wurf von Michael Müller fünf Sekunden vor Schluss.

Und dann folgte die Szene, die noch für viel Gesprächsstoff sorgen sollte: Weil Melsungens Timm Schneider den Ball anschließend nicht regelkonform ablegte, bekam er die Rote Karte und die Löwen zudem einen Siebenmeter zugesprochen. Die Emotionen kochten bei den Gästen nun hoch, Philipp Müller erhielt noch eine Zeitstrafe, weil er Gensheimer bei der Ausführung des Siebenmeters störte. Doch der Kapitän traf, 22:21. »Es war keine einfache Situation, aber ich hatte keine Lust auf Verlängerung«, sagte Gensheimer damals direkt nach der Partie mit einem Grinsen im Gesicht.

Eine Verlängerung der Partie sollte es dennoch geben, wenn auch eine andere als die, die Gensheimer mit seinem Treffer verhindert hatte. Denn die Schiedsrichter hatten eine falsche Entscheidung getroffen. Die Regelung, einem Spieler wegen Spielverzögerung in der Schlussphase die Rote Karte zu zeigen und der gegnerischen Mannschaft einen Siebenmeter zuzusprechen, galt nur für die 1. und 2. Liga, nicht aber für den DHB-Pokal. Die zweite Kammer des Bundessportgerichts entschied schließlich drei Tage nach der Pokalpartie, dass der entscheidende Treffer per Siebenmeter nach einem Regelverstoß erzielt wurde, und gab damit einem Einspruch der Melsunger gegen die Spielwertung statt. Die Begegnung musste also wiederholt werden[30].

Aufgrund der anstehenden Spielpause wegen der Handball-EM in Polen und vielen Begegnungen der Löwen im Anschluss daran war es gar nicht einfach, einen Termin für ein Nachholspiel zu finden. Dies Partie wurde schließlich auf den 24. Februar terminiert, die Löwen gewannen mit 26:23. Beim Final Four war dann allerdings im Halbfinale Endstation mit einer Niederlage gegen die SG Flensburg-Handewitt – wie so oft.

Weil wir eine imposante Serie beendet haben

Im Achtelfinale um den DHB-Pokal trifft man sehr ungern auf einen der Topfavoriten, weil das ja das Verpassen des Final-Four-Turniers in Hamburg bedeuten kann – und natürlich auch zuvor das Verpassen des Viertelfinales. Doch das Los hatte für die Rhein-Neckar Löwen im Achtelfinale der Pokalrunde der Saison 2013/14 nun mal den THW Kiel als Gegner vorgesehen. Man kann sich vorstellen, ohne in dem Moment dabei gewesen zu sein, dass das Los nicht gerade für Freudensprünge bei den Löwen-Verantwortlichen (und -Spielern) gesorgt hat. Die Kieler dürften sich ebenso wenig über das Los gefreut haben, waren doch noch einige leichtere Gegner zu bekommen gewesen: Die SG Leutershausen, Aue, Bad Schwartau oder Hildesheim waren einige der möglichen Achtelfinal-Kontrahenten vor der Auslosung gewesen. Doch die Kieler konnten sich immerhin über den Heimvorteil freuen.

Am Abend des 11. Dezembers 2013 freuten sich die Kieler dann allerdings nicht mehr. Das hatte zwei Gründe: Zum einen waren es die Löwen, die durch einen 32:30-Erfolg in das Viertelfinale des DHB-Pokals einzogen. Zum anderen beendeten die Löwen eine imposante Kieler Serie. Denn die Norddeutschen hatten zuvor 26 Pokalpartien in Folge vor eigenem Publikum gewonnen[31]. Oder anders ausgedrückt: Der THW Kiel hatte seit über 23 Jahren kein Heimspiel im DHB-Pokal mehr verloren und in dieser Phase immerhin neunmal den Pokal gewonnen. Die letzte Heimspiel-Niederlage datierte vom 21. November 1990. Der THW unterlag TUSEM Essen damals 15:25 in einer Begegnung der zweiten Pokal-Runde. Nur um sich das ins Gedächtnis zu rufen: Die Niederlage datierte aus einer Zeit, als die DDR gerade ein paar Tage Geschichte, Helmut Kohl Kanzler der Bundesrepublik Deutschland und das Internetzeitalter noch weit weg war.

Doch dann kamen die Löwen an jenem Tag im Dezember 2013 nach Kiel[32]. Wenn man beim THW Kiel antritt, ist man eigentlich immer Außenseiter. So war es auch diesmal, doch die Badener zeigten von Beginn an, dass sie unbedingt in das Viertelfinale einziehen wollten. Vor allem Alexander Petersson ging mit vollem Einsatz voran. Mit seinem bereits vierten Treffer brachte der Rückraumspieler die Gelbhemden in der Anfangsphase mit 6:3 in Führung. Die Kieler kamen zwar wieder heran und konnten mehrfach im ersten Durchgang ausgleichen, zur Pause führten jedoch die Löwen (16:14).

Im zweiten Abschnitt konnten die Gelbhemden die Führung sogar zeitweise auf vier Treffer ausbauen, später sogar einmal auf fünf Tore. Doch es sollte noch einmal spannend werden, der THW Kiel wollte seine Heimserie schließlich verteidigen, verkürzte auf 29:30 und hatte anschließend – zweieinhalb Minuten vor dem Ende der Begegnung – sogar die Chance, auszugleichen. Doch Niklas Landin, damals noch im Löwen-Tor, verhinderte das 30:30. Patrick Groetzki und Bjarte Myrhol nach einem Ballgewinn von Gedeón Guardiola sorgten anschließend mit ihren beiden Treffern zum 32:29 für die Pokalüberraschung – und für das Ende einer langen Kieler Serie.

Den Pokalerfolg schafften die Löwen in der Saison 2013/14 dann allerdings (wieder einmal) nicht, obwohl sie einen der größten Gegner mit Kiel bereits im Achtelfinale besiegt hatten. Im Viertelfinale hatten die Badener etwas mehr Losglück, trafen zu Hause auf den VfL Bad Schwartau und gewannen mit 40:27. Im Halbfinale folgte dann allerdings eine 26:30-Niederlage gegen die SG Flensburg-Handewitt.

33. GRUND

Weil der erste Welthandballer-Torwart
mal ein Löwe war

Wenn man in seiner Karriere Weltmeister, Europameister, Vize-Olympiasieger, Vize-Weltmeister, Vize-Europameister, Champions-League-Sieger, EHF-Pokal-Sieger sowie Deutscher Meister und Pokalsieger (und noch vieles mehr) war und zudem eine ganze Reihe an persönlichen Auszeichnungen erhalten hat, dann gibt es in der Karriere wohl kaum eine Saison, die man als nicht erfolgreich verlaufen titulieren kann.

Schaut man auf die Karriere von Henning Fritz, dann findet man allerdings eine Saison beziehungsweise ein Jahr, von der man sagen kann: Diese Saison, diese Jahr ist ganz besonders erfolgreich verlaufen. Bei Henning Fritz trifft das auf das Jahr 2004 zu. Der Torwart ist in diesem Jahr gleich im Februar in Slowenien mit der deutschen Nationalmannschaft Europameister geworden. Der gebürtige Magdeburger wurde bei den kontinentalen Titelkämpfen zudem als bester Torwart des Turniers ausgezeichnet.

Bei den Olympischen Spielen in Athen knüpfte Fritz dann an die bei der EM gezeigten Leistungen an.[33] Im Viertelfinale lieferte der damals 29-Jährige das wohl beste Spiel seiner Karriere ab. Beide Torhüter überragten in dieser Begegnung. Fritz bei den Deutschen, David Barrufet bei den Spaniern. 27:27 stand es nach der regulären Spielzeit, 28:28 nach dem Ende der ersten Verlängerung, 30:30 nach dem Ende der zweiten Verlängerung. Das Siebenmeterwerfen musste also die Entscheidung in diesem Krimi bringen. Und Henning Fritz hielt unglaublich. Er wehrte drei Siebenmeter der Spanier ab, der vierte Spieler der Iberer traf den Pfosten – vielleicht auch, weil ihn Fritz mit seinen Paraden so eingeschüchtert hatte.

Am Ende reichte es für Deutschland nach einem 21:15-Halbfinalerfolg gegen Russland allerdings nicht ganz zum Titel. Im Finale gab es – trotz eines erneut klasse haltenden Fritz – eine 24:26-Niederlage gegen Kroatien. Wie übrigens schon im WM-Finale 2003.

Infolge aller dieser Leistungen, mit dem THW Kiel gewann er in diesem Jahr zudem den EHF-Pokal, ist Henning Fritz als Welthandballer des Jahres 2004 ausgezeichnet worden. Diese Ehre ist ihm als erstem Torwart in der Geschichte dieser Wahl (der zweite Schlussmann war übrigens Sławomir Szmal im Jahr 2009, also während seiner Zeit als Löwen-Spieler) zuteil geworden. Müßig in diesem Zusammenhang zu erwähnen, dass Fritz 2004 auch als bester Torhüter des olympischen Turniers und als Deutschlands Handballer des Jahres 2004 ausgezeichnet worden ist.

2007 gewann Fritz dann mit der Nationalmannschaft den Titel bei der Heim-WM in Deutschland, nachdem er zuvor beim THW Kiel wenig Spielpraxis erhalten hatte. Fünf Monate nach dem WM-Triumph wechselte der Schlussmann dann zu den Rhein-Neckar Löwen. Fritz' Ziel war natürlich, mit den Badenern auch den einen oder anderen Titel zu gewinnen. In den fünf Jahren, in denen er bei den Gelbhemden unter Vertrag stand, war er das eine oder andere Mal nahe dran. Zum Beispiel in den Finalspielen um den Europapokal der Pokalsieger in der Saison 2008/09, als die Löwen gegen KC Veszprém knapp den Kürzeren zogen (32:37, 28:28). Zum Beispiel im Endspiel des Final-Four-Turniers um den DHB-Pokal 2010, das die Gelbhemden mit 33:34 nach Verlängerung gegen den HSV Hamburg verloren. Und zum Beispiel bei den beiden Halbfinal-Teilnahmen in der Champions League.

So endete eine große Karriere im Mai 2012 im Alter von 37 Jahren ohne einen weiteren großen Titel. Fast 150 Mal stand Fritz für die Rhein-Neckar Löwen alleine in der Bundesliga im Tor, insgesamt waren es über 200 Pflichtspieleinsätze. Das letzte am 16. Mai 2012 gegen die SG Flensburg-Handewitt (27:34).

Weil wir gerne Britney Spears hören

Britney Spears, US-amerikanische Popsängerin, ist jetzt nicht unbedingt jedermanns Sache. Der eine oder andere findet ihre Musik öde. Der eine oder andere findet ihre Eskapaden öde, wie etwa die 2004 nach 55 Stunden wieder annullierte Ehe mit ihrem Jugendfreund Jason Alexander. Der eine oder andere findet beides öde. Oder er hat weitere Gründe, Britney Spears öde zu finden.

Die Fans der Rhein-Neckar Löwen finden Britney Spears nicht öde. Zumindest dann nicht, wenn ihr Hit *Oops! … I Did It Again* durch die SAP-Arena in Mannheim hallt. Was jetzt allerdings nicht daran liegt, dass die Fans des Deutschen Meisters der Jahre 2016 und 2017 alle große Anhänger der Sängerin sind (vereinzelt mag es die sicherlich auch geben). Es liegt vielmehr daran, dass der Song von Britney Spears immer ein Grund zur Freude ist. Denn wenn *Oops! … I Did It Again* in der Arena zu hören ist, haben die Löwen gerade ein Tor erzielt.

Bei den Löwen ist es Tradition, dass jeder Spieler einen Torsong hat. Also ein Lied, das eingespielt wird, wenn der entsprechende Spieler einen Treffer bei einem Heimspiel erzielt hat. Die Akteure dürfen sich diesen Song selbst aussuchen. Und Harald Reinkind, norwegischer Nationalspieler und seit Sommer 2014 bei den Gelbhemden, hat sich eben für *Oops! … I Did It Again* von Britney Spears entschieden.

Als die Single *Oops! … I Did It Again* aus dem gleichnamigen Album im April des Jahrs 2000 veröffentlicht wurde, war Reinkind sieben Jahre alt. Und für alle Musikfreunde: Das waren übrigens die Songs, die nach Toren der Löwen-Spieler in der Saison 2016/17 gespielt wurden[34].

- Andy Schmid: *I'll Be Ready* – Sunblock
- Kim Ekdahl Du Rietz: *Suavemente* – Elvis Crespo

- Guðjón Valur Sigurðsson: *Glass House* – Kaleo
- Marius Steinhauser: *Baby, du siehst gut aus* – Bakkushan
- Alexander Petersson: *U Can't Touch This* – MC Hammer
- Dejan Manaskov: *Tsunami* – DVBBS
- Mads Mensah Larsen: *Beat It* – Michael Jackson
- Patrick Groetzki: *Boom* – P.O.D.
- Michel Abt: *Gonna Fly Now (Rocky Theme)* – Bill Conti
- Rafael Baena: *La taberna del Buda* – Café Quijano
- Hendrik Pekeler: *Power* – Shaun Baker
- Gedeón Guardiola: *Carmen*: Ouvertüre

35. GRUND

Weil wir mehr Heimspielstätten haben als andere Vereine Bundesligajahre

Dass man »sein« Stadion oder »seine« Halle mal für ein Heimspiel nicht nutzen kann, ist vermutlich bei vielen Vereinen von der obersten bis zur untersten Liga schon einmal vorgekommen. Die Gründe dafür können vielschichtig sein: von Renovierungsarbeiten über einen plötzlich aufgetretenen Schaden bis hin zur Nutzung für eine andere Veranstaltung. Aber dass ein Verein innerhalb von knapp einem Jahrzehnt in sieben verschiedenen Hallen Heimspiele ausgetragen hat, ist vermutlich über den Handballsport und auch über Deutschland hinaus eher ungewöhnlich. Bei den Rhein-Neckar Löwen ist dies allerdings so.

Die eigentliche Heimspielstätte der Rhein-Neckar Löwen ist dabei die SAP-Arena in Mannheim, jene Multifunktionshalle, die der SAP-Mitbegründer Dietmar Hopp von 2002 bis 2005 erbauen ließ (die Stadt Mannheim muss über 30 Jahre die Baukosten von rund 70 Millionen Euro an Hopp zurückzahlen[35], anschließend gehört die Halle der Stadt). Die Löwen spielten erstmals am 24. August

2005 für ein Freundschaftsspiel gegen den VfL Gummersbach vor rund 6000 Zuschauern in der Arena. Ein paar Tage später, am 4. September 2005, folgte dann das erste Punktspiel in Mannheim. Die Löwen besiegten vor rund 11.000 Zuschauern den TV Großwallstadt mit 30:27.

Vor dem Umzug nach Mannheim trugen sie ihre Heimspiele in der Rhein-Neckar-Halle in Eppelheim aus, wohin es danach auch noch den einen oder anderen Abstecher geben sollte. Abstecher ist ein gutes Stichwort. Denn Ausweichquartiere aus den unterschiedlichsten Gründen (SAP-Arena belegt, Kostenersparnis) gab es in den vergangenen Jahren genug.

Im Sportzentrum Harres in St. Leon-Rot haben die Löwen in den vergangenen Jahren Partien in allen Wettbewerben ausgetragen. Vor allem in der Champions League, wo dies auch ab der Saison 2017/18 wieder möglich ist. Letztmalig für ein Bundesligaspiel kamen die Badener am 33. Spieltag der Saison 2014/15 nach St. Leon-Rot. Die Gelbhemden gewannen gegen HBW Balingen-Weilstetten mit 36:25.

Ebenfalls international aktiv waren die Löwen in der Mannheimer GBG-Halle. Hier fanden Partien des EHF-Cups statt. Und beispielsweise auch die Begegnung des DHB-Pokals gegen Bad Schwartau (40:27) im Viertelfinale der Saison 2013/14. Partien in der Bundesliga und vor allem in der Champions League trugen die Löwen in der Karlsruher Europahalle aus, in der mittlerweile aus Brandschutzgründen keine Sportveranstaltungen mehr stattfinden dürfen.

Während die Spiele in Karlsruhe fast schon eine gefühlte Ewigkeit zurückliegen, sind hingegen die Erinnerungen an die Auftritte in der Friedrich-Ebert-Halle in Ludwigshafen und der Frankfurter FRAPORT-Arena noch ganz frisch. In Frankfurt trugen die Löwen zwei Jahre lang einen Großteil der Heimspiele in der Champions League aus (2015/16 und 2016/17), nach Friesenheim wichen die Badener für zwei Heimspiele im DHB-Pokal in der Saison 2015/16 aus. Als achte Heimspiel-Halle in kurzer Zeit kommt dann bald die neue Halle in Heidelberg hinzu.

Die Fans der Löwen reisen also gerne mal zu den Heimspielen ihres Herzensclubs – welcher Anhänger kann das schon von sich behaupten?

36. GRUND

Weil wir auch im Internet Spitze sind

Während die Rhein-Neckar Löwen vor rund zwei Jahrzehnten noch keiner kannte – was auch daran lag, dass sie damals noch nicht Rhein-Neckar Löwen hießen –, sind sie spätestens seit der Saison 2007/08 ein Top-Team in der Bundesliga. Die Badener sind seit dieser Spielzeit immer unter den ersten fünf Mannschaften im Endklassement der Bundesliga gelandet (Stand nach der Saison 2016/17) – auch wenn die ganz großen Erfolge mit den ersten deutschen Meistertiteln erst ab der Saison 2015/16 folgten.

Vor rund zwei Jahrzehnten, als das Internet eher noch in seinen Kinderschuhen steckte, sah die Öffentlichkeitsarbeit der Sportvereine noch ganz anders aus als heute – auch bei den Löwen-Vorgängervereinen TSV Baden Östringen und TSG Kronau (die später dann zur SG Kronau/Östringen fusionierten). Aktuell berichtet wurde über alles Wichtige im Verein nicht auf Facebook, Instagram, Twitter oder der Vereinshomepage, sondern eigentlich ausschließlich durch die lokale Presse. So erfuhren viele Handball-Freunde, wenn sie nicht bei einer Partie vor Ort waren, die Ergebnisse oftmals erst am nächsten Tag (oder später) aus der Zeitung – und nicht schon kurz nach Abpfiff einer Begegnung im Internet durch einen schnellen Blick auf das Smartphone.

Mittlerweile hat das Internet samt den sozialen Medien eine wichtige Rolle in unserem Leben eingenommen. Kaum jemand kommt jedenfalls mehr ohne sie aus. Für die meisten Menschen geht morgens mittlerweile der erste Blick nach dem Aufstehen nicht mehr in die Zeitung, sondern auf ihr Smartphone – wenn sie die ersten E-Mails oder WhatsApp-Nachrichten nicht schon zuvor aus dem Bett heraus abrufen oder checken.

Von dieser Entwicklung kann man halten, was man will. Wichtig ist jedenfalls für Vereine, nicht nur auf dem Spielfeld, sondern eben auch beim Thema Internet und soziale Medien den Anschluss nicht zu verlieren. Denn Präsenz bringt Reichweite und Fans. Und die wiederum bringen Klicks, Likes und Zugriffzahlen im Internet auf den diversen Plattformen – was nicht nur für Sponsoren wichtig sein mag.

Dass die Rhein-Neckar Löwen auf diesem Feld in den vergangenen Jahren nicht allzu viel falsch gemacht haben können, zeigen Zahlen. Zu Beginn des Jahres 2015 überschritten die Löwen bei Facebook die Zahl von 100.000 Likes – was bislang nicht allzu viele Handball-Bundesligisten geschafft haben. Knapp zweieinhalb Jahre und zwei Deutsche Meisterschaften später waren es schon über 138.000 Likes (Stand: Oktober 2017) – national liegt damit von allen Handball-Bundesligisten nur noch der THW Kiel vor den Badenern.

Im Bereich Wachstum sind die Löwen den Kielern aber deutlich voraus. Schon 2015 führten die Gelbhemden nicht nur über weite Strecken die Bundesligatabelle an, sondern auch die Tabelle der digitalen Reichweite aller Bundesligisten. Zwar lagen sowohl der HSV Hamburg wie auch der THW Kiel in Bezug auf Facebook-Likes vor den Löwen. Bei Diensten wie Twitter, Google+, Instagram und YouTube waren die Löwen jedoch besser als die Konkurrenz aus Norddeutschland.[36] Auch im Herbst 2016 führten die Gelbhemden, mittlerweile erstmals Deutscher Meister auf dem Feld geworden, die Tabelle im Ranking der digitalen Reichweite der Handball-Bundesligisten mit deutlichem Vorsprung an.[37]

KAPITEL 4

UWE UND DER REST VOM RUDEL

Weil wir die besten Linksaußen der Welt hatten

Eigentlich haben für die Rhein-Neckar Löwen in der Bundesliga-Geschichte (die immerhin mit der Saison 2003/04 begann und seit der Spielzeit 2005/06 ohne Unterbrechung andauert) nur zwei Spieler auf der Linksaußen-Position gespielt: Uwe Gensheimer und Guðjón Valur Sigurðsson. Natürlich haben in dieser Zeit auch Andreas Blank, Alexander Fetzer, Frank Scholl, Niklas Ruß, Denni Djozic, Stefán Sigurmannsson, Dejan Manskov und Jerry Tollbring bei den Löwen als Linksaußen im Kader und auf dem Parkett gestanden und auch wichtige Treffer erzielt.

Aber eigentlich haben diese Spieler vor allem viel auf der Bank sitzen müssen. Nicht weil sie schlecht waren und sind, im Gegenteil. Eher weil Gensheimer und Sigurðsson einfach so gut waren und sind. So gut, dass sie eigentlich immer spielen mussten. Und so ehrgeizig, dass sie auch möglichst immer spielen wollten. Außer, wenn sie mal verletzt waren (was glücklicherweise nicht so oft vorkam außer bei Gensheimers langem Ausfall nach seinem Achillessehnenriss Ende 2012) – oder wenn sie vom Trainer mal eine Pause verordnet bekamen (was diese allerdings nicht allzu häufig machten).

Dass es in der Bundesliga-Geschichte der Rhein-Neckar Löwen eigentlich nur diese zwei prägenden Akteure auf der Linksaußen-Position gab, spricht nicht gegen die Rhein-Neckar Löwen. Es spricht vielmehr für die (Welt-)Klasse dieser beiden Spieler, die wohl jeder Handball-Experte zu den besten Linksaußen aller Zeiten zählen dürfte.

Es ist nicht unwahrscheinlich, dass der Name Uwe Gensheimer auch noch in Jahrzehnten so mit den Rhein-Neckar Löwen in Verbindung gebracht wird wie etwa Uwe Seeler mit den Fußballern des Hamburger SV oder Michael Jordan mit den Basketballern der

Chicago Bulls. Er steht wie kein anderer Spieler für den Aufstieg des Clubs aus der 2. Liga zu einer der besten Mannschaften Deutschlands und Europas. Das Ganze wurde dann in der Saison 2015/16 mit dem deutschen Meistertitel gekrönt, bevor Gensheimer die Löwen verließ und zu Paris Saint Germain wechselte. Er hatte zuvor 13 Jahre lang für die Löwen gespielt, zu denen er, beziehungsweise zu dessen Vorgängerverein SG Kronau-Östringen, von seinem Heimatclub TV 1892 Friedrichsfeld im Jahr 2003 gewechselt war. Bei den Badenern schaffte er den Aufstieg von einem jungen Talent zum Nationalspieler, schließlich zum Kapitän der Nationalmannschaft und zu einem Weltklassespieler, der vier Mal in Folge (2011 bis 2014) zu Deutschlands Handballer des Jahres gewählt wurde.

Drei seiner 13 Jahre bei den Gelbhemden spielte Gensheimer übrigens zusammen mit Guðjón Valur Sigurðsson. Von 2008 bis 2011. Sigurðsson ging anschließend nach Kopenhagen, Kiel und Barcelona und kehrte im Sommer 2016 zu den Löwen zurück – als Nachfolger des nach Paris gewechselten Gensheimers. Viel wurde im Vorfeld der Saison 2016/17 darüber spekuliert, ob die Löwen den Abgang von Gensheimer verkraften und kompensieren können. Dass dann während der Saison 2016/17 so wenig über Gensheimer gesprochen wurde, lag auch an Guðjón Valur Sigurðsson, beziehungsweise an dessen Leistungen auf dem Handballfeld. Der Isländer warf gleich im ersten wirklichen Pflichtspiel, die zwei Erstrunden-Pokal-Partien mal ausgeklammert, dem Supercup-Endspiel gegen den SC Magdeburg, sechs Tore, davon fünf per Siebenmeter. Und er gehörte von Beginn der Saison an zu den Leistungsträgern bei den Löwen. Mit ihm erreichten die Badener das Achtelfinale der Champions League, wo sie unglücklich gegen den THW Kiel ausschieden, das Halbfinale um den DHB-Pokal und holten erneut die Deutsche Meisterschaft nach Mannheim. Dabei war Sigurðsson zu Saisonbeginn bereits 37 Jahre alt.

Weil Uwe Gensheimer doch noch mit uns Meister geworden ist

Es ist im Sport (leider) so, dass es nicht immer gerecht zugeht. Es kommt durchaus vor, dass ein Athlet über Jahre der alles dominierende Überflieger in seiner Sportart ist, dass er aber immer dann, wenn es um die ganz großen Titel geht (WM-Gold, Olympiasieg), einen schlechten Tag erwischt. Oder seine Nerven versagen. Oder er kurz davor krank wird. Und dann schnappt sich ein anderer den Titel. Wieder. So kann es schon mal vorkommen, dass ein Athlet irgendwann seine Karriere beendet, ohne dass er einen großen Titel gewonnen hat. Er tritt dann als so eine Art ungekrönter König ab.

Eine ähnliche Geschichte hätte man auch fast über Uwe Gensheimer, das Gesicht der Rhein-Neckar Löwen dieses noch jungen Jahrhunderts, erzählen müssen. Denn Gensheimer spielte seit 2003 für die Gelbhemden. Er hat im ersten Jahrzehnt seiner Zeit bei den Nordbadenern viele Niederlagen einstecken müssen. Im DHB-Pokal reichte es für ihn und die Löwen nie zum ganz großen Wurf, obwohl die Löwen mit Gensheimer neunmal beim Final-Four-Turnier um den DHB-Pokal in Hamburg dabei waren, dabei alleine dreimal im Endspiel standen. Hinzu kamen all die Versuche, den deutschen Meistertitel zu gewinnen. Anfangs mit einer dank des Geldes von Jesper Nielsen zusammengekauften Startruppe, später dann mit einer Mannschaft, die als Einheit überzeugte, aber den Titel eben auch – erst mal – nicht gewinnen sollte.

Es schien so, als sollte Gensheimer keinen Titel gewinnen. In der Saison 2012/13 zog er sich einen Achillessehnenabriss zu, es war lange nicht klar, ob er bis zum Final-Four-Turnier um den EHF-Pokal fit werden würde. Er wurde es dann doch – und führte seine Löwen zum Titel.

Doch national wollte es einfach nicht klappen. Jedem Löwen-Fan wird vermutlich immer diese Passage aus der Fernseh-Live-Übertragung der Konferenz des letzten Spieltages der Saison 2013/14 in Erinnerung bleiben. Die Löwen hatten gerade beim VfL Gummersbach mit 40:35 gewonnen, die Kieler die Füchse Berlin mit 37:23 aus der Halle geworfen – das reichte ganz knapp zum Titel für die Norddeutschen vom THW. Die Regie zeigt die Bilder von jubelnden Kielern, dann wird nach Gummersbach geschaltet, wo sich ganz andere Szenen abspielen. Die meisten der Spieler der Löwen sitzen oder liegen enttäuscht auf dem Parkett, viele haben den Kopf zwischen den Händen vergraben. Uwe Gensheimer, der Kapitän, der Spieler, der mit am meisten dafür getan hat, endlich den Titel mit den Löwen zu feiern, hätte Gründe genug gehabt, einfach in die Kabine zu trotten und nichts zu sagen – und vermutlich jeder hätte dies verstanden. Aber Gensheimer stellte sich – vielleicht zwei Minuten nach dem Ende der Begegnung und nach dem Platzen des Meisterschaftstraums – einem Fernsehinterview. Es war ein sehr bewegendes Interview. Gensheimer, dem die Tränen die Backen runterkullern, versucht zu erklären, was man eigentlich nicht erklären kann.

Genau 743 Tage sollte es von diesem Tag an dauern – dazwischen feierte Deutschland den EM-Titel, Kapitän Gensheimer fehlte in Polen verletzt – bis zum 5. Juni 2016. Es war Gensheimers letztes Spiel für die Rhein-Neckar Löwen vor seinem Wechsel zum französischen Spitzenclub Paris St. Germain – und damit war es seine – zumindest vorerst – letzte Chance, doch noch Deutscher Meister zu werden. Das Ende ist bekannt: Die Löwen siegten souverän, Gensheimer war es vorbehalten, kurz vor Schluss das letzte Tor zu werfen. Das letzte Tor auf dem Weg zur Erfüllung des großen Traumes.

So kam es doch noch zu einem Happy End. Es gab vermutlich auch den einen oder anderen Menschen, der sich nicht als Fan der Rhein-Neckar Löwen bezeichnen würde, der Gensheimer den Titel zum Abschied gegönnt hat.

Weil uns Gensheimer den EHF-Pokal schenkte

Als die letzten Sekunden des Finales um den EHF-Pokal im Jahr 2013 zwischen den Rhein-Neckar Löwen und den Franzosen von HBC Nantes runtertickten, sank Uwe Gensheimer irgendwo in der Nähe der Mittellinie zu Boden. Aus Erschöpfung. Aber auch, weil die ganze Anspannung von ihm gewichen war. Nach zuvor vier Finalniederlagen mit den Rhein-Neckar Löwen hat es Gensheimer endlich geschafft, er hatte einen Titel mit seinem Heimat- und Herzensclub gewonnen – auch wenn es »nur« der eher zweitrangig einzustufende EHF-Cup war.

Es war eine fast schon unglaubliche Geschichte, die sich da am Final-Four-Wochenende in Nantes abspielte. Zuvor hatte Gensheimer rund ein halbes Jahr lang keinen Handball mehr gespielt – seit er sich am 24. November des Vorjahres im Drittrundenspiel gegen die Griechen von Diomidis Argous die linke Achillessehne gerissen hatte – die erste schwere Verletzung in seiner Profikarriere. Es begann eine lange Leidenszeit für den Löwen-Kapitän. Eine Zeit, in der er in der Reha schuften und bei den Spielen von hinter der Auswechselbank mitbangen musste. Und in der sich die Badener ohne ihren Kapitän und Anführer das eine oder andere Mal sichtbar schwertaten.

Nach außen hin gab Gensheimer nie ein konkretes Ziel für seine Rückkehr auf das Spielfeld aus. Aber innerlich hoffte er natürlich schon, dass sich die Löwen auch ohne ihn für das Final-Four-Wochenende qualifizieren würden – und er bis dahin dann wieder fit ist. Anfang 2013, im Februar, konnte er seinen Spezialschuh ablegen, dem er auf Facebook sogar einen Abschiedsbrief schrieb (»Du bist mit mir durch den verschneiten Winter gewandert und hast dabei immer für warme Füße gesorgt! Man muss zwar zugeben, dass du etwas mehr Deo benutzen könntest, aber ohne Dich hätte ich es nicht geschafft! Danke. Dein Uwe!«)[38]. Doch der Weg bis zu einem Comeback war trotzdem noch weit.

Und es sollte dann auch eine Punktlandung geben. Beim letzten Bundesligaspiel der Löwen vor dem Final-Four-Turnier gegen den TSV GWD Minden wirkte Gensheimer noch nicht mit, bestritt dann im Pokal-Halbfinale gegen den Bundesliga-Konkurrenten Frisch Auf Göppingen seine erste Partie nach rund einem halben Jahr – zu 100 Prozent fit war er noch nicht, ein bisschen Risiko war dabei. Zehn Minuten stand Gensheimer im baden-württembergischen Duell auf dem Parkett, erzielte fünf Tore, davon vier per Siebenmeter. Die Löwen siegten souverän mit 28:22 – und spielten am Tag darauf um den Titel.

Doch die sagenhafte Story, das wirkliche Handballmärchen, das Sport-Comeback des Jahres 2013, hatte sich Gensheimer für das Finale aufgehoben. Eigentlich war geplant, dass er nur rund 20 Minuten auf dem Feld steht – daraus wurden dann 25. Die Mitspieler, die Mannschaft, sie brauchten ihren Kapitän im Hexenkessel von Nantes vor 5000 euphorisierten französischen Fans. Nicht nur als verbalen Antreiber, sondern auch als einen, der auch auf dem Feld voranging. Und Gensheimer lieferte ein überragendes Spiel ab, warf zehn Tore, vier davon per Siebenmeter, kämpfte für den Titel. Die Löwen siegen 26:24. Das Risiko, das Gensheimer eingegangen war, es wurde belohnt. Er wurde belohnt.

Es wäre sehr bitter gewesen, wenn er beim ersten Titel seines Vereins nicht hätte mitspielen können, sagte Gensheimer damals immer wieder. Die Löwen, sie haben an diesem Tag Geschichte geschrieben. Und Uwe Gensheimer hat ein ganz, ganz großes Kapitel zu dieser Geschichte beigesteuert.

Weil Uwe Gensheimer ein Mannheimer Junge ist

29. Mai 2016, früher Abend, die Rhein-Neckar Löwen haben gerade mit 27:23 gegen den TSV Hannover-Burgdorf gewonnen. Es ist das letzte Heimspiel der Saison in der Mannheimer SAP-Arena, und eigentlich könnten jetzt alle beschwingt nach Hause gehen. Denn mit dem Sieg haben die Löwen den vorletzten Schritt auf dem Weg zum ersten deutschen Meistertitel der Vereinsgeschichte gemacht – den sie sich dann eine Woche später durch einen 35:23-Erfolg beim Absteiger TuS Nettelstedt-Lübbecke auch krallen sollten. Aber zum Beschwingt-nach-Hause-Gehen ist an jenem Sonntag keinem Fan zumute, denn die 60 Spielminuten zuvor waren auch die (zumindest vorerst) letzten von Uwe Gensheimer, dem Mannheimer Jungen, im Löwen-Trikot in der SAP-Arena.

Und es sollte ja noch die Verabschiedung des Kapitäns folgen, der die Badener nach 13 Jahren verlässt und zum französischen Topclub Paris St. Germain wechselt. Es werden an diesem Abend noch andere Spieler verabschiedet, aber der Abgang von Gensheimer, damals 29 Jahre alt, stellt natürlich alles in den Schatten. Der Linksaußen muss bei der Verabschiedung nach dem Spiel sichtlich mit seinen Gefühlen kämpfen. »Du bist der, der die Löwen wie kein anderer in den vergangenen Jahren verkörpert hat«, sagt der damals ebenso scheidende Löwen-Geschäftsführer Lars Lamadé. Gensheimer, mehrfach von den Fans mit »Uwe«-Sprechchören gefeiert, sagt: »Das ist der Moment, an den ich seit vergangenem Herbst denke, und es ist noch schlimmer, als ich es mir vorgestellt habe. Der Verein wird mir immer am Herzen liegen. 13 Jahre gehen nicht spurlos an einem vorüber. Ich bin stolz, in meiner Heimat auf allerhöchstem Niveau Handball spielen zu dürfen. Was ich am meisten vermissen werde, ist, in so einer vollen SAP-Arena vor so geilen Fans zu spielen.«

Seine Trikotnummer 3 wird bei den Löwen seitdem nicht mehr vergeben und wurde als Banner unter das Hallendach der SAP Arena, die knapp fünf Autominuten von Gensheimers Heimatort entfernt steht, gezogen. »Solltest du eines Tages wieder zurückkommen, ist die Nummer immer für dich reserviert«, sagte Lamadé. Einige Fans hielten ein Transparent mit dem Aufdruck »Unvergessen« nach oben.

Gensheimer hätte die Löwen schon viel früher verlassen können, Angebote hatte er genug, vom THW Kiel, vom FC Barcelona. Die Topclubs standen Schlange. Und das mehrfach. Doch er hat den Löwen lange die Treue gehalten, weil er unbedingt mit »seinem« Verein etwas gewinnen wollte, vor allem den Titel des Deutschen Meisters. Als 16-Jähriger wechselte Gensheimer vom Mannheimer Stadtteilclub TV Friedrichsfeld zur SG Kronau-Östringen, wie die Rhein-Neckar Löwen damals noch hießen. 2003 war das. Mit dann 17 debütierte er Anfang des Jahres 2004 in der Bundesliga und warf in der Partie gegen die SG Flensburg/Handewitt gleich zwei Tore.

Er hat dann eine atemberaubende Entwicklung genommen. Gensheimer, der in den 13 Jahren gefühlt öfter die Frisur wechselte, als Kiel Titel gewann, mauserte sich innerhalb von ein paar Jahren von einem Talent zu einem der populärsten Handballer der Bundesliga – und einem der besten ebenso. 2011, 2012, 2013 und 2014 wurde er zu Deutschlands Handballer des Jahres gewählt. Ende 2005 lief er erstmals für die deutsche Nationalmannschaft auf. Er gilt als einer der sichersten Siebenmeterschützen der Welt und als einer der Spieler mit den besten Trickwürfen. Das hat er nach seinem Wechsel auch in Paris gezeigt.

Rund eine Woche nach der Verabschiedung, bei den Meisterfeierlichkeiten, sangen die Fans übrigens – nicht ganz ernst gemeint: »Mannheim ist viel schöner als Paris.« Vielleicht kommt Gensheimer ja eines Tages zurück.

Weil wir bunter sind

Man sagt über Handballer, dass sie nicht bloß daran interessiert sind, ihre sportliche Karriere voranzutreiben (und mit den neusten Modetrends, den schnellsten Autos oder den coolsten Technik-Neuheiten ausgestattet zu sein), sondern dass sie über ihre Zeit auf dem Handballparkett hinaus denken. Vielleicht muss man auch sagen: denken müssen. Sie wissen, dass sie irgendwann, wenn sich ihre Karriere dem Ende entgegenneigt, nicht einige Millionen auf ihr Konto gescheffelt haben werden und erst einmal gemütlich die Füße hochlegen und sich Gedanken machen können, was sie mit ihrer restlichen Lebenszeit so Sinnvolles anfangen wollen – das kann ja bei Spitzenverdienern im Sport dann auch schon ein bisschen länger dauern, denn die finanziellen Rücklagen sind ja da.

Es gibt natürlich schon einige Spieler, die Stars der Branche, die richtig viel Geld verdienen, viel mehr als ein durchschnittlicher Arbeitnehmer in Deutschland. Bis zu einer halben Million Euro bekommen die Besten der Besten im Jahr, so sagt man. Aber es gibt eben auch genug, die in etwa so viel verdienen wie du und ich. »Es gibt sehr viele Spieler, die studieren und sich neben dem Sport ein zweites Standbein aufbauen. Viele verdienen mit dem Handball 3000, 4000 Euro im Monat«, hat Löwen-Spielmacher Andy Schmid mal in einem Interview[39] gesagt.

Deshalb sind viele Handballer in der Bundesliga nicht nur Profi-Sportler, sondern oftmals auch Studenten. Sie treiben also quasi zwei Karrieren parallel voran. Die aktuelle auf dem Handballfeld und bereiten dazu schon die berufliche vor. Uwe Gensheimer, der Betriebswirtschaftslehre studierte, und Andy Schmid haben zum Beispiel zusammen mit ihrem Kumpel Marko Vukelic, einem Schweizer Handball-Nationalspieler, eine Modefirma gegründet und verkaufen unter der Marke UANDWOO (U = Uwe, AND =

Andy, WOO = Vuki, der Spitzname von Vukelic) bunte Socken[40]. »Wir wollten mal etwas anderes ausprobieren, das ist eine gute Ablenkung«, sagte Schmid. Ein Jahr dauerten die Vorbereitungen, im Sommer 2013 ging es los[41].

Die Strümpfe gab es zu Beginn in 18 Modellen mit ausgefallenen Designs: wild gepunktet, gestreift oder knallig zweifarbig. Der Verkauf und Vertrieb wird über das Internet organisiert, 1000 Paare setzte das Trio gleich im ersten Monat ab. »Wir wollen ein bisschen Farbe und Freude in den Mode-Alltag bringen«, sagte Gensheimer damals. Mittlerweile verkauft das Trio nicht mehr nur Socken, sondern auch Sweatshirts, T-Shirts und Unterwäsche.

42. GRUND

Weil wir mit Andy Schmid einen Mann für Tore in den entscheidenden Momenten haben

Samstagabend, 1. April 2017, 10.164 Zuschauer sind in die Mannheimer SAP-Arena gekommen, um die Bundesliga-Begegnung zwischen den Rhein-Neckar Löwen und dem SC DHfK Leipzig zu sehen. Und die Fans werden ihr Kommen nicht bereuen. Denn sie haben zum einen eine sehr spannende Partie gesehen. Und sie haben zum anderen eine Partie gesehen, in der am Ende die Mannschaft gewonnen hat, der fast alle Menschen auf den Rängen in der Halle die Daumen gedrückt haben. Doch bis dahin war es ein langer, steiniger Weg. Und es brauchte einen speziellen Spieler, um diesen Weg erfolgreich zu bestreiten.

Dieser spezielle Spieler heißt Andy Schmid. Der Spielmacher durfte, wie einige seiner in den vorherigen Partien viel eingesetzten Mitspieler, die Begegnung zuerst von der Bank aus verfolgen. Nur für Siebenmeter kam der Schweizer in der ersten Hälfte aufs Parkett. Doch auf jenem Parkett lief es anfangs nicht so, wie sich das Löwen-Trainer Nikolaj Jacobsen und auch die Zuschauer auf den Rängen vorstellten. 10:12 lagen die Gastgeber gegen die Ostdeutschen zur Pause zurück. Doch eine Niederlage konnten sich die Löwen im Kampf um die Deutsche Meisterschaft eigentlich nicht leisten – der Vorsprung der SG Flensburg-Handewitt wäre ansonsten auf drei Zähler angewachsen.

Also reagierte Jacobsen in der Halbzeitpause und schickte nach dem Wechsel seine zuvor geschonten Spieler aufs Parkett, darunter auch Andy Schmid. Es war jetzt nicht so, dass die Löwen nun ein Feuerwerk abbrannten und Leipzig im wahrsten Sinne des Wortes aus der Halle warfen. Das war auch nicht zu erwarten gewesen, zu müde waren die Badener nach dem Achtelfinal-Rückspiel in der Champions League gegen den THW Kiel und dem Ausscheiden aus der Königsklasse nur zwei Tage zuvor. Doch die Badener kämpften, ließen die Leipziger nicht weiter enteilen und hatten rund zehn Minuten vor dem Ende der Partie den Anschluss wiederhergestellt.

Richtig dramatisch verliefen dann die letzten Spielminuten. Erst führten die Löwen, dann Leipzig, dann wieder die Löwen. Leipzigs Rojewski gelang das 23:23. Dann hatten die Löwen den Ball, noch eine Minute war bis zum Ende der Begegnung zu spielen. Geschickt ließen die Gastgeber die Zeit von der Uhr laufen, dann nahm Andy Schmid acht Sekunden vor dem Ende der Partie Maß – und traf mit einem abgefälschten Ball zum 24:23. Leipzig hatte keine Möglichkeit zum Gegenangriff mehr – die Halle tobte, die Löwen siegten, Schmid war der Matchwinner. »Das Glück mit dem abgefälschten Ball von Andy braucht man auch mal«, sagte Rechtsaußen Marius Steinhauser nach der Partie.

Es war nicht das erste Mal, und nicht das letzte Mal, dass Andy Schmid in der letzten Sekunde den Siegtreffer für die Löwen erzielte – oder den Badenern durch ein Tor einen Punkt rettete. Sicherlich, nicht immer, wenn der Spielmacher in den letzten Sekunden einer Partie den Ball fordert und sich den Wurf nimmt, klappt es. Doch es gibt Beispiele zuhauf aus den vergangenen Jahren, in denen Schmid den Löwen einen Punkt rettete oder zwei bescherte. Etwa beim 22:21-Erfolg zum Auftakt in die Gruppenphase der Champions-League-Saison 2015/16 gegen den FC Barcelona, als Schmid die letzten drei Treffer der Löwen erzielte. Etwa beim 29:28-Bundesliga-Erfolg beim HSV Hamburg in der Saison 2015/16, als Schmid fünf Sekunden vor dem Ende der Partie den Siegtreffer für die Gelbhemden erzielte. Etwa beim 34:33-Erfolg im EHF-Cup gegen Tatran Prešov in der Saison 2012/13, als Schmid quasi mit dem Schlusspfiff den Löwen den Sieg sicherte. Und nicht zu vergessen der Treffer zum 23:21 Ende Mai 2017 beim Gastspiel bei der SG Flensburg-Handewitt in der Schlussminute, der den Löwen einen Sieg sicherte, der der vorentscheidende Schritt auf dem Weg zur Titelverteidigung sein sollte. Immer wieder Andy Schmid – nicht umsonst gilt der Schweizer als der beste Spielmacher der Bundesliga.

43. GRUND

Weil wir mal den gefürchtetsten Abwehrspieler der Bundesliga hatten

In »Projekt Gold«[42], dem Dokumentationsfilm über die Weltmeisterschaft 2007 in Deutschland, die das Team des Ausrichters mit dem Titel krönte, sagt Torhüter Henning Fritz über das Abwehrverhalten seiner Vorderleute: »Wir müssen alle so reinholzen wie Olli. Dann wissen die Schiedsrichter gar nicht, wen sie zuerst runterstellen sollen.« Es ist ein Satz, der sicherlich ein bisschen Übertreibung enthält. Es ist aber auch ein Satz, der ein Fünkchen Wahrheit enthält. Oliver Roggisch war sicherlich keiner, der andere oder sich schonte, der immer in dem Wissen in die Zweikämpfe ging, dass es auch mal wehtun kann.

Roggisch war einer der kompromisslosesten Abwehrspieler der vergangenen Jahre in Deutschland. Und damit auch einer der gefürchtetsten. So ein Ruf muss ja nicht unbedingt das Schlechteste sein. Man kann sich vorstellen, dass sich der eine oder andere Angreifer nicht unbedingt auf eine Partie gegen Roggisch gefreut hat. Sei es, als dieser das Trikot der Rhein-Neckar Löwen trug – oder zuvor, als er beim TuS Schutterwald, bei Frisch Auf Göppingen, bei Tusem Essen oder dem SC Magdeburg unter Vertrag stand.

Roggisch selbst nannte sich »The Rogg«. Es ist nicht nur ein schönes Namensspiel, sondern auch eine passende Anspielung. Roggisch, der Fels in der Abwehr. Denn er packte in der Abwehr richtig zu – nicht selten auf Kosten einer 2-Minuten-Strafe. 497 Mal erhielt er in 432 Bundesliga-Begegnungen eine Zeitstrafe[43]. Damit liegt er in der ewigen Rangliste der 2-Minuten-Strafen auf Rang zwei knapp hinter Volker Zerbe (508), der für die Ansammlung von Zeitstrafen allerdings vier Spielzeiten länger benötigte.

Dabei war Roggisch zu Beginn seiner Karriere gar kein klassischer Defensiv-Akteur, er spielte im Angriff und in der Abwehr. Dann traf er jedoch in Essen auf den Weltklasse-Kreisläufer Dimitri Torgowanow – und merkte schnell, dass dieser im Angriff einfach noch ein bisschen besser Handball spielt als er selbst. Roggisch entschied damals, sich auf das Spiel in der Abwehr zu konzentrieren. Somit sicherte er sich quasi seinen Stammplatz. Denn als einer der besten Abwehrspieler Deutschlands, wenn nicht zeitweise sogar der beste, machte er sich schnell einen Namen. Ohne ihn wäre Deutschland 2007 im eigenen Land vermutlich nicht Weltmeister geworden.

Eigentlich wollte Roggisch noch bis 2015 Handball spielen, so lange lief sein Vertrag bei den Löwen. Doch in der Saison 2013/14 kam er aufgrund von Verletzungen (Ellenbogen, Innenbandriss im Knie) fast nicht mehr zum Einsatz, hatte Trainingsrückstand und verlor seinen Stammplatz als Abwehrchef auf dem Parkett. Daher gab er am 13. Mai 2014 bekannt, seine Karriere schon eine Spielzeit früher als eigentlich geplant zu beenden. Und auch wenn es Oliver Roggisch verwehrt blieb, als Spieler mit seinen Vereinsmannschaften die Deutsche Meisterschaft (in seiner letzten Saison fehlten mit den Löwen nur zwei Tore bei Punktgleichheit mit dem THW Kiel) zu gewinnen, kann er auf eine imposante Karriere zurückblicken. Denn neben dem WM-Titel 2007 gewann Roggisch auch den EHF-Pokal 2007 und den EHF-Cup 2013. In der Handball-Bundesliga hat der gebürtige Villingen-Schwenninger insgesamt 432 Partien absolviert. 205 Mal stand er für die deutsche Nationalmannschaft auf dem Parkett. Den Rhein-Neckar Löwen ist er als Sportlicher Leiter erhalten geblieben.

Vermutlich wird ihn die Handball-Geschichte irgendwann mal als einen der letzten reinen Abwehrspezialisten ausweisen. Denn der Abwehrspezialist ist, das sagt auch Oliver Roggisch schon seit Jahren, eine aussterbende Spezies, da das Spiel immer schneller wird, der Wechsel zwischen Abwehr und Angriff und vor allem Angriff und Abwehr immer schwieriger.

44. GRUND

Weil der beste deutsche Bundesliga-Feldtorschütze mal ein Löwe war

Er ist eines der Gesichter im deutschen Handball des vergangenen Vierteljahrhunderts: Christian Schwarzer. 2189 Mal hat der gebürtige Braunschweiger in der Handball-Bundesliga aus dem Spiel heraus (Siebenmeter nicht mitgerechnet) in seinen 600 Spielen einen Treffer erzielt. Er liegt damit in der ewigen Tabelle der Feldtorschützen auf Rang zwei hinter dem Koreaner Kyung-Shin Yoon (2262 Treffer)[44] und ist damit der erfolgreichste deutsche Feldtorschütze in der Geschichte der Handball-Bundesliga (Stand: August 2017).

Schwarzer, Jahrgang 1969, hat in seiner Karriere viel erlebt und viel erreicht. Er erlebte einen Großteil der erfolgreichen Bundesliga-Zeit des TV Niederwürzbach mit, er stand zwei Jahre beim FC Barcelona unter Vertrag, er war dabei, als der TBV Lemgo die

Schnelle Mitte[45] erfand und den Handballsport damit in gewisser Weise revolutionierte, und er beendete seine Karriere schließlich bei den Rhein-Neckar Löwen nach der Spielzeit 2008/09. In seiner über zwei Jahrzehnte andauernden erfolgreichen Karriere gewann er so ziemlich alles, was ein Handballer gewinnen kann. Mit dem TV Niederwürzbach holte er den damals noch ausgetragenen City-Cup, mit dem FC Barcelona feierte er unter anderem den Gewinn der Champions League, mit dem TBV Lemgo wurde er Deutscher Meister, Deutscher Pokalsieger und Gewinner des EHF-Pokals und mit der deutschen Nationalmannschaft kamen die Titel bei Welt- und Europameisterschaften hinzu sowie Silber bei Olympia. 2001 war Schwarzer zudem Handballer des Jahres.

Nach sechs Jahren beim TBV Lemgo wechselte Schwarzer im Sommer 2007, ein paar Monate nachdem er während der WM im eigenen Land nachnominiert worden war und schließlich mithalf, den WM-Titel zu holen, zu den Rhein-Neckar Löwen. In den beiden Jahren bei den Gelbhemden konnte er seiner großen Ansammlung an Titeln zwar keinen weiteren hinzufügen, wurde mit den Löwen aber immerhin Vierter und Dritter in der Bundesliga (was jeweils die Qualifikation für die Champions League mit sich brachte), stand zweimal im Halbfinale um den DHB-Pokal, einmal im Endspiel um den Europapokal der Pokalsieger und einmal im Halbfinale der Champions League.

Dafür erlebte er bei den Löwen, was er in seiner Karriere zuvor noch nicht erlebt hatte: Nach der Entlassung des Trainers Juri Schewzow am 18. September 2008 machten die Badener Schwarzer für eine Partie zum kommissarischen Nachfolger des Weißrussen, sodass Schwarzer in der Bundesliga-Begegnung bei Frisch Auf Göppingen, die 31:31 endete, Coach der Gelbhemden war. Anschließend übernahm dann Wolfgang Schenke das Kommando auf der Bank bei den Löwen.

Schwarzer hatte in seiner letzten Saison als Spieler also eigentlich doppelten Anteil daran, dass die Badener die Saison als die bis dahin beste ihrer Vereinsgeschichte abschlossen. Mit Rang drei quali-fizierten sie sich erneut für die Champions League. Für Schwarzer indes endete seine Karriere mit einer 25:28-Niederlage in der letzten Saisonpartie beim SC Magdeburg. In der Vorwoche hatten ihn die Fans bei seinem letzten Heim-Auftritt für die Rhein-Neckar Löwen schon gefeiert und Masken mit seinem Konterfei getragen. Am Tag nach seinem letzten Bundesligaspiel knapp eine Woche später folgte dann sein Abschiedsspiel in der Sporthalle in Homburg-Erbach, der Niederwürzbacher Ex-Bundesliga-Spielstätte. Und natürlich waren viele große Namen dabei. Aber Schwarzer sagte nicht endgültig Tschüss, er ist dem Handball ja verbunden geblieben[46].

45. GRUND

Weil die beste Löwen-Sieben aller Zeiten eine Weltauswahl ist

Jeder Sportfan hat sicherlich schon einmal die für ihn beste Mann-schaft aller Zeiten, die beste Nationalmannschaft aller Zeiten und/oder die beste Mannschaft seines Lieblingsvereins zusammenge-stellt. In welcher Sportart auch immer. Ob im Kopf, zu Hause auf dem Papier – oder zusammen mit Freunden. In letzterem Fall kann das Suchen und Finden einer Auswahl allerdings schon einmal ein paar Stunden Zeit in Anspruch nehmen. Denn Einigkeit besteht bei solch einer Such-und-Finde-Aktion ja nicht immer. Wie auch – denn die meisten Kriterien sind ja subjektiv, oft spielt auch mit her-ein, dass man den Spieler X ein bisschen mehr mag als den Spieler Y. Und ein Kumpel aber den Spieler Y ein bisschen mehr mag als den Spieler X. Lange Diskussionen sind dann vorprogrammiert. Und selbst handfeste Kriterien, wie etwa die Anzahl der in einer Saison erzielten Tore, sind oft nur schwer zu vergleichen, wenn ein Spieler fünf oder zehn Jahre früher als ein anderer gespielt hat.

Das ist natürlich auch so, wenn man nun versucht, die beste Löwen-Mannschaft aller Zeiten zu finden. Sicherlich würden vermutlich die meisten Fans der Gelbhemden Uwe Gensheimer auf der Linksaußenposition und Patrick Groetzki als sein Pendant auf Rechtsaußen setzen, viele Andy Schmid als besten Spielmacher in der Geschichte der Badener sehen und nicht wenige vermutlich Niklas Landin im Tor den Vorzug vor Mikael Appelgren oder Henning Fritz geben. Aber es gab natürlich auch andere gute Mittelmänner bei den Löwen, es gab auch Guðjón Valur Sigurðsson auf der Linksaußen-Position und es gab auch mal einen des Öfteren famos haltenden Sławomir Szmal zwischen den Pfosten. Im Rückraum agierten nicht nur Alexander Petersson und Kim Ekdahl du Rietz oftmals famos, sondern vor ihnen auch schon Spieler wie Karol Bielecki, Mariusz Jurasik oder Oleg Velyky. Und wer ist nun der bessere Kreisläufer? Gedeón Guardiola, der klasse Mann in der Abwehr, oder Bjarte Myrhol, die Tormaschine im Angriff. Oder gar Oliver Roggisch? Hendrik Pekeler? Christian Schwarzer? Puuuh.

Daher soll hier erst gar nicht der Versuch unternommen werden, die beste Löwenmannschaft aller Zeiten zusammenzustellen. Der eine Leser würde diese abnicken, der eine ein paar Korrekturen vornehmen und der nächste sich über die Zusammenstellung wundern (siehe oben) – und seine beste Mannschaft aller Zeiten fast komplett anders zusammensetzen. Deshalb darf das jeder gerne für sich machen.

Es sei allerdings darauf hingewiesen, und das merkt man ja spätestens, wenn man die Namen aller großen Spieler bei den Badenern durchgeht, dass eine zusammengewürfelte Mannschaft aus diesen Namen einen ziemlich tollen Klang hätte. Diese Mannschaft, das kann man glaube ich schon sagen, wäre nicht nur die beste Löwenmannschaft aller Zeiten. Sie wäre auch gleichzeitig eine Weltauswahl. Ein Team, das, zumindest in der Theorie, vermutlich beim Final-Four-Turnier um den Gewinn der Champions League nicht unbedingt als Außenseiter anreisen würde. Eine Mannschaft, die die Fans zum Träumen bringen würde – auch wenn man als Löwen-Fan ja weiß, dass ein in der Theorie starkes Team in der Praxis nicht unbedingt für große Erfolge stehen muss.

46. GRUND

Weil wir Rafael Baena haben

Als Bjarte Myrhol die Rhein-Neckar Löwen im Frühjahr 2015 verließ, war das ein sehr emotionaler Moment für den Spieler – und auch für viele Zuschauer. Der Norweger, ein supersympathischer Kerl, spielte schließlich sechs Jahre für die Gelbhemden, gab immer alles in der Abwehr, rackerte im Angriff unermüdlich und bildete dort mit Spielmacher Andy Schmid ein kongeniales Duo. Die beiden verstanden sich quasi blind, die Zuschauer staunten oftmals nicht schlecht, wie gut die beiden harmonierten, auf welch atemberaubende Art und Weise sie es immer wieder schafften, dass der Ball vom Spielmacher zum Kreisläufer gelangt. Und ist der Ball erst einmal in den Händen eines Kreisläufers vom (Weltklasse-)Format eines Bjarte Myrhols, das ist im Handball kein Geheimnis, ist die Chance auch sehr, sehr groß, dass er kurze Zeit später im Tor landet. So war es bei Myrhol dann auch meistens. Wurf, Treffer, Jubel.

Doch Myrhol wollte näher an seiner Heimat Norwegen spielen, wechselte deshalb zur Saison 2015/16 zum dänischen Erstligisten Skjern Håndbold. Welchen Stellenwert er bei den Löwen besitzt, zeigt alleine der Fakt, dass Myrhols Trikot das erste war, das bei Löwen-Heimspielen nun unter dem Hallendach der SAP-Arena hängt – und seine Trikotnummer 18 bei den Badenern seitdem nicht mehr vergeben wird.

Mit Hendrik Pekeler hatten die Löwen auch einen Ersatz gefunden, dem sie zutrauten, in die Fußstapfen von Bjarte Myrhol zu treten (was diesem ja dann auch gelungen ist). Blöd nur, dass sich Pekeler, noch bevor er erstmals für die Löwen auflief, einen Knorpelschaden im Knie zuzog und gleich mehrere Monate ausfiel. Die Badener mussten auf die Verletzung reagieren und verpflichteten Rafael Baena, der aus der spanischen Liga von BM Puente Genil kam.

Der spanische Nationalspieler, der mit vollem Namen Rafael Baena González heißt, ist ein ganz anderer Spielertyp als Pekeler – und auch als Myrhol. Doch die »Wuchtbrumme«, wie Baena auch mal liebevoll bezeichnet wurde, setzte sich durch. Wenn der bullige Kreisläufer, zeitweise über 120 Kilogramm schwer, den Ball hat, ist er kaum zu stoppen, trifft verlässlich. Ein paar Wochen nach den ersten Saisonspielen sprachen die Löwen-Verantwortlichen sogar von einem »Glücksgriff«. Den einen oder anderen Experten erinnerte das Zusammenspiel von Schmid und Baena sogar an das Zusammenspiel zuvor von Schmid und Mryhol.

Der Vertrag von Baena, erst nur auf eine Saison ausgelegt, wurde recht schnell, bereits im Oktober 2015, um zwei weitere Spielzeiten verlängert. Baena hatte überzeugt, auch menschlich, und durfte bleiben. Gleich in seinem ersten Jahr bei den Löwen feierte er mit dem Team den Gewinn der Deutschen Meisterschaft, ein paar Monate zuvor hatte er mit der spanischen Nationalmannschaft – und mit seinem Mannschaftskameraden Gedeón Guardiola – die Silbermedaille bei den Europameisterschaften in Polen gewonnen. In seiner zweiten Saison folgte dann der zweite Meistertitel mit den Löwen.

Baena spielte nach der Rückkehr von Hendrik Pekeler zwar weniger, aber er war weiterhin ein wichtiger Akteur, ohne den die Löwen in den vergangenen Jahren nicht das erreicht hätten, was sie erreicht haben. Er war zum Beispiel unglaublich wichtig, wenn die Löwen im Angriff mit dem siebten Feldspieler agierten. Dann kam Baena neben Pekeler als zweiter Kreisläufer, als »Rollenspieler« für die speziellen Aufgaben und Momente – und überzeugte zumeist.

Weil wir uns an Mariusz Jurasik erfreuten

Mariusz Jurasik hat eigentlich ein paar Jahre zu früh bei den Rhein-Neckar Löwen gespielt. Ein paar Jahre zu früh, um mit den Gelbhemden auch mal einen richtig großen Erfolg zu feiern. Der Pole ist mit den Badenern zwar in der Saison 2004/05 in die Bundesliga aufgestiegen, er hat allerdings auch viele bittere Niederlagen hinnehmen müssen. Sechs Spielzeiten trug Jurasik das Trikot der Rhein-Neckar Löwen. Einmal stieg er dieser Zeit ab, zwei Mal stand er im Finale des Final-Four-Turniers um den DHB-Pokal (dazu zwei Mal im Halbfinale), ein Mal im Halbfinale der Champions League und ein Mal im Endspiel um den Europapokal der Pokalsieger. Gewonnen hat er in dieser Zeit zwar viele Sympathien bei den Löwen, aber keinen Pokal, keinen Titel mit den Löwen.

So ein bisschen symptomatisch für alle die zweiten Plätze und knapp verpassten Titel steht da wohl das DHB-Pokal-Finale gegen den HSV Hamburg im Jahr 2006. 25:26 lagen die Badener in den letzten Sekunden der Partie gegen den HSV Hamburg zurück. Sie hatten aber den Ball – und somit die Chance, mit einem Treffer die Verlängerung zu erzwingen und vielleicht dort dann den Titel zu gewinnen. Mariusz Jurasik, mit Polen 2007 Vizeweltmeister, versuchte es schließlich mit einem erfolgreichen Abschluss – scheiterte jedoch. Und somit auch die Löwen.

Über 1500 Tore[47] warf Jurasik in rund 250 Begegnungen für die Gelbhemden, alleine fast 1000 Treffer waren es in den fünf Bundesliga-Spielzeiten – das macht einen Schnitt von über sechs Treffern pro Partie. Ein guter Wert, ein extrem guter Wert. Auch deshalb war er bei den Fans so beliebt. Bei der Wahl zum »Löwenrudel des Jahrzehnts« des Bundesligisten im Jahr 2012 wurde Jurasik als bester Rückraumrechter gewählt. Eine Auszeichnung. In seiner letzten Saison bei den Löwen, der Spielzeit 2008/09, avancierte Jurasik mit

177 Treffern zum besten Feldtorschützen der Bundesliga, zeigte, dass er auch mit über 30 Jahren noch in der Bundesliga zu den besten Spielern zählt. Der Anhang der Badener machte sich dann dafür stark, dass Jurasik noch länger bleibt. Doch der damalige Geschäftsführer Thorsten Storm bot dem Polen nur einen 1-Jahres-Vertrag an. Jurasik aber wollte mindestens zwei Jahre bleiben – und unterschrieb so bei KS Vive Kielce in Polen.

In seiner Jugend war Jurasik erst einmal Fußballer und Leichtathlet. Zum Handball fand er erst mit 15 Jahren[48], nachdem ihn ein Trainer in der Schule angesprochen hatte. So kam er zu dem Verein in Żagań, einem polnischen Drittligisten in seiner Heimatstadt. Jurasik warf gleich in seiner ersten Partie 16 Treffer. Das Spiel endete 22:2. Mit 19 wurde er bereits Torschützenkönig der 3. Liga und erhielt anschließend einen Vertrag beim damaligen polnischen Meister Iskra Ceresit Kielce. Über Wisla Plock kam Jurasik dann 2003 zur SG Kronau/Östringen, wie die Rhein-Neckar Löwen damals noch hießen. Die Spielgemeinschaft war damals gerade in die Bundesliga aufgestiegen.

48. GRUND

Weil Patrick Groetzki für immer ein Löwe bleibt

Schaut man sich Fotos von den ersten Spielen von Patrick Groetzki für die Rhein-Neckar Löwen in der Saison 2007/08 an, hat sich der Rechtsaußen-Spieler natürlich verändert. Die Frisur ist – zumindest leicht – verändert, damals war Groetzki noch ein Nachwuchsspieler im Alter von 18 Jahren, mittlerweile ist er schon seit Jahren ein gestandener Bundesligaspieler, der so langsam auf die 30 zugeht. Eines ist aber über all die Jahre geblieben: die Jubelgesten nach Treffern ähneln sich immer noch sehr.

Und was auch über all die Jahre gleich geblieben ist: die Verbundenheit mit den Rhein-Neckar Löwen, für die Groetzki seit 2007 spielt – nach zuvor 13 Jahren für seinen Heimatverein SG Pforzheim/Eutingen. Nach dem Wechsel von Uwe Gensheimer im Sommer 2016 zu dem französischen Spitzenclub Paris St. Germain – Groetzki und Gensheimer wohnten davor übrigens im selben Haus in Heidelberg – ist er der dienstälteste Akteur bei den Löwen. Gensheimer spielte 13 Jahre für die Löwen, Groetzki käme auf die gleiche Anzahl an Löwen-Jahren, wenn er seinen bis 2020 laufenden Vertrag erfüllt. Davon ist auszugehen. Vielleicht hängt er danach sogar noch einmal ein oder zwei Jahre dran, dann würde er Gensheimer in Sachen Löwen-Jahre sogar übertreffen.

Dass Groetzki die Löwen verlässt, um noch woanders zu spielen, ist unwahrscheinlich, ja fast ausgeschlossen. Er gilt als bodenständig, ist zudem einer der Publikumslieblinge, eine Identifikationsfigur, einer, der gefühlt schon zum Inventar des deutschen Meisters der Jahre 2016 und 2017 gehört. Zudem ist Groetzki unumstrittener Stammspieler und ein Führungsspieler, einer der öffentlich nach schlechten Auftritten auch mal Tacheles redet, sich nicht wegduckt, sondern Stellung bezieht. Es ist davon auszugehen, dass er dies auch intern tut.

Die Löwen haben Groetzki viel zu verdanken, er hat seinen Anteil daran, dass die Badener zu einem Spitzenteam gereift sind und es geschafft haben, die ersten Titel ihrer Vereinsgeschichte einzufahren. Aber auch Groetzki hat den Löwen einiges zu verdanken. Sie verpflichteten ihn als Nachwuchsspieler und schenkten ihm das Vertrauen, bei ihnen konnte er in Ruhe reifen. Anfangs als Ergänzungsspieler, schon bald aber als Stammspieler. Groetzki schaffte so die Entwicklung vom deutschen A-Jugendmeister mit der SG Kronau-Östringen, Vize-Europameister der Junioren und wertvollsten Spieler der Junioren-EM (alles 2008) sowie Junioren-Weltmeister (2009) zum Nationalspieler und einem der besten Akteure weltweit auf seiner Position.

Auch wenn er von schweren Verletzungen größtenteils verschont blieb, die Karriere des Patrick Groetzki verlief, trotz aller Erfolge mit den Löwen und der Nationalmannschaft, nicht immer nur nach oben, doch welcher Sportler kommt schon ohne Negativerlebnisse durch die Karriere? So gab es auch bei Groetzki Misserfolge oder schwächere Spiele, auch im Nationalteam. Doch Groetzki hat sich davon nie unterkriegen lassen, er ist immer wieder zurückgekommen. Im Regelfall stärker als zuvor. Nur eines hat er noch nicht geschafft: Trotz mittlerweile neun Versuchen mit den Löwen (Stand: August 2017) ist es ihm noch nicht gelungen, den DHB-Pokal zu gewinnen. Geht es um das Final-Four-Turnier in Hamburg, wird Groetzki, der Lautsprecher, meistens auch ziemlich einsilbig. Er möchte lieber mit Leistung in Hamburg glänzen als mit markigen Sprüchen im Vorfeld.

49. GRUND

Weil Alexander Petersson immer besser wird

Wenn ein Spieler im Alter von über 30 Jahren zu einem Verein wechselt, dann spricht man gerne davon, dass dieser Spieler seinen letzten großen Vertrag unterschreibt. Oder dass dieser Spieler seine Karriere ausklingen lässt. Oder dass dieser Spieler geholt wurde, um junge Spieler noch ein wenig zu führen, die ihn alsbald als Führungsspieler ablösen sollen, und er sich dann langsam auf seinen sportlichen Ruhestand vorbereiten kann.

Auf Alexander Petersson und seinen Wechsel zu den Rhein-Neckar Löwen trifft dies alles nicht zu – außer, dass der Isländer schon über 30 Jahre alt war, als er zum Klub aus Nordbaden wechselte. 32 Jahre alt war Petersson genau genommen, als er 2012 erstmals für die Gelbhemden auflief. Er hatte bis dahin schon die Stationen HSG Düsseldorf, TV Großwallstadt, SG Flensburg-Handewitt und Füchse Berlin in der Bundesliga hinter sich – und vermutlich rechnete niemand damit, dass Petersson in den Spielzeiten vier und fünf nach seinem Wechsel zu den Löwen mit diesen zweimal in Folge Deutscher Meister werden würde. Das lag zum einen daran, dass die Löwen 2012 noch kein wirkliches Spitzenteam waren – beziehungsweise erst in der Entwicklung zu einer Topmannschaft. Zum anderen lag das daran, dass wohl kaum jemand damit rechnete, dass Alexander Petersson mit Mitte 30 immer noch das Niveau haben würde, in der Bundesliga – und auch in der Champions League – auf allerhöchstem Niveau zu spielen.

Doch Petersson hat(te) es. Für viele Beobachter war der Isländer in der Saison 2016/17, in die er immerhin als 36-Jähriger startete, der beste Rückraum-Rechte der Handball-Bundesliga. So sah das übrigens auch das Fachmagazin *Handballwoche*, das Petersson im Ranking der besten Spieler im rechten Rückraum auf Position eins setzte[49] – vor Nationalspieler Holger Glandorf (SG Flensburg-Handewitt). Petersson wird nicht, was man in diesem Alter durchaus erwarten kann, ein bisschen schwächer. Nein, Petersson wird gefühlt immer besser.

Er braucht – und bekommt – sicherlich die eine oder andere Verschnaufpause mehr als noch vor einigen Jahren. Wenn möglich, wird er auch mal eine ganze Partie geschont, da es in seinem Alter sicherlich nicht leichter wird, Partien im 3-Tages-Rhythmus zu absolvieren. Seine Karriere in der isländischen Nationalmannschaft hat er bereits 2016 beendet. Doch wenn der Isländer für die Löwen auf dem Parkett steht, spielt er, als sei er einige Jahre jünger. Er gibt immer vollen Einsatz, geht in der Abwehr mit Vehemenz zur Sache und sucht im Angriff jede noch so kleine Lücke in der Verteidigung des Gegners – und einige seiner Würfe sind für den Torhüter meistens erst zu sehen, kurz bevor der Ball im Netz zappelt. Petersson ist noch immer einer der Schlüsselspieler der Löwen.

Ein Geheimnis seines Erfolges ist sicherlich auch sein Ehrgeiz. Wenn ein Trainer, wie beispielsweise Nikolaj Jacobsen bei den Löwen, zu Beginn der Vorbereitung den einen oder anderen Spieler öffentlich rüffelt, weil der Fitnesszustand nach dem Urlaub nicht so wie gewünscht ist, meint er sicherlich nicht Alexander Petersson. Der fängt meistens schon zu Beginn des Urlaubes an, an seiner Fitness zu arbeiten.

Bis 2019 will Petersson für die Löwen spielen. Sollte er dann nach der Saison 2018/19 wirklich seine Karriere beenden, wäre das kurz vor seinem 39. Geburtstag.

50. GRUND

Weil es auch ohne Pep geht

Es war ein Tag im August 2013, ein paar Tage vor dem Start in die neue Saison der Handball-Bundesliga, in die die Löwen mit einem 30:22-Erfolg bei HBW Balingen-Weilstetten starten sollten. Die Rhein-Neckar Löwen hatten zur Teampräsentation in ein großes Kaufhaus in Mannheim geladen, einige Fans waren gekommen. Kevin Gerwin, Hallensprecher der Badener bei den Heimspielen, stellte den Löwen-Spielern Fragen, die Akteure antworteten. Die Fans freuten sich – und ließen sich anschließend Autogramme von ihren Idolen geben.

Die beste Antwort des Tages bei dieser Fragerunde gab zweifelsohne Gedeón Guardiola. »Ich bin schöner«, sagt der Spanier auf die Frage, wie man ihn und seinen Zwillingsbruder Isaias, damals beide bei den Gelbhemden unter Vertrag, auseinanderhalten könne. Ob er das ernst meinte, sagte Gedeón Guardiola nicht. Die Zuschauer aber fanden den Spruch lustig – und lachten.

Die beiden Spanier waren einen Sommer zuvor zu den Badenern gewechselt. Gedeón Guardiola kam von SDC San Antonio, Isaias Guardiola von Atlético Madrid. Im Spiel sind die beiden Zwillingsbrüder, nach denen mittlerweile eine Sporthalle in ihrem Heimatort Petrer benannt ist, einfach auseinanderzuhalten. Isaias spielt im rechten Rückraum, Gedeón am Kreis, Isaias wirft mit links, Gedeón mit rechts. Neben dem Spielfeld ist es dann aber schon schwerer. Deutlich schwerer. Aber ein paar Ansätze gab es für die Löwen-Fans trotz aller Ähnlichkeit. Gedeón trägt die Haare einen Tick kürzer, die Brillen sehen ein bisschen anders aus.

Heute hat eigentlich keiner mehr ein Problem, die beiden Spanier auseinanderzuhalten. Das liegt auch daran, dass die beiden Zwillinge nicht mehr zusammen bei den Rhein-Neckar Löwen spielen. Während Gedeón bei den Badenern schnell zu einem unumstrittenen Stammspieler in der Abwehr wurde und großen Anteil an den Erfolgen in den vergangenen Jahren hatte, lief die Beziehung Löwen und Isaias Guardiola nicht so erfolgreich. Nach zwei Jahren bei den Badenern – in dieser Zeit gewannen die Gelbhemden den EHF-Pokal – wechselte er 2014 zu Aalborg Håndbold. Nach einem Jahr verließ er die Dänen wieder und ging nach Frankreich zu Pays d'Aix UC, in der Rückrunde wurde er nach Veszprém ausgeliehen. 2016 wechselte Isaias Guardiola zurück in die Bundesliga, lief für den HC Erlangen auf. Dort blieb er wiederum nur für ein Jahr, um sich dann dem TBV Lemgo anzuschließen[50].

Als die beiden Zwillingsbrüder noch zusammen in Heidelberg wohnten, wurden sie oftmals angesprochen. Und eigentlich war es dann immer die gleiche Frage, die die Leute ihnen stellten. Immer wollten sie wissen, ob die Brüder mit dem anderen Guardiola, mit dem Pep Guardiola, dem Guardiola, der damals Bayern München trainierte, verwandt seien. Die Antwort, die Isaias und Gedeón dann gaben, war immer dieselbe: Nein. »Wir sind nicht die Familie von Pep, wir kennen ihn ja nicht einmal«, erzählte Isaias Guardiola einmal.

KAPITEL 5

DIE LÖWEN UND IHRE FANS

Weil das Abschiedsspiel von Oliver Roggisch eine große Sause war und über die am Vortag verpasste Meisterschaft hinwegtröstete

Es war irgendwie schon eine eigenartige Stimmung an jenem 25. Mai 2014 in der Mannheimer SAP-Arena. Die Saison endete am Vortag, für die Rhein-Neckar Löwen endete sie sehr unglücklich. Sie waren als Spitzenreiter in den letzten Spieltag gegangen, mit dem um sieben Treffer besseren Torverhältnis gegenüber dem punktgleichen Verfolger THW Kiel. Die Badener gewannen zwar 40:35 beim VfL Gummersbach. Doch da die Kieler die Füchse Berlin regelrecht demontierten und mit 37:23 siegten, schnappten die Norddeutschen den Gelbhemden ganz knapp den Titel weg. Und am Tag nach der um zwei Tore verpassten Meisterschaft sollte nun das seit Langem geplante Abschiedsspiel von Oliver Roggisch zwischen den Löwen und der deutschen Nationalmannschaft stattfinden.

Viele Fans hatten im Vorfeld sicherlich darauf gehofft, dass die Partie zugleich eine Art Meisterfeier wird. Dass man erst ein bisschen den Titel feiert, dann Roggisch – und dann beides zusammen. Nun aber lag zu Beginn eine seltsame Schwere in der Arena. Den Spielern sah man beim Aufwärmen an, dass sie – verständlicherweise – noch sehr gezeichnet von den Ereignissen am Vortag waren. Und die 13.200 Menschen auf den Tribünen wussten auch nicht so ganz genau, wie sie das alles einordnen sollen.

Doch was dann folgte, war kein Trauerspiel, sondern eine großartige Abschiedssause, die wohl nicht nur dem Protagonisten für immer in Erinnerung bleiben wird. Die Zuschauer feierten nicht nur einen großen Spieler und eine große Persönlichkeit, die den Rhein-Neckar Löwen anschließend als Teammanager erhalten blieb. Nein, die Fans betrieben auch Seelenbalsam für sich – und für die niedergeschlagenen Löwen-Akteure. Schon bei der Spielerpräsentation wurden die Löwen jedenfalls lautstark von den Zuschauern gefeiert. Das Ergebnis der Begegnung, die deutsche Nationalmannschaft gewann mit 39:34 (24:22), war dabei Nebensache.

Roggisch erzielte am Anfang der Partie ein paar Tore, nach rund einer Viertelstunde tauchte er dann plötzlich im Löwen-Fanblock auf und gab an der Trommel den Takt vor, mit der er dann einmal durch die gesamte SAP-Arena marschierte – zwischendurch übergab er den Trommelstab kurzfristig an Löwen-Trainer Guðmundur Guðmundsson. Die Zuschauer fühlten sich so bestens unterhalten. Zwei Minuten später erzielte »The Rogg« mit dem 16:17 bereits sein viertes Tor. Per Siebenmeter nach einer Pirouette, mit der er auch im Eiskunstlauf hätte erfolgreich auftreten können.

Zweieinhalb Minuten vor dem Ende der Partie kam Oliver Roggisch dann ein letztes Mal aufs Feld, mittlerweile im Trikot der deutschen Nationalmannschaft. Er simulierte eine Verletzung und ließ sich von Betreuern der Nationalmannschaft vom Feld tragen. Die aber schickten den humpelnden Roggisch für sein großes Finale aufs Feld. Er durfte noch mal einen Siebenmeter ausführen, treffen, jubeln, sich feiern lassen. Sekunden später war es dann vorbei mit der Karriere von Oliver Roggisch, der über 400 Mal in der Bundesliga und über 200 Mal für die Nationalmannschaft im Einsatz war. Nach einem Foul von »The Rogg« an Stefan Sigurmannsson stürmten seine Mannschaftskameraden mit Roten Karten, die seine Karriere so treu begleitet hatten, aufs Feld, die sie Roggisch entgegenhielten. Der diskutierte nochmals mit den Schiedsrichtern. Doch die ließen sich nicht erweichen, Roggisch musste vom Feld. Ein letztes Mal.

Uwe Gensheimer, der Kapitän der Löwen, sagte damals: »Oli ist ein Unikat, ein echter, authentischer Typ und ein überragender Spieler, der jeder Mannschaft sehr, sehr guttut. Es war ein wunderbarer Nachmittag. Das hat uns ein bisschen über den Frust des Meisterschaftsfinals weggeholfen, auch wenn es sich noch immer so anfühlt, als wenn man etwas weggenommen bekommen hätte, was man eigentlich verdient hätte.« Roggischs letzte Worte an diesem Nachmittag waren: »Nächste Saison Attacke, nächste Saison knacken wir Kiel.« Das war sicherlich Balsam auf die Wunden der Fans. Auch wenn es dann doch noch ein Jahr länger dauern sollte mit der ersten Meisterschaft und dem »Kielknacken« …

52. GRUND

Weil wir selbst rund 100 Kilometer nach Frankfurt fahren, um ein Heimspiel zu sehen

Fans, überall in Deutschland, ja selbst im nahen und sogar im fernen Ausland, hat mittlerweile sicherlich jeder größere (und erfolgreiche) Verein hierzulande – und seien es Teilzeit- oder Langzeit-Auswanderer. Dass der eine oder andere dieser Anhänger dann extra mal nach Deutschland gereist kommt, um ein Spiel live zu sehen, gehört dazu. Genauso gibt es Schlachtenbummler, die mehrmals im Jahr ein paar Hundert Kilometer zurücklegen, um Heimspiele ihrer Mannschaft anzuschauen. Live im Stadion oder in der Halle ist schließlich noch einmal ein ganz anderes (und viel schöneres) Gefühl als live im Fernsehen (oder im Internet vor dem Live-Ticker).

Eher außergewöhnlich ist es allerdings, wenn nicht nur wenige, sondern gleich Scharen von Anhängern für ein Heimspiel rund 100 Kilometer zurücklegen. Bei den (meisten) Heimspielen der Rhein-Neckar Löwen in der Champions League war das in den Spielzeiten 2015/16 und 2016/17 so, da diese in der FRAPORT-Arena im Frankfurter Stadtteil Höchst stattfinden – in der Halle, in der beispielsweise auch der Basketball-Bundesligist Frankfurt Skyliners seine Heimspiele austrägt.

Dass die Fans der Löwen so weit reisen mussten, hat vor allem mit der Europäischen Handball-Föderation (EHF) zu tun. Diese drängt mittlerweile darauf, dass die Badener ihre Königsklassen-Begegnungen in der SAP-Arena und nicht in einer kleineren und älteren Halle bestreiten. Spiele im Sportzentrum Harres in St. Leon-Rot, wie in früheren Jahren, sind daher nicht mehr möglich. Auch die Friedrich-Ebert-Halle in Ludwigshafen, wo die TSG Friesenheim, die mittlerweile in Eulen Ludwigshafen umbenannt wurde, ihre Heimspiele austrägt, oder die Mannheimer GBG-Halle lehnt die EHF als Austragungsorte für die Champions-League-Heimspiele ab. Spiele in der SAP-Arena kamen für die Löwen bis auf wenige Ausnahmen (Gegner, die die Halle füllen) nicht infrage, weil eine nur zum Bruchteil gefüllte Halle ein Minusgeschäft für den Verein bedeuten würde. So kam es dazu, dass Frankfurt zum Heimspielort wurde.

Für die Anhänger der Badener war das natürlich keine super-tolle Lösung. Aber sie unterstützten ihr Team auch bei den Auswärts-Heimspielen in Frankfurt lautstark. Und der eine oder andere Handballfreund aus der Rhein-Main-Region – in der es mit der SG Wallau/Massenheim, dem Deutschen Meister 1991/92 und 1992/93, ja immerhin mal ein Spitzenteam gab – dürfte mittlerweile auch ein Fan der Löwen geworden sein – und die (Heim-)Spiele in Frankfurt regelmäßig besucht haben.

Übrigens: Ausgerechnet am Tag des ersten Heimspiels in der zweiten Champions-League-Saison in Frankfurt (Gegner war RK Celje Pivovarna Laško, die Löwen siegten mit 31:30) gab es auf der A6 zwischen dem Autobahnkreuz Mannheim und dem Viernheimer Kreuz am späten Nachmittag eine mehr als einstündige Vollsperrung nach einem Unfall mit mehreren Fahrzeugen. Die Folge: Es gab einen kilometerlangen Rückstau, in dem der eine oder andere Handballfreund mit Blick auf die SAP-Arena, die eigentliche Heimstätte der Löwen, stand – und erst weit nach dem Spielbeginn in der FRAPORT-Arena ankam.

Mittlerweile sind die Heimspiele in der FRAPORT-Arena wieder Geschichte. Seit der Saison 2017/18 spielen die Löwen in der Königsklasse neben der SAP-Arena wieder im Sportzentrum Harres in St. Leon-Rot – und bald soll ja die neue Halle in Heidelberg fertig sein.

Weil die Stimmung in der SAP-Arena mittlerweile richtig gut ist

9. Februar 2017, SAP-Arena Mannheim. Der aktuelle Champions-League-Sieger KS Kielce ist bei den Rhein-Neckar Löwen zum Gruppenspiel in der Königsklasse zu Gast. Es ist für beide Mannschaften die erste Begegnung nach der etwa sechswöchigen Spielpause wegen der Weltmeisterschaft in Frankreich. Für die Gastgeber bietet die Partie zudem die Chance, mit einem Sieg noch einmal in den Kampf um den ersten Platz in der Vorrundengruppe B einzugreifen – der ein Freilos im Achtelfinale, zwei freie Wochenenden und den direkten Einzug in das Viertelfinale bedeuten würde. Denn mit einem Erfolg würde man den Rückstand auf den Spitzenreiter Kielce vier Partien vor dem Ende der Vorrunde auf einen Zähler reduzieren.

Und es sieht auch lange Zeit so aus, als würden die Löwen ohne große Probleme einem ungefährdeten Erfolg entgegenstreben. Sie setzen sich früh in der Partie auf drei Treffer ab, Mitte des zweiten Abschnitts führen sie dann sogar kurzzeitig mit sechs Treffern. Weil anschließend im Angriff aber nicht mehr so viel gelingen will, ist Kielce fünf Minuten vor dem Ende der Begegnung beim Stand von 25:23 für die Badener wieder bis auf zwei Treffer herangekommen. Plötzlich droht den bis dahin so souverän agierenden Löwen der schon fast sicher geglaubte Sieg noch zu entgleiten.

Die von Trainer Nikolaj Jacobsen genommene Auszeit ist dann nicht nur eine Möglichkeit für seine Spieler, sich neu einzustimmen – sondern auch für die Fans, die nun merken, dass auch sie mithelfen müssen, die Punkte zwölf und 13 in dieser Champions-League-Spielzeit zu holen. Und so ist es die abschließenden fünf Minuten der Partie richtig laut in der Arena. Die Fans trommeln und schreien ihre Mannschaft förmlich nach vorne. Wurden die Treffer von Alexander Petersson zum 26:23 und zum 27:24 noch lautstark bejubelt, steht die Halle nach dem Tor von Guðjón Valur Sigurðsson per Siebenmeter zum 28:24 zwei Minuten vor dem Ende der Begegnung förmlich kopf. Jeder weiß nun, der Sieg ist sicher, der Start aus der WM-Pause gelungen. Zusammen haben Mannschaft und Fans den Schlussspurt des amtierenden Champions-League-Siegers aus Polen abgewehrt.

Das Spiel gegen Kielce ist nur ein Beispiel von vielen aus den vergangenen Spielzeiten. Denn die Stimmung in der SAP-Arena ist mittlerweile richtig gut, die Fans sind durchaus in der Lage, zum achten Mann zu werden und als mitentscheidender Faktor ihre Mannschaft zum Sieg zu brüllen, zu klatschen und zu stampfen. Vor allem in den wichtigen Spielen gegen Gegner mit großen Namen, etwa gegen den THW Kiel, wenn die Arena bis auf den letzten der 13.200 Plätze gefüllt ist, ist die Unterstützung von den Rängen klasse.

Es fällt auf, wie oft die Anhänger in den vergangenen zwei, drei Jahren von den Verantwortlichen für ihre Unterstützung der Mannschaft gelobt worden sind. Das war nicht immer so: Es gab auch Zeiten, da mühten sich die Löwen gegen Gegner, die vom Spielermaterial her eigentlich zwei Klassen schlechter besetzt waren, ab. Sie rumpelten einen knappen Sieg nach Hause, obwohl die Fans auf den Zuschauerrängen doch eigentlich erwartet hatten, für ihr Eintrittsgeld eine kleine Handball-Gala gezeigt zu bekommen. Da gab es dann schon mal Liebesentzug in Form von wenig Anfeuerung, Buhrufen und Pfiffen – und anschließend Statements von Spielern, die sich darüber beschwerten, dass sich die Zuschauer beschweren. Aber das sind längst vergessene Zeiten. Momentan bilden Spieler und Fans eine erfolgreiche Symbiose.

Weil die Spieler der Löwen »greifbar« sind

Nach jedem Heimspiel der Löwen in der Mannheimer SAP-Arena folgt eigentlich der gleiche Ablauf. Die Spieler feiern nach dem Schlusspfiff mit den Fans – okay, in den ganz, ganz seltenen Fällen einer Heimniederlage fällt dieser Punkt mal weg –, es geht in die Kabine, Trainer Nikolaj Jacobsen kommt, die Tür wird geschlossen, es folgt eine kurze Ansprache des Übungsleiters zu der vergangenen Partie. Nach ein paar Minuten geht die Kabinentür wieder auf. Dann kommen, nacheinander, drei, vier Spieler mit einem Stift in der Hand heraus und marschieren in die Halle auf das Parkett zurück. Dort warten viele Fans schon auf sie – und auf ein Autogramm von ihnen oder ein Selfie mit ihnen – oder beides. Also lächeln die Löwenspieler in die Handykameras und fangen an, ihren Namen immer und immer wieder zu schreiben, bis ihnen die Arme vermutlich vom vielen Namenkritzeln mehr wehtun als von dem Spiel zuvor.

Man muss sich das nur mal vorstellen: Nach einem Fußball-Bundesligaspiel werden die Fans in den Innenraum des Stadions gelassen, nur noch ein Tau trennt sie nun von ihren Lieblingen – und dann kommen ein paar Starkicker aus den Katakomben angetrottet und schreiben Autogramme und lassen Selfies mit sich machen, bis alle Fans zufrieden nach Hause gegangen sind.

Nein, das ist nicht kontra Fußball gemeint, das ist pro Handball gemeint. Denn das Schöne am Handball ist: Er hat zwar auch Stars, sogar eine ganze Reihe. Aktuelle und Altstars. Aber es sind in der Regel Stars zum Anfassen. Stars ohne Allüren. Menschen, die zwar ein bisschen besser mit dem kleinen Ball umgehen können als du und ich, ansonsten aber nicht viel anders sind als du und ich. Das macht den Umgang mit ihnen leichter. Für euch Fans. Und für uns Journalisten. Ein Beispiel, auch wenn es schon ein paar Jahre zurückliegt: Anruf bei einem prominenten Fußballer, den man scheinbar beim Mittagsschlaf gestört hat. Prominenter Fußballer stänkert ins Telefon, man solle um 16 Uhr noch mal anrufen. Anruf um 16 Uhr, prominenter Fußballer ist in etwa genauso freundlich wie zuvor und beantwortet schlecht gelaunt die Fragen. Anruf bei einem Handballer, den man scheinbar beim Mittagsschlaf gestört hat. Handballer bittet darum, ihn um 15 Uhr noch einmal anzurufen. Kurz vor 15 Uhr, Handballer ruft an, er sei nun bereits auf dem Weg und gesprächsbereit. Er gibt breitwillig Auskunft. Noch Fragen? Ach so: Der Handballer ist übrigens ein ehemaliger Handballer der Löwen und der heutige Sportliche Leiter des Vereins.

55. GRUND

Weil man die Löwen (fast) überall auf der Welt kennt

Januar 2016, Fahrt in einem Großraum-Taxi auf Kuba. Man kommt mit einem Pärchen aus Ungarn ins Gespräch. Es geht erst einmal um Kuba, dann um Politik, Viktor Orbán und so. Die zwei Ungarn erzählen ein bisschen, wie es sich für junge Leute so lebt im östlichen Nachbarland von Österreich. Mit Orbán. Oder besser gesagt unter Orbán. Irgendwann erzählen sie, dass sie aus der Nähe von Veszprém stammen. Das ist der Augenblick für den Handballreporter zu berichten, dass er Veszprém kennt. Zumindest den ortsansässigen Handballverein KC Veszprém, einen der besten Clubs der Welt. Denn Veszprém ist in den vergangenen Jahren nicht gerade selten in internationalen Spielen auf die Rhein-Neckar Löwen getroffen. Zum Beispiel im Endspiel des Europapokals der Pokalsieger der Spielzeit 2007/2008, als die Löwen in der Addition von Hinspiel und Rückspiel knapp den ersten Titel der Vereinsgeschichte verpassten (27:32, 28:28). Oder auch schon dreimal in der Gruppenphase der Champions League, zuletzt in der Saison 2014/15. Da gewannen die Ungarn die Vorrundengruppe der Löwen und unterlagen erst im Finale dem FC Barcelona (23:28).

Kaum ist man fertig damit, stolz zu erzählen, dass man KC Veszprém kennt, weil man als Journalist schon öfters über Spiele zwischen dem Verein und den Rhein-Neckar Löwen berichtet hat, erzählt der junge Ungar, dass er auch schon mal von den Löwen gehört hat. Es schließt sich eine kleine Fachdiskussion über Handball im Allgemeinen und KC Veszprém und die Löwen im Speziellen an.

In dem Taxi saßen übrigens auch noch zwei junge US-Amerikaner. Als das Gespräch sich um Handball drehte, fragte der eine US-Amerikaner den anderen mit leiser Stimme, ob er wisse, was Handball sei. Die Antwort des anderen lautete, er habe so eine Vermutung. Überall auf der Welt kennt man die Rhein-Neckar Löwen also anscheinend doch noch nicht.

56. GRUND

Weil wir weiterhin von einem Champions-League-Sieg träumen dürfen

Viele Jahre haben die Anhänger der Rhein-Neckar Löwen auf den Gewinn der Deutschen Meisterschaft gewartet, die ja dann gleich zweimal in Folge bejubelt werden durfte. Denn spätestens als die Badener durch den dänischen Investor Jesper Nielsen viel Geld zur Verfügung hatten und viele Topstars so den Weg zu den Gelbhemden fanden, konnten die Anhänger zu träumen anfangen. Doch trotz starker Spieler blieben richtig starke Leistungen – zumindest über die Dauer einer Saison gesehen – zunächst aus. Es folgten zwar vordere Platzierungen im Abschlussklassement und damit Teilnahmen an der Champions League. Doch der Titel-Traum blieb ein Titel-Traum. Am Saisonende hielten stets Spieler anderer Vereine (meistens die aus Kiel) die Meisterschale in die Höhe. Und auch mit dem Pokalsieg wurde es nichts.

Der Meisterschaft kamen die Löwen erst näher, als sie deutlich weniger Geld als in der Zeit unter Nielsen zur Verfügung hatten. Da entwickelten sie sich zu einem Spitzenteam und zu einem ernsthaften Meisterschaftsaspiranten. Nach zwei zweiten Plätzen in Serie, einmal fehlten zwei Tore, in der Saison darauf dann zwei Punkte, war es am Ende der Saison 2015/16 dann endlich so weit. Die Löwen krallten sich zum ersten Mal in ihrer Geschichte die Deutsche Meisterschaft. In der folgenden Runde verteidigten sie den Titel sogar – was selbst für die Spieler und Verantwortlichen der Löwen etwas überraschend kam.

Nun gibt es ja auch noch den DHB-Pokal, den die Löwen trotz mittlerweile zehn Teilnahmen am Final-Four-Turnier noch nicht gewinnen konnten. Doch in den Ohren vieler Fans hat der Begriff Champions League irgendwie einen besseren Klang als DHB-Pokal. Es mag sein, dass das daran liegt, dass es gegen Teams aus dem Ausland geht. Es mag sein, dass so große internationale Namen von Mannschaften wie dem FC Barcelona oder Paris St. Germain toller klingen als Namen irgendwelcher Zweitligisten aus der deutschen Provinz. Es mag sein, dass die Champions League eine höhere öffentliche Wertschätzung hat.

Jetzt ist es sicherlich schön, einen (oder mehrere) Champions-League-Sieg(e) in seiner Chronik stehen zu haben. Aber ebenso schön ist es doch, noch ein Ziel zu haben, auf das man in den kommenden Jahren hinarbeiten kann. Und bei den Löwen ist das, im Unterschied zu den deutschen Konkurrenten THW Kiel, SG Flensburg-Handewitt, HSV Hamburg und SC Magdeburg, die die Königsklasse schon mindestens einmal gewonnen haben, eben der erstmalige Triumph in der Champions League.

Dass das nicht einfach ist, haben die vergangenen Spielzeiten gezeigt. Schließlich erreichten die Löwen bislang erst zwei Mal das Halbfinale, schieden in den vergangenen Spielzeiten teilweise schon recht früh aus. In der Saison 2014/15, 2015/16 und 2016/17 war beispielsweise jeweils schon im Achtelfinale Schluss. Doch trotz der immer stärker werdenden Konkurrenz in Europa ist Träumen ja weiterhin erlaubt. Denn wenn man erst einmal beim Final-Four-Turnier dabei ist, reichen ja schon zwei gute Tage, um einen großen Titel zu gewinnen. Und bis es so weit ist, träumen wir noch ein wenig. Notfalls Jahr für Jahr für Jahr. So wie früher von der Deutschen Meisterschaft.

57. GRUND

Weil wir uns mehr freuen als die Fußballnationalmannschaft

November 2016, früher Abend, Stadthalle Heidelberg. Der Sport Award Rhein-Neckar soll verliehen werden. Gekommen sind, wie immer zu solchen Anlässen, natürlich eine Menge Sportler – aber natürlich auch lokale Größen aus Politik und sonstige (Sport-)Prominenz. Erich Kühnhackl, eine deutsche Eishockeygröße, ist da, Reiner Calmund, Ex-Manager des Fußball-Bundesligisten Bayer 04 Leverkusen, Stefan Kuntz (ehemaliger Fußball-Profi) und auch Henning Fritz. Der ist nicht nur mit Deutschland 2007 Handball-Weltmeister im eigenen Land geworden, sondern stand auch mal fünf Jahre bei den Rhein-Neckar Löwen im Tor. Das Quartett gehörte beim Sport Award Rhein-Neckar zu den Laudatoren, von denen es, wie immer bei solchen Veranstaltungen, gute und weniger gute gab. Man könnte auch sagen, welche, denen man gerne zugehört hat und welche, die am besten gar nicht so viel gesagt hätten.

Ausgezeichnet wurden Sportler in diversen Kategorien. Die Titel für den Sportler und die Sportlerin gingen, ein paar Wochen nach den Spielen von Rio de Janeiro wenig überraschend, an zwei erfolgreiche Olympia-Teilnehmer. Ringer Denis Kudla aus Schifferstadt

(Bronzemedaillengewinner) und Leichtathletin Malaika Mihambo von der LG Kurpfalz (Vierte im Weitsprung). An diesem Abend wurde zudem ein Team in der Kategorie Top-Mannschaft ausgezeichnet. Neben den Adlern Mannheim waren für diese Kategorie auch die Rhein-Neckar Löwen nominiert, die rund ein halbes Jahr zuvor ja den ersten deutschen Meistertitel der Vereinsgeschichte gewonnen hatten. Da der Gewinn des nationalen Titels bei den Adlern ein Jahr länger her war (für die Auszeichnung wurden die Erfolge der Jahre 2015 und 2016 berücksichtigt), galten die Löwen für die meisten sogenannten Experten im Vorfeld als Favorit. Was vielleicht auch daran lag, dass ein Teil dieser sogenannten Experten Journalisten waren und die Journalisten zuvor bei der Abstimmung einen nicht ganz unerheblichen Teil der Stimmberechtigten ausgemacht hatten.

Jetzt ist es ja bei solchen Wahlen nicht ganz unüblich, man denke nur an die Wahl zum Sportler des Jahres, dass eine Mannschaft ausgezeichnet wird, dass aber eigentlich gar keiner merkt, dass eine Mannschaft ausgezeichnet wird, weil auf dem Podium eh nur zwei oder drei Akteure (und vielleicht noch ein Trainer oder Offizieller) stehen, um die Auszeichnung entgegenzunehmen. Der Rest hatte aus irgendwelchen Gründen keine Zeit. Oder keine Lust. Oder beides.

Die Rhein-Neckar Löwen hingegen waren fast mit der kompletten Mannschaft zum Sport Award Rhein-Neckar erschienen. Dazu waren Trainer Nikolaj Jacobsen und Oliver Roggisch, der Sportliche Leiter, dabei. Und das Kommen hatte sich für die Gelbhemden in schicken Anzügen dann auch gelohnt, denn die Löwen gewannen die Auszeichnung. Dabei hätten die Akteure eine gute Ausrede gehabt, nicht zu der Ehrung zu erscheinen. Denn bereits rund 48 Stunden nach der Ehrung fand ein Bundesliga-Auswärtsspiel der Badener beim TSV GWD Minden statt (welches die Löwen dann recht deutlich mit 33:23 gewannen).

Großartig feiern durften die Löwen-Akteure die Auszeichnung dann auch nicht, und das, obwohl Trainer Jacobsen, der zudem als

Top-Trainer ausgezeichnet wurde, ein paar Stunden später 45 Jahre alt wurde. Es hätte also eigentlich zwei Gründe zum Feiern gegeben. Der Sportliche Leiter Roggisch hatte dann auch die Lacher auf seiner Seite, als er die Devise ausgab: »Die aktiven Handballer dürfen nicht feiern. Aber wir sind ja nicht mehr alle aktive Handballer.« Mit »wir« meinte er sich und Coach Jacobsen. Ob dann wirklich eine Feier der beiden folgte, ist nicht überliefert. Was aber überliefert ist: Am Ende der Saison wurden die Löwen erneut Deutscher Meister.

58. GRUND

Weil wir faire Fans sind

Man muss sich das mal vorstellen: In der Fußball-Bundesliga kämpfen am letzten Spieltag der Saison noch zwei Mannschaften um die Meisterschaft. Beide sind punktgleich, der eine Konkurrent hat das etwas bessere Torverhältnis. Dieses Team wird am Ende allerdings doch nicht Meister, weil der Widersacher sein letztes Saisonspiel zu Hause gegen eine andere Spitzenmannschaft gewinnt – sagen wir mal mit 7:0, obwohl es in der jüngeren Vergangenheit zwischen den beiden immer sehr knappe Ergebnisse gegeben hat. Das Ergebnis und die daraus resultierende verpasste Meisterschaft würden vermutlich dazu führen, dass ein ziemlich großer Hass auf das Team entstehen würde, das dem Widersacher im Titelrennen die Meisterschaft durch die hohe Niederlage erst möglich gemacht hat.

Vermutlich würden noch Jahre danach bei jedem Aufeinandertreffen der beiden Teams Schmähgesänge sondergleichen ausgepackt, um damit die Mannschaft und den Verein, die man als Schuldige für die verpasste Meisterschaft ausgemacht hat, zu verunglimpfen.

Eine Situation wie oben beschrieben hat es im Handball gegeben, im Finale der Saison 2013/14. Die Rhein-Neckar Löwen und der THW Kiel gingen damals punktgleich in den abschließenden Spieltag, die Löwen hatten das um sieben Treffer bessere Torverhältnis – und für sie sprach, dass die mit dem VfL Gummersbach den leichteren Gegner im Vergleich zu den Kielern hatten, die auf die Füchse Berlin trafen. Auch wenn der THW zu Hause antreten durfte, während die Badener zum Auswärtsspiel ins Oberbergische reisen mussten.

Nun ja, die Löwen taten sich in Gummersbach schwer, agierten zu nervös, gewannen am Ende mit 40:35. Dass sie sich so schwertaten, lag aber auch ein bisschen daran, dass sich die Kieler gegen die Berliner überhaupt nicht schwertaten und den Rückstand im Torverhältnis auf die Gelbhemden schnell aufholten – was wiederum auch daran lag, dass die Füchse nicht wie ein Bundesliga-Spitzenteam auftraten, sondern eine ziemlich schwache, ja desolate Leistung zeigten. 8:17 lag der Hauptstadtclub zur Pause hinten, verlor am Ende 23:37 – und die Löwen in der Folge wegen des um zwei Treffer schlechteren Torverhältnisses die Meisterschaft.

Als die Berliner in der kommenden Saison nun zum Auswärtsspiel nach Mannheim reisten, konnte man erwarten, dass die Füchse-Mannschaft beim Einlaufen in die Halle kräftig ausgepfiffen wird, es Schmährufe gibt, die Zuschauer ihre Wut über den verpassten Meistertitel so herauslassen. Doch nichts davon passierte. Die Füchse-Spieler wurden jetzt nicht gerade mit freundlichem Applaus begrüßt. Aber die Anzahl der Fans, die beim Einlauf der Gästespieler pfiffen, war so gering, dass diese locker in den Mannschaftsbus der Berliner gepasst hätten.

Während die Fans der Löwen sich also mehr als fair verhielten, nahmen die Spieler auf dem Feld eine sportlich-faire Revanche. Sie gewannen das Heimspiel mit 34:21. Schon in der Hinrunde der Saison hatten sie in Berlin mit 30:20 gesiegt.

Weil wir bei Endspielen stets mit unseren Lieblingen mitfiebern können

Wenn im Januar die Handball-Bundesliga pausiert, weil irgendwo auf der Welt eine Weltmeisterschaft oder eine Europameisterschaft stattfindet, ist das als Löwen-Fan zum einen ziemlich blöd. Blöd, weil die Bundesliga dann von Ende Dezember bis Anfang Februar pausiert und man seine Mannschaft sechs, sieben Wochen lang nicht spielen sehen kann. Andererseits ist es auch gar nicht blöd. Denn mindestens die Hälfte des Löwenrudels ist dann eh nicht in Deutschland, sondern dort, wo gerade die internationale Meisterschaft stattfindet. Dort spielen die Akteure mit ihrem jeweiligen Heimatland um Titel und Medaillen. Selbiges gilt auch alle vier Jahre im Sommer, wenn Olympische Spiele anstehen.

Für die Fans der Rhein-Neckar Löwen heißt das, dass keine Handballpause ansteht, obwohl die Bundesliga gerade Pause macht. Und dazu können sie mit ihren Lieblingen mitfiebern. Denn wie ein Blick auf die Endspiele (und die Partien um Platz drei) der vergangenen internationalen Meisterschaften zeigt, haben fast bei jeder der vergangenen Weltmeisterschaften, Europameisterschaften und Olympischen Spiele Löwen-Akteure um den Titel und Medaillen gespielt – und manchmal standen sich sogar Löwen-Spieler als Gegner im Endspiel gegenüber.

WM 2007: Deutschland im Finale mit Andrej Klimovets und Michael Haaß (und den ein paar Monate später zu den Löwen wechselnden Oliver Roggisch, Hennig Fritz und Christian Schwarzer) gegen Polen mit Sławomir Szmal und Mariusz Jurasik (und den ein paar Monate später zu den Löwen wechselnden Grzegorz Tkaczyk und Karol Bielecki). Deutschland siegt 29:24[51].

WM 2009: Polen mit Sławomir Szmal, Karol Bielecki und Mariusz Jurasik gewinnt die Bronzemedaille[52].

EM 2010: Island mit Ólafur Stefánsson, Guðjón Valur Sigurðsson, Alexander Petersson und Trainer Guðmundur Guðmundsson holt Bronze. Sławomir Szmal und Ólafur Stefánsson werden ins All-Star-Team berufen[53].

EM 2012: Kroatien mit Ivan Čupić gewinnt die Bronzemedaille[54].

Olympische Spiele 2012: Frankreich im Finale gegen Schweden mit Kim Ekdahl du Rietz. Frankreich gewinnt 22:21. Kroatien mit Ivan Čupić wird Dritter[55].

WM 2013: Spanien im Finale mit Gedeón Guardiola gegen Dänemark mit Niklas Landin. Spanien siegte 35:19[56].

EM 2014: Frankreich im Finale gegen Dänemark mit Niklas Landin. Frankreich gewinnt 41:32. Spanien mit Gedeón Guardiola wird Dritter[57].

EM 2016: Deutschland im Finale mit Hendrik Pekeler gegen Spanien mit Gedeón Guardiola und Rafael Baena. Deutschland siegt 24:17[58].

Olympische Spiele 2016: Dänemark im Finale mit Mads Mensah Larsen gegen Frankreich. Dänemark gewinnt 28:26. Deutschland mit Patrick Groetzki und Uwe Gensheimer wird Dritter. Gensheimer wird ins All-Star-Team gewählt[59] (Stand: Ende 2016).

60. GRUND

Weil man als Löwen-Fan großartige Comebacks erlebt

Jeder Anhänger einer Sportmannschaft dürfte schon einmal ein großartiges Comeback seines Teams auf dem Feld erlebt haben. Eine Situation, in der die Mannschaft schier aussichtslos zurückliegt – dann irgendwie eine Art Auferstehung feiert und doch noch nach dem Schlusspfiff als Sieger das Feld verlässt. Oder im Hinspiel eines internationalen Wettbewerbs eine deutliche Niederlage einstecken muss – und aufgrund einer Glanzleistung im Rückspiel doch noch in die nächste Runde einzieht.

Solche Momente gab es natürlich auch schon bei den Rhein-Neckar Löwen. Beispielsweise in den Achtelfinal-Begegnungen der Champions League in der Spielzeit 2013/14 gegen KS Kielce. Da hatten die Badener das Hinspiel in Polen mit 28:32 verloren, zogen allerdings aufgrund eines 27:23-Erfolges im Rückspiel in der Mannheimer SAP-Arena aufgrund der Auswärtstorregel noch in die nächste Runde ein (in der dann der FC Barcelona gegen die Gelbhemden ein Comeback feierte und ebenfalls aufgrund der Auswärtstorregelung die nächste Runde erreichte).

Aber die Löwen haben nicht nur Comebacks als Rudel geschafft. Es gab auch einzelne Spieler dieses Rudels, die Comebacks geschafft haben. Sensationelle Comebacks. Und auch Comebacks nach schweren Zeiten.

Da wäre zum Beispiel das Comeback von Karol Bielecki. Ende August 2010 erzielte er in seinem ersten Spiel nach langer Ausfallzeit elf Tore, warf damit beim 28:26-Sieg der Löwen in der Bundesliga gegen Frisch Auf Göppingen alleine fast die Hälfte der Treffer seiner Mannschaft. Rund zweieinhalb Monate vor seinem Comeback hatte sich der Pole bei einem Test-Länderspiel gegen Kroatien am Augenlid sowie am Augapfel verletzt. Eine Rückkehr auf das Handball-Feld war zeitweise fraglich gewesen.

Da wäre das Comeback von Bjarte Myrhol. Auch er feierte seine Rückkehr in einem Landesderby gegen Frisch Auf Göppingen. Zweieinhalb Monate vor der Partie Ende Oktober 2011 war bei dem Norweger eine Hodenkrebs-Diagnose gestellt worden. Nach einer erfolgreichen Chemotheraphie feierte Myrhol ein Blitz-Comeback, kehrte deutlich früher auf das Handball-Parkett zurück als eigentlich erwartet.

Und da wäre das Comeback von Uwe Gensheimer in der Finalpartie des EHF-Cups 2013. Rund sechs Monate zuvor hatte sich der Kapitän einen Achillessehnenriss zugezogen, wochenlang auf diesen Tag Anfang Mai hingearbeitet. Schon am Vortag beim Halb-final-Erfolg gegen Göppingen hatte er die Siebenmeter geworfen. Im Finale spielte er nun groß auf, erzielte zehn Tore – in gerade einmal 25 Minuten Spielzeit. Die Löwen gewannen 26:24 und sicherten sich den ersten Titel der Vereinsgeschichte. Auch Dank Gensheimers Comeback.

 61. GRUND

Weil wir nicht der beste Club der Welt sein müssen

Als Jesper Nielsen 2008 bei den Rhein-Neckar Löwen als Gesellschafter einstieg, versprach er vollmundig: »Ich möchte die Rhein-Neckar Löwen zum besten Club der Welt machen.« Es waren große Worte, denen auch große Taten folgten – vermeintlich. Der dänische Unternehmer pumpte viel Geld in Transfers, holte Spieler mit großen Namen und stattete sie mit üppig dotierten Verträgen aus, um seinen großen Worten große Titel folgen zu lassen.

Nielsen baute in seinem Heimatland Dänemark die »Kasi Gruppe« auf, die bald weltweit erfolgreich Modeschmuck (Stichwort Pandora) verkaufte. Nielsen, früher selbst Handballer, machte schnell Geld. Viel Geld. Von dem vielen Geld gab er von Beginn seines finanziellen Aufstiegs viel für den Sport aus. Die »Kasi Gruppe« war zunächst Sponsor der Fußballer von Bröndby Kopenhagen. Es folgte Nielsens Einstieg bei den Rhein-Neckar Löwen und später dann auch bei AG Kopenhagen, dem Verein, der ihm besonders am Herzen lag, und den er schnell zum besten Handball-Club in Dänemark machte[60].

Bei den Löwen liefen nun zwar viele Spieler mit großen Namen auf, und die Fans konnten von großen Titeln träumen. Doch groß waren allenfalls die Gehaltsschecks, die die Spieler jeden Monat bekamen. Die Erfolge blieben jedenfalls klein und bescheiden: Im

DHB-Pokal reichte es zwar zu Teilnahmen beim Final Four in Hamburg, nicht aber zu Titelgewinnen. In der Meisterschaft reichte es zwar zu guten Platzierungen, aber eben nicht ganz an der Spitze des Klassements. Und in der Champions League erreichten die Löwen zwar zweimal in drei Jahren das Finalturnier. Einen Titel holten sie aber auch in der Königsklasse nicht. Entgegen den Versprechungen Nielsens.

Was auch daran lag, dass Nielsen bei den Transfers zu oft danebenlag – seine einzig wirkliche klasse Verpflichtung war die von Andy Schmid. Wer weiß, ob die Löwen ohne den Schweizer die Erfolge der jüngsten Vergangenheit erreicht hätten. Ansonsten holte Nielsen nicht nur für viel Geld Spieler, die nicht so einschlugen wie erwartet, sondern er wechselte auch sehr viel Personal – sodass sich die Löwen als Mannschaft nie richtig einspielen konnten.

Mit der Zeit schraubte Nielsen sein Engagement bei den Löwen zurück[61], um sich mehr auf die Arbeit in Kopenhagen konzentrieren zu können. Er trat als Chef des Aufsichtsrats zurück. 2012 folgte dann sein kompletter Rückzug bei den Löwen, nachdem er einen hohen zweistelligen Millionenbetrag beim Verkauf von Aktien verlor. Für die Löwen hatte Nielsens Ausstieg einen finanziellen Rückschritt zur Folge. »Wir können nur nach unseren finanziellen Möglichkeiten handeln. Was die Gehälter angeht, müssen wir unser Budget herunterfahren«, erklärte der damalige Manager Thorsten Storm.

Mit großen Anstrengungen wendeten die Löwen damals einen finanziellen Kollaps ab. Lange Zeit mussten die Badener jedes Jahr viel Geld aufbringen, um auszugleichen, was Nielsen in seiner Zeit bei den Gelbhemden an finanziellem Schaden hinterlassen hat. Viele Spieler mit guten Verträgen mussten im Sommer 2012 gehen. Verpflichtet wurden Akteure, die zum Verein passten. Aufgrund ihrer Art, nicht aufgrund ihres großen Namens. Es kamen Spieler wie Gedeón Guardiola, Alexander Petersson oder Kim Ekdahl du Rietz. Spieler, die einen großen Anteil daran haben, dass die Löwen in der Post-Nielsen-Ära plötzlich erfolgreich spielen, obwohl die finanziellen Mittel deutlich geringer sind als damals. Weil die Mannschaft nun nicht mehr eine Ansammlung von Stars, sondern eine Einheit ist. Wie sagte Trainer Nikolaj Jacobsen nach dem Gewinn des deutschen Meistertitels in der Saison 2016/17 so schön: »Der Zusammenhalt des Teams ist einfach unglaublich. Der Wille auch.«

Die haben sich zwar nicht zum besten Club der Welt entwickelt. Aber dafür zu einem Club, der plötzlich in der Lage ist, Titel zu gewinnen. Und der nun viel sympathischer wirkt. Und das ist doch eigentlich viel besser als der beste Club der Welt zu sein …

62. GRUND

Weil Feen keine Löwen lieben, wir aber sie

Es ist bekannt, dass die sogenannte Losfee, die in den meisten Sportarten die Duelle in den verschiedenen Pokalrunden auslost, keine Fabelgestalt ist. Sondern dass vor jeder Auslosung ein Sportler oder eine bekannte Persönlichkeit in die Rolle der Losfee schlüpft – und dann unter notarieller Aufsicht, und manchmal während einer Liveübertragung im Fernsehen, die Lose zieht. Es ist also immer nachvollziehbar, wie die Pokal-Paarungen zustande kommen.

Somit ist schon mal klar, dass es nicht die eine böse Losfee gibt, der ein Verein nicht gerade wohlgesinnt ist. Und die diesen das dann auch spüren lässt. Spüren lässt, indem sie ihm immer Gegner zulost, mit denen der Verein nicht zurechtkommt: Angstgegner, unbequeme Gegner, bessere Gegner. Und, schwups, für das Pokal-Aus des Vereins sorgt.

Wenn man jetzt also ausschließt, dass Losfeen böse Wesen sind, kann man daraus ableiten, dass sie einfach ihren Job machen und sich daraus wiederum ergibt, dass man als Verein bei einer

Auslosung eben mal mehr Glück hat (Heimspiel gegen einen Abstiegskandidaten oder Partie gegen den einzigen noch im Lostopf verbliebenen Zweitligisten) – und mal weniger Glück (Partie gegen einen der vom Namen her schwersten Gegner, die noch im Wettbewerb dabei sind). Man kann ja schließlich nicht immer auf der Sonnenseite stehen. Das ist halt wie im normalen Leben, wo es gute und weniger gute Tage gibt.

Aber, liebe Losfeen. Wir wollen jetzt nicht bestreiten, dass ihr auch schon schöne Lose gezogen und uns einfache Gegner zugelost habt. Schließlich haben wir schon zu Hause gegen den Zweitligisten VfL Bad Schwartau gespielt (Viertelfinale 2013/14), beim Zweitligisten TV Bittenfeld (3. Runde 2010/11) oder beim Drittligisten HSG Gensungen/Felsberg (Achtelfinale 2010/11). Aber: Warum lost ihr uns denn dann nun seit Jahren immer, wenn wir das Final-Four-Turnier um den DHB-Pokal erreicht haben, die SG Flensburg/Handewitt zu (und manchmal auch schon auf dem Weg dahin)? Ihr müsst doch sehen, dass wir immer verlieren und schon ein kleines Trauma haben. Ach, liebe Losfeen. Nur weil ihr uns nicht die Gegner zulost, die wir gerne hätten, heißt das aber nicht, dass wir euch nicht mögen. Nur teilt uns das nächste Mal einfach ein Los mit, mit dem wir uns anfreunden können – vor allem im Halbfinale. Und wir versprechen dir, wir schicken dir eine Fee vorbei, die dir drei Wünsche erfüllen wird.

63. GRUND

Weil die Rhein-Neckar Löwen in der ganzen Rhein-Neckar-Region zu Hause sind

Man stelle sich das mal vor: Die Fußballer des FC Bayern München spielen nicht mehr nur in der Münchener Allianz-Arena, ihrer Heimspielstätte, sondern reisen für ihre Heimauftritte überall dahin, wo sie Fans haben. Sie tragen also an verschiedenen Orten in der Region München oder sogar im weiteren Umkreis »Heimspiele« aus, aber pro Saison eben auch ein paar Begegnungen in Berlin, Hannover oder Karlsruhe. Vielleicht auch die eine oder andere Partie in Asien oder Südamerika.

Wenn man so will, haben die Rhein-Neckar Löwen in den vergangenen Jahren genau das gemacht. Sie haben ihre Heimspiele überall dort ausgetragen, wo sie Fans haben. Denn der Deutsche Meister von 2016 hat in den vergangenen Jahren nicht nur in der Mannheimer SAP-Arena, der »normalen« Heimspielstätte, Partien ausgetragen, sondern in der ganzen Rhein-Neckar-Region: im Sportzentrum Harres in St. Leon Rot (beispielsweise in der Champions League und auch mal in der Bundesliga, als die SAP-Arena belegt war), in der Friedrich-Ebert-Halle im Ludwigshafener Stadtteil Friesenheim (Pokalspiele), in der Mannheimer GBG-Halle (Pokalspiele plus EHF-Cup-Partien) oder in der Europahalle in Karlsruhe (Champions-League-Begegnungen und ein Bundesligaspiel gegen die Füchse Berlin). Hinzu kamen in den Spielzeiten 2015/16 und 2016/17 die Spiele in der Gruppenphase der Champions League in Frankfurt. Auch wenn man dieses Ausweichquartier wohl eher unter dem Aspekt neue Fangewinnung sehen muss.

Natürlich sind die Heimspiele in der SAP-Arena am stimmungsvollsten, vor allem wenn die Halle voll oder zumindest recht voll ist. 10.000 und mehr Zuschauer sorgen einfach für eine spezielle, einzigartige Atmosphäre. Da können kleine Hallen nicht mithalten. Aber für den einen oder anderen Anhänger dürften die Partien in der einen oder anderen Halle auch etwas Besonderes sein. Weil die Partien an die Zeiten des Vorgängervereins SG Kronau/Östringen erinnern. Weil die Spielstätte näher am eigenen Wohnort lag. Oder weil man vielleicht selber schon mal in der Halle gespielt hat, in der nun die großen Idole auflaufen.

Weil wir es auch alleine können

Bei den Heimspielen der Rhein-Neckar Löwen folgt in den letzten Minuten vor dem Beginn der Begegnung immer alles einem bestimmten, vorgegebenen Ablauf. Im Laufe dieses Ablaufes wird beispielsweise die Mannschaftsaufstellung der Gäste durch den Hallensprecher verlesen. Und dann, bevor die Löwen-Fans ihre Lieblinge in die Arena hereinrufen, und bevor diese anschließend zwischen zwei Feuersäulen hindurch dann auch einlaufen, ist es gute Tradition, dass alle Löwen-Anhänger gemeinsam das *Badnerlied* singen. Das mag den Fans in den baden-württembergischen Derbys gegen Frisch Auf Göppingen, den TVB Stuttgart oder den HBW Balingen-Weilstetten besonders Spaß machen. Am schönsten klingt es allerdings, wenn die SAP-Arena recht voll ist – und über 10.000 Zuschauer zusammen das *Badnerlied* anstimmen. Und dabei die abgedunkelte Halle mit ihren Handys (oder auch Feuerzeugen) erleuchten. Nun ist es über Jahre immer so, dass das *Badnerlied* eingespielt wird – und die Fans mitsangen. So funktioniert das ja in vielen Hallen und in vielen Sportarten.

Doch dann kam der Tag, an dem alles anders wurde.

Der Tag, an dem alles anders wurde, war der 28. Februar 2015. Die Löwen empfingen in der SAP-Arena die SG Flensburg-Handewitt zur Bundesliga-Begegnung. Es war der 23. Spieltag, der Spitzenreiter traf auf den Tabellendritten, alle fieberten der Partie entgegen, die vorentscheidend im Titelkampf war – und die die Löwen mit 23:20 gewinnen sollten. Doch das war zu diesem Zeitpunkt noch lange hin.

Noch zehn Minuten bis zum Spielbeginn, die Aufstellung der Gäste wird verlesen. Dann folgt das *Badnerlied*. Doch nach ein paar Sekunden fällt plötzlich die Musik aus. Kurze Irritation. Ein kurzer Moment der Stille in der Halle. Niemand singt mehr, alle schauen erstaunt. Fragen sich, was passiert ist. Ein Technikausfall, wie sich später herausstellt. Dann animiert Hallensprecher Kevin Gerwin die Fans, das Lied doch ohne die Musik im Hintergrund zu singen. Gerwin stimmt an, die Fans stimmen ein. Und eigentlich klingt es auch richtig gut. Mit Gänsehautfaktor. Und seit diesem Spiel gegen Flensburg wird das *Badnerlied* bei den Heimspielen der Gelbhemden nun auch in der einen oder anderen Partie von den Fans alleine gesungen. Eigentlich immer dann, wenn es in der Halle voll ist. Was oftmals gleichbedeutend mit einem wichtigen Spiel ist.

65. GRUND

Weil ansonsten an 25 Abenden im Jahr in der SAP-Arena nichts los wäre

Für den einen oder anderen gilt die SAP-Arena in Mannheim als die schönste Mehrzweckarena in Deutschland. Verständlicherweise. Denn einerseits ist sie verkehrstechnisch gut angebunden. Sowohl an Mannheim als auch an die nähere Umgebung. Durch die Lage direkt an der Autobahn ist man auch aus Heidelberg oder aus Richtung Karlsruhe beziehungsweise Stuttgart oder Frankfurt schnell da und muss sich nicht erst durch irgendwelche Vororte kämpfen – kilometerlanger Stop-and-go-Verkehr mit eingeschlossen. Man denke da nur an Stuttgart.

Andererseits liegt die SAP-Arena nicht irgendwie (und irgendwo) mitten in eine Stadt gequetscht – sondern außerhalb, fast schon im Grünen. Direkt an die Halle schließt sich in fast alle Himmelsrichtungen unbebautes Gelände an. So macht es vor allem bei den Spielen im Frühjahr unglaublich viel Spaß, über die sonnengefluteten Vorplätze in die Arena zu marschieren.

17 (oder auch mal mehr) Auftritte in der Liga, dazu einige Begegnungen in der Champions League, dazu (je nachdem, ob die Aus-

losung Heimspiele beschert) die eine oder andere Partie im DHB-Pokal. In der Summe macht das rund 20 bis 25 Löwen-Heimspiele in einer Saison in der SAP-Arena. Und das sind auch 20 bis 25 Tage, an denen im Schnitt 8000, 9000 Zuschauer in die Arena strömen mit dem Ziel, ein gutes Handballspiel und ihre Löwen siegen zu sehen – was ja auch ziemlich oft beides zutrifft.

Und die Fans erfreuen sich natürlich auch an der guten Stimmung. An der guten Stimmung vor der Partie, wenn die Mannschaftsaufstellung ja, eigentlich muss man sagen, von den Anhängern verlesen wird. An der guten Stimmung während der Partie, wenn es bei den Löwen auf dem Spielfeld läuft. Und an der guten Stimmung nach der Partie, wenn zusammen mit der Mannschaft ein Sieg gefeiert werden kann.

Jetzt finden in der SAP-Arena ja noch andere Events statt. Spiele der Adler Mannheim in der Deutschen Eishockey-Liga (DEL), Konzerte, Shows und so weiter. Die Arena ist nicht jeden Tag belegt, aber ziemlich oft, vor allem während der Saison von Adlern und Löwen. Doch gäbe es die Rhein Neckar Löwen nicht, beziehungsweise würden diese nicht so erfolgreich Handball spielen, dann wäre in der SAP-Arena weniger los, genaugenommen an 20 bis 25 Tagen im Jahr. Und das wäre ja eigentlich schade.

KAPITEL 6

DAS LÖWEN-RUDEL

Weil die Leistungen der Löwen menschlich erscheinen

Es gibt doch nichts Langweiligeres als Mannschaften, die immer gewinnen. Spiel auf Spiel auf Spiel. Die wie Roboter einen Sieg an den anderen reihen. Die Kieler Rekordsaison 2011/12 mit 34 Siegen aus 34 Spielen in der Bundesliga und daraus resultierenden 68:0 Punkten[62] hat ihren Platz in den Geschichtsbüchern des Handballs sicher, das ist klar. Aber spannend, aufregend war diese Saison nicht unbedingt, fast übermenschlich schienen die Kieler Leistungen. Menschlich ist es, wenn auch mal Rückschläge folgen. Wenn auf ein grandioses Spiel eine alles andere als grandiose Leistung folgt. Darüber ärgert man sich als Fan. Erst mal. Dann aber stellt man fest, dass die Spieler ja nicht anders ticken als man selbst. Mal hat man einen guten Tag, an dem alles wie am Schnürchen läuft, mal hat man einen Tag, an dem einem alles schwerfällt. Ein Tag, der sich anfühlt wie eine Niederlage. Oder an dem man viele kleine Niederlagen erleidet und einstecken muss.

Das ist auch den Handballern der Rhein-Neckar Löwen oft genug widerfahren. Zum Beispiel in der Saison 2016/17. Die komplette Hinrunde marschierten der THW Kiel, die SG Flensburg-Handewitt und die Löwen im Gleichschritt an der Tabellenspitze – alle mit zwei Minuspunkten.

Die Kieler hatten gegen Flensburg gewonnen, diese wiederum bei den Löwen. Und der THW hatte in Wetzlar eine Niederlage kassiert. Somit kam es drei Tage vor Weihnachten in Kiel zu einem echten Showdown, als die Gelbhemden dort gastierten. Schon Wochen zuvor war das Spiel präsent: bei den Fans, bei den Medien und vermutlich auch bei den Spielern und Trainern – auch wenn die natürlich stets behaupteten, sie würden nur an das nächste Spiel denken.

Wie auch immer: Den Rhein-Neckar Löwen gelang es an jenem 21. Dezember besser, sich auf das Spiel der Kieler einzustellen. Die Badener zeigten eine klasse Leistung im Angriff, standen gut in der Abwehr und hatten im Tor ja noch Andreas Palicka. Der Schwede glänzte an seiner früheren Wirkungsstätte mit 15 Paraden – und hatte somit einen großen Anteil am 29:26-Erfolg.

Und diesen Sieg, den hätten die Löwen dann am zweiten Weihnachtsfeiertag mit einem doppelten Punktgewinn in Magdeburg vergolden können. Sie wären in diesem Fall, da Flensburg in Melsungen einen Zähler liegen ließ, als Tabellenführer in die Spielpause wegen der Handball-WM im Januar gegangen. Doch ausgerechnet bei den Magdeburgern, die nicht so gut in die Saison gestartet waren, vor dem Aufeinandertreffen mit den Badenern allerdings vier der letzten fünf Partien gewonnen hatten und in der Rückrunde richtig Gas geben sollten, strauchelten die Löwen. Sie konnten nicht annähernd an die Leistung aus dem Spiel gegen Kiel anknüpfen. Vor allem die Abwehr stand schlecht, und die Torhüter bekamen kaum einen Ball zu fassen. 32:35 hieß es am Ende aus Löwen-Sicht, und Spielmacher Andy Schmid meinte: »Wenn man zum Abschluss zwei Spiele in Kiel und Magdeburg hat, wäre man vorher sicherlich mit zwei Punkten zufrieden gewesen. Aber nach dem Sieg beim THW wollten wir nachlegen, weshalb die Enttäuschung jetzt zunächst groß ist.«[63]

Der eine oder andere im Umfeld der Löwen hatte die Befürchtung, dass diese Niederlage, dieser menschliche Moment der Schwäche, weil die Kräfte fehlten, die Meisterschaft gekostet hat. Doch es kam dann ja anders. Die Löwen spielten eine famose Rückserie, eroberten die Tabellenführung, gewannen am viertletzten Spieltag in Flensburg und drei Tage später zu Hause gegen Kiel – und waren somit erneut Deutscher Meister.

Weil eine starke Abwehr alle(s) zusammenhält

Es gibt eine alte Weisheit im Sport, die so alt ist, dass sie schon fast ein bisschen abgelutscht und abgenutzt klingen mag. Dennoch ist sie so wahr wie immer: Der Angriff gewinnt Spiele, die Abwehr gewinnt Meisterschaften. Dieses Credo ist in der Geschichte des Sports natürlich schon des Öfteren außer Kraft gesetzt worden, weil auch Mannschaften Titel gewinnen, die so viele Tore schießen, dass sie es auch vertragen können, ein paar mehr Gegentore als die direkte Konkurrenz zu kassieren.

Blickt man allerdings auf die Abschlusstabellen der vergangenen Handballspielzeiten in der Bundesliga, lässt sich die These, dass der Angriff Spiele, die Abwehr aber Meisterschaften gewinnt, durchaus belegen. Es ist zwar nicht jedes Jahr die Mannschaft Meister geworden, die die wenigstens Gegentore kassiert hat – aber der Titelträger gehörte in den vergangenen Spielzeiten immer zu den Mannschaften, die im Saisonschnitt eine der Top-Abwehrreihen stellte.

Zweimal in den vergangenen fünf Spielzeiten (2012/13 bis 2016/17) stellten übrigens die Rhein-Neckar Löwen die beste Abwehr in der Handball-Bundesliga. In der Saison 2012/13 mit 856 Gegentoren[64] und in der Saison 2015/16 mit 704 Gegentreffern[65]. Für viele Experten ist die Stärke der Löwen ihre starke Abwehr (und die aus Ballgewinnen in der Defensive resultierenden Tempogegenstöße). Nicht umsonst gilt Abwehrchef Gedeón Guardiola, der in den vergangenen Jahren mit Nikola Manojlović, Stefan Kneer oder Hendrik Pekeler den Innenblock, also das Herzstück der Abwehr, bildet, als einer der besten Defensivspieler der Welt. Hält die Abwehr, gewinnen die Löwen. So einfach kann man das sagen. Die Abwehr hält also quasi alle(s) zusammen.

Das lässt sich auch mit Zahlen belegen. In der Meistersaison 2015/16 etwa kassierten die Löwen über die 32 Spieltage hinweg 81

Gegentreffer weniger als die SG Flensburg-Handewitt, der Zweite im Endklassement und der Zweite im Ranking der besten Abwehrreihen. 81 Tore, das machen immerhin fast 2,4 Gegentore weniger im Schnitt pro Spiel aus. Das ist enorm viel, auch wenn man bedenken muss, dass die Flensburger die Saison hinweg rund 50 Tore mehr erzielten als die Badener. Heraus kommen dann auch schon mal so eigentlich ungewöhnliche Handball-Resultate wie das 25:14 gegen Frisch Auf Göppingen, das 30:18 gegen den TSV Hannover-Burgdorf oder das 26:18 gegen die HSG Wetzlar – alleine elfmal kassierten die Löwen in der Saison 2015/16 in einem Bundesligaspiel 20 oder weniger Gegentore[66]. Das war der Schlüssel auf dem Weg zur ersten deutschen Meisterschaft.

68. GRUND

Weil die Löwen die Könige der Tiere sind

Wenn man sich so manche Sporttabellen anschaut, hat man das Gefühl, dass man sich aus Versehen auf den Lageplan eines Zoos verirrt hat. Bei einem Blick auf die Tabelle der Deutschen Eishockey-Liga (DEL) ist das zum Beispiel so: Da finden sich dann die Haie (aus Köln), die Eisbären (aus Berlin), die Adler (aus Mannheim), die Tigers (aus Straubing), die Ice Tigers (aus Nürnberg), die Grizzlys (aus Wolfsburg), die Panther (aus Augsburg), die Pinguins (aus Bremerhaven) und die Pinguine (aus Krefeld) oder die Roosters (aus Iserlohn).

Nicht ganz solch ein Auflauf an Tieren lässt sich in der Basketball-Bundesliga (BBL) finden. Dort spielen aber immerhin noch die Eisbären (aus Bremerhaven), die Löwen (aus Braunschweig) und die Tigers (aus Tübingen).

Dass sich ausgerechnet in zwei Sportarten, die aus Übersee kommen, so viele Vereine mit tierischen (Bei-)Namen tummeln, ist übrigens kein Zufall. Denn diese Tradition kommt ursprünglich aus den großen nordamerikanischen Profiligen. In der NBA, der NHL und vor allem in der NFL gibt es auch heutzutage noch einige Mannschaften mit Tiernamen. Zu den berühmtesten gehören sicherlich die Basketballer der Chicago Bulls, die, dank der Basketballlegende Michael Jordan und den Erfolgen in den 90er-Jahren des vergangenen Jahrhunderts, so gut wie jedem Sportfan etwas sagen dürften.

Es mag Geschmackssache sein, ob es für Außenstehende komisch anmutet, Pinguine zu unterstützen und anzufeuern – und ob es nicht etwas skurril klingt, wenn man Fan der Hähne ist. Doch die meisten Menschen suchen sich ihre Lieblingsmannschaft ja nicht wegen des Namens aus. Sondern weil sie dort leben, schon ihre Eltern Anhänger des Clubs sind oder weil sie aufgrund eines besonderen Ereignisses zu dem Verein fanden.

Doch liest man sich die Liste der Tier-Vereins-Namen in Ruhe durch, dann mögen welche dabei sein, die einem gefallen – und welche, die einem eher nicht gefallen. Allerdings ist ein Name dabei, der heraussticht: der Löwe. Denn der Löwe ist nicht nur ein stolzes Tier. Der Löwe ist schließlich auch der König der Tiere. Übertragen auf den Sport also der Chef, der vorangeht, der Meister. So gesehen, ist es doch nur logisch, Anhänger der Rhein-Neckar Löwen zu sein.

69. GRUND

Weil wir den besten Innenblock der Liga haben

Als Gedeón Guardiola im Sommer 2012 vom spanischen Club SDC San Antonio zu den Rhein-Neckar Löwen wechselte, spielte noch Oliver Roggisch in der Abwehr bei den Badenern. Guardiola erlebte und überlebte an seiner Seite anschließend als Abwehrpartner Spieler wie Stefan Kneer und Nikola Manojlović, bevor er dann mit Hendrik Pekeler seinen kongenialen Partner im Abwehr-Innen-block der Löwen fand (beziehungsweise beide durch den Wechsel Pekelers vom TBV Lemgo zu den Löwen zusammengeführt wur-den). Das war in der Meistersaison 2015/16. Die Löwen bekamen in dieser Spielzeit in der Meisterschaft im Durchschnitt gerade einmal 22 Gegentore pro Spiel – das war der mit Abstand beste Wert aller Bundesligamannschaften.

Galt Guardiola schon zuvor als einer der besten Abwehrspieler der Welt (für manche Experten ist er sogar der beste Akteur auf seiner Position), der auch einen großen Anteil am Weltmeistertitel der Spanier im Jahr 2013 hatte, bildet er mit Pekeler zusammen viel-leicht sogar den besten Innenblock der Welt. Im Gedächtnis haften bleibt, denkt man an starke Auftritte der beiden zurück, zum Bei-spiel die Bundesliga-Begegnung der Löwen in der Saison 2016/17 gegen den HSC Coburg (33:20). Da benötigten die Coburger fast eine Viertelstunde, um den ersten Treffer aus dem Spiel heraus zu erzielen – zuvor waren sie nur einmal per Siebenmeter erfolgreich gewesen. Zuvor hatte Torwart Mikael Appelgren ein paar Bälle abgewehrt. Aber die Abwehr, insbesondere der Innenblock, hatte gegen die Oberfranken auch richtig beherzt zugegriffen, dem Geg-ner kaum Möglichkeiten gegeben, überhaupt auf das Tor der Löwen zu werfen. In den ersten 22 Spielminuten war Coburg eigentlich fast nur dann zu Treffern aus dem Spiel herausgekommen, wenn der linke Rückraumspieler Romas Kirveliavicius von einer weit vom Kreis entfernten Position abzog. Die Treffer fielen dann schon eher in die Kategorie »nicht zu verhindern«.

Jetzt besteht eine Abwehr natürlich nicht nur aus den beiden Spielern in der Mitte – auch die vier Nebenleute müssen gute bis sehr gute Leistungen abrufen und der Torwart einige Paraden zei-gen, um möglichst viele Gegentore zu verhindern. Aber den beiden Akteuren in der Abwehrmitte kommt in der Regel eine besonders wichtige Aufgabe zu. Sie sind schließlich das Herzstück der De-fensive. Und gegen den Mittelblock der Löwen zu spielen muss für gegnerische Angreifer nicht gerade angenehm sein: Pekeler kann auch vorgezogen agieren, Guardiola steht in der Regel wie ein Fels kurz vor dem Kreis, beide packen beherzt, aber im Rahmen des Erlaubten zu, blocken auch mal Würfe des Gegners (oder fangen diese sogar), um somit Tempogegenstöße einzuleiten. Oder sie stürmen gleich selbst nach vorne, um einen Schnellangriff erfolgreich abzuschließen. Guardiola hat vor ein paar Jahren mal gesagt: »Alleine bin ich auf dem Feld ziemlich verloren, aber mit meinen Nebenleuten zusammen will ich es dem Gegner so schwer wie möglich machen. Jedes Tor, das wir hinten nicht fangen, müssen wir vorne auch nicht werfen.« So einfach kann man Abwehrarbeit beschreiben, so einfach kann Abwehrarbeit sein.

Nach der Saison 2017/18 ging Hendrik Pekeler zum Nordrivalen THW Kiel, bei dem er einst seine Profikarriere begonnen hatte. Guardiola, der seinen Vertrag bei den Löwen schon frühzeitig bis 2020 verlängert hat, wird sich also wieder einmal auf einen neuen Partner an seiner Seite einstellen müssen. Das wird ihm gelingen. Vermutlich problemlos. Denn schon vor Pekelers Zeit bei den Löwen stellten die Badener schließlich immer eine der besten Abwehrformationen der Liga. Und Guardiola war ja auch damals schon da.

70. GRUND

Weil wir die besten Torhüter haben

Geht man die Namen der Torhüter der Rhein-Neckar Löwen des vergangenen Jahrzehnts durch, klingt das schon ein bisschen wie das Who's Who auf dieser Position. Denn im Regelfall gehören (oder gehörten als sie in Mannheim spielten) die Männer zwischen den Pfosten bei den Badenern auch zu den besten Schlussmännern weltweit auf ihrer Position: Nationaltorhüter, aufstrebende junge

Talente oder Akteure, die im Laufe ihrer Karriere schon zahlreiche Meriten gesammelt haben – und noch immer wissen, wie sie gegnerische Spieler mit spektakulären Paraden zur Verzweiflung bringen.

Der erste große Name im Tor der Löwen war dabei Sławomir Szmal. Der Pole kam 2005 zu den Löwen, blieb sechs Jahre und wurde in dieser Zeit zum Welthandballer des Jahres gewählt. 2009 war das. Eine tolle Auszeichnung für ihn, aber natürlich auch für die Löwen als seinen Verein. Szmal setzte sich damals immerhin ziemlich deutlich mit 68,7 Prozent der Stimmen vor Nikola Karabatić durch[67]. Das muss man auch erst einmal schaffen.

Zwei Jahre nach Szmal kam Henning Fritz zu den Badenern. Fritz war der erste Torwart überhaupt, der Welthandballer wurde. 2004 war das gewesen. Also noch vor seiner Zeit bei den Löwen. Er kam damals als frischgebackener Weltmeister im eigenen Land zu den Gelbhemden und lief in fünf Spielzeiten 162 Mal für die Löwen in der Bundesliga auf. Ein großer Titel blieb Fritz bei den Badenern allerdings verwehrt. Denn deren erfolgreichste Zeit mit dem erstmaligen Gewinn des EHF-Cups 2013 und den ersten Deutschen Meistertiteln 2016 und 2017 folgte erst nach dem Ende von Henning Fritz' Karriere, in der dieser bis auf die Goldmedaille bei Olympischen Spielen alle wichtigen Titel in Verein und Nationalmannschaft geholt hatte.

Auf Szmal und Fritz folgten Goran Stojanović (ab 2011) und Niklas Landin (ab 2012) bei den Löwen auf der Torhüterposition. Während Stojanović damals schon Mitte 30 war und seine Karriere bereits langsam dem Ende entgegenging, war Landin ein junger aufstrebender Torwart, der sich schnell den Ruf eines der weltbesten Schlussmänner erarbeitete. Seit die beiden nicht mehr bei den Gelbhemden unter Vertrag stehen, ist vor allem Mikael Appelgren der Garant für Erfolge zwischen den Pfosten bei den Löwen. So kann man eigentlich sagen, dass die Badener seit Jahren mit Torhütern in die Saison gehen, die zu den besten der Welt auf ihrer Position zählen.

Anders als in Sportarten wie etwa Fußball ist es im Handball allerdings wichtig, nicht nur einen guten Torwart, sondern ein gutes Torhüter-Gespann zu haben. Denn das gibt dem Trainer verschiedene Optionen: Er kann zum Beispiel wechseln, wenn ein Schlussmann mal einen schlechten Tag hat. Er kann zum Beispiel wechseln, wenn ein Schlussmann 40 Minuten grandios gehalten hat, aber danach keinen Ball mehr abwehrt. Und er kann zum Beispiel wechseln, wenn ein Siebenmeterschütze nun schon den, sagen wir, fünften Strafwurf in Serie im Tor untergebracht hat.

Die Löwen hatten und haben auch immer einen guten zweiten Mann, ein funktionierendes Torhüter-Gespann. Fritz und Szmal, die damals als das beste Torhütergespann der Bundesliga galten, Landin und Goran Stojanović beziehungsweise dann für eine Saison Landin und Bastian Rutschmann, zuletzt Appelgren und Andreas Palicka.

71. GRUND

Weil wir irgendwann Pokalsieger werden

Man sagt, dass in den meisten Sportarten der Pokalsieg der am einfachsten zu erreichende Erfolg ist. Das liegt daran, dass in der Regel sechs Siege reichen, um Pokalsieger zu werden (erste Runde, zweite Runde, Achtelfinale, Viertelfinale, Halbfinale, Finale). Man muss also nicht eine ganze Saison auf hohem Niveau agieren. Es reicht, in einer Handvoll Partien, die auch nicht in Folge, sondern über die Saison verteilt stattfinden, gut zu spielen. Und man muss sich dabei nicht unbedingt gegen die stärksten Gegner durchsetzen, da diese sich manchmal schon gegenseitig aus dem Wettbewerb katapultieren. Kurzum: Mit einem bisschen Losglück und der passenden Form an den passenden Tagen kann fast jeder Pokalsieger werden: Außenseiter, Mittelfeldmannschaften, Fast-Top-Teams.

Fast jeder? Nun ja, auf die Rhein-Neckar Löwen trifft diese Aussage irgendwie nicht zu, obwohl sie schon seit Jahren ein Topteam, wenn nicht sogar ein Top-Topteam sind. Denn die Rhein-Neckar Löwen versuchen nun schon seit rund eineinhalb Jahrzehnten den Pokal des Deutschen Handball-Bundes (DHB) zu gewinnen. Sie haben dabei schon zehn Mal das Final-Four-Turnier in Hamburg erreicht, sie haben schon drei Mal im Finale gestanden, gewonnen haben sie den Pokal allerdings noch nie. NOCH NIE!

Gleich bei ihrer Final-Four-Premiere in der Saison 2005/06 schafften die Löwen den Sprung in das Finale, unterlagen dort aber dem HSV Hamburg mit 25:26. In der Saison darauf reichte es wieder für das Endspiel, diesmal hieß der Gegner THW Kiel, und dieser siegte mit 33:31. Es folgten zwei Halbfinal-Niederlagen gegen den deutschen Rekordmeister, eine weitere bittere Final-Pleite (33:34 nach Verlängerung gegen den HSV Hamburg) und ein Halbfinal-Aus gegen die SG Flensburg-Handewitt. Sechs Mal in Serie nahmen die Löwen also von 2005/06 bis 2010/11 am Final Four teil, eine imposante Serie. Gewonnen haben sie in dieser Zeit nichts; zumindest keinen Pokal. Nach einem Aus im Achtelfinale 2011/12 und im Viertelfinale 2012/13 gab es bis 2017 wieder vier Final-Four-Teilnahmen in Serie – und dabei vier Halbfinal-Niederlagen für die Löwen gegen die SG Flensburg-Handewitt in Folge. Wiederum klappte es also nicht mit dem Triumph. Es ist wie verhext.

Warum das so ist, kann niemand plausibel erklären (ginge das, dann ließe sich vielleicht auch das Pokal-Trauma leichter beenden). Klar ist, mit jedem Misserfolgserlebnis wird es sicherlich nicht einfacher, weil es Spieler gibt, die bereits zum x-ten Mal in Hamburg dabei waren und kein einziges Mal das Finale gewannen (Patrick Groetzki zum Beispiel mit neun Teilnahmen) und weil man als Löwen-Spieler im Vorfeld des Final-Four-Turniers natürlich automatisch und unausweichlich mit der negativen Vorgeschichte des Vereins bezüglich des fehlenden Titels konfrontiert wird (was mancher

Akteur schon gar nicht mehr hören kann und in Interviews darauf verweist, dass er dazu eigentlich gar nichts mehr sagen möchte, weil ja eh schon alles dazu gesagt worden ist).

Aber das Scheitern nur darauf zurückzuführen wäre sicherlich zu einfach. Denn das letzte negative Erlebnis aus Hamburg ist dann ja jeweils ein Jahr weit weg. Es sind neue Spieler dabei, es gibt erneut die Möglichkeit, mit zwei Siegen in zwei Spielen innerhalb von zwei Tagen den Titel zu gewinnen. Und irgendwann werden die Löwen das auch schaffen. Denn, so ist das nun mal im Sport, irgendwann endet jede Serie.

72. GRUND

Weil es so schön ist, wenn Ex-Kieler im Löwen-Trikot den THW ärgern

Für Andreas Palicka war jenes Spiel drei Tage vor dem Weihnachtsfest 2016 ein ganz besonderes. Es ging gegen seinen ehemaligen Verein, den THW Kiel. In der Halle, in der der Schwede sieben Jahre (von 2008 bis 2015) versucht hatte, gegnerische Angreifer zur Verzweiflung zu bringen (was ihm auch ab und an gelungen ist) und in der er den einen oder anderen Erfolg mit dem deutschen Rekordmeister gefeiert hat (unter anderem sechsmal Deutscher Meister und zweimal Champions-League-Sieger), bevor sein Vertrag 2015 nicht mehr verlängert worden war.

Nun aber kehrte Palicka im Trikot der Rhein-Neckar Löwen in die Ostseehalle zurück. Es ging also gegen sein ehemaliges Team. Das war der Fakt, der die Partie für Palicka so besonders machte. Was sie vielleicht noch ein Tick besonderer machte, war der Grund, dass er zuvor verletzt gewesen war (Einriss im linken Außenmeniskus). Gegen die Kieler stand er erstmals seit rund eineinhalb Monaten wieder von Beginn an im Tor der Rhein-Neckar Löwen.

Und dann zeigte Palicka eine Leistung, wie man sie sich von einem Spiel gegen seinen ehemaligen Arbeitgeber nur erträumen kann. Im ersten Durchgang präsentierte er sich schon in einer starken Verfassung, nach der Pause sollte er seine Leistung dann noch einmal toppen. Insgesamt wehrte er 15 Bällen den Zutritt zu seinem Tor ab – und war beim 29:26-Sieg der Löwen in Kiel der Matchwinner der Mannheimer.

In den vergangenen Jahren haben die Kieler den Löwen einige Spieler weggeluchst: Niklas Landin, einer der besten Torhüter der Welt, ging nach Kiel. Hendrik Pekeler, zumindest einer der besten Abwehrspieler und Kreisläufer Deutschlands, wechselte 2018 ebenfalls von Mannheim zum THW. Und auch Geschäftsführer Thorsten Storm verließ die Löwen, um fortan beim Deutschen Rekordmeister zu arbeiten. Es waren alles Wechsel, die den Löwen wehtaten, die eine Schwächung bedeuteten. Die hießen, dass man sich auf die Suche nach einem Nachfolger begeben muss. Einem Nachfolger, der in der Regel noch nicht auf dem Niveau agiert wie derjenige, der gerade nach Kiel gegangen ist.

In umgekehrter Richtung gab es auch Spieler, die die Kieler verließen, um bei den Löwen anzuheuern. Henning Fritz oder Børge Lund zum Beispiel. Aber für sie hatten die Kieler immer mindestens gleichwertigen Ersatz. Daher ist es umso schöner, wenn ehemalige Kieler, auch wenn sie über Umwegen zu den Badenern gewechselt sind, im Löwen-Trikot gegen ihren alten Verein zu großer Form auflaufen, eine klasse Partie absolvieren, am Ende der Spieler ist, von dem man sagt, er habe die Begegnung durch seine klasse Leistung entschieden.

Andreas Palicka, der von Kiel über Aalborg Håndbold zu den Löwen fand, hat in jener Saison 2016/17 übrigens noch eine großartige Leistung in einer Partie gegen den THW gezeigt. Wieder in Kiel. Im Hinspiel des Achtelfinales der Champions League gelangen dem Schweden 23 Paraden – er war damit der Garant für den 25:24-Erfolg der Löwen im Hinspiel. Im Rückspiel schied er verletzungsbedingt nach knapp 40 Spielminuten aus. Da waren die Löwen nach zwölf Palicka-Paraden noch auf Viertelfinal-Kurs, bevor sie noch 24:26 verloren und ausschieden.

73. GRUND

Weil wir den Flensburg-Fluch irgendwann beenden werden

Eigentlich haben die Rhein-Neckar Löwen eine ganz gute Bilanz gegen die SG Flensburg-Handewitt. In der Bundesliga gab es 13 Siege und 13 Niederlagen, unentschieden endete eine Partie noch nie (Stand: Ende der Saison 2016/17). Kann sich sehen lassen, wenn man die qualitative Güte des Gegners bedenkt, immerhin eine europäische Spitzenmannschaft und in den vergangenen Jahren Champions-League-Sieger, DHB-Pokal-Sieger und Gewinner des Europapokals der Pokalsieger. In der Meisterschaft haben die Badener also eine ganz gute Bilanz gegen die Norddeutschen. Schaut man allerdings auf die Spiele im DHB-Pokal, dann ist die Bilanz gefühlt so mies, wie sie mieser kaum sein kann.

Fünf Mal (!!!) in Folge scheiterten die Löwen zuletzt im Pokal an den Flensburgern, sechs Mal in den vergangenen sieben Spielzeiten (Stand: Ende der Saison 2016/17) – in der Saison 2011/12 war für die Löwen schon im Achtelfinale gegen den HSV Hamburg Schluss (32:33 nach Verlängerung). Der Begriff Pokal-Angstgegner ist hier wohl angebracht, wer von einem Trauma spricht, liegt vermutlich nicht allzu weit daneben.

Seinen Anfang nahm die Pleitenserie gegen Flensburg beim Final-Four-Turnier 2010/11. Die Löwen waren zum sechsten Mal in Serie in Hamburg dabei, hatten in den vergangenen fünf Jahren drei Mal das Finale erreicht. Die Hoffnung, endlich den ersten Titel zu gewinnen, war damals groß. Doch es folgte eine knappe 20:22-Niederlage gegen Flensburg. Zwei Jahre später, in der Saison 2012/13, war dann bereits im Viertelfinale Flensburg der Löwen-Rausschmeißer. Die Badener hatten in dieser Spielzeit nicht unbedingt das, was man Losglück nennt. In der dritten Runde – dort stiegen die Bundesligisten damals ein – auswärts beim Altmeister VfL Gummersbach gefordert (32:25), im Achtelfinale folgte ein Heimspiel gegen den SC Magdeburg (34:33 nach Verlängerung) und in der Runde der letzten acht Teams stand dann das schon erwähnte Gastspiel in Flensburg an – es folgte das Aus mit einer 20:24-Niederlage.

Dann folgte jene Serie, die mit gesundem Menschenverstand eigentlich nur schwer zu erklären ist. Wie kann es sein, dass zwei Mannschaften viermal in Folge in einem Halbfinale eines Pokalwettbewerbs gegeneinander gelost werden? Und warum gewinnt dabei immer die gleiche Mannschaft, obwohl beide Teams quasi gleich stark sind? (siehe die oben erwähnte Bundesliga-Statistik)

Die SG Flensburg-Handewitt jedenfalls hat sich in den Spielzeiten 2013/14 bis 2016/17 viermal gegen die Löwen im Halbfinale durchgesetzt. Im ersten dieser vier Halbfinal-Duelle siegten die Flensburger recht souverän mit 30:26. Dann folgten zwei ganz knappe Spiele: Bei der 23:24-Niederlage in der Saison 2014/15 sahen die Löwen zwischenzeitlich schon wie der sicherere Sieger aus, doch Flensburg schloss wieder auf und in der Schusssekunde ließ Torwart Niklas Landin einen Wurf von Jim Gottfridsson durch die Finger rutschen. Bei der 30:31-Niederlage nach Verlängerung ein Jahr später führten die Löwen kurz vor Schluss der regulären Spielzeit mit 26:24 und in der Verlängerung mit 28:26 – doch zweimal hielt die Führung nicht. Richtig bitter wurde es für die Gelbhemden dann ein Jahr darauf. Anfang April 2017 verlief das Spiel über 40 Minuten ausgeglichen. Dann brachen die Badener ein – und unterlagen ziemlich deutlich mit 23:33.

Die Löwen werden einen neuen Anlauf im Pokal nehmen. Vermutlich werden sie dabei irgendwann wieder auf Flensburg treffen.

Vielleicht werden sie dann wieder an den Norddeutschen scheitern. Aber irgendwann, irgendwann werden sie den Flensburg-Fluch beenden. Vielleicht sogar mit einem Sieg im Finale des DHB-Pokals gegen die SG.

74. GRUND

Weil wir die geilste Sportart ausüben

14. Dezember 2011: Die Rhein-Neckar Löwen liegen in der Achtelfinal-Partie des DHB-Pokals gegen den HSV Hamburg nach einem Treffer von Bjarte Myrhol sieben Minuten vor dem Ende mit 26:21 in Führung. Eigentlich alle Zuschauer in der Mannheimer SAP-Arena gehen davon aus, dass die Löwen in Kürze in die Runde der letzten acht Teams einziehen werden und Kurs in Richtung der nächsten Final-Four-Teilnahme nehmen, zu der dann nur noch ein Sieg fehlt. Doch dann folgen Fehlwürfe von Uwe Gensheimer, Andy Schmid und Michael Müller, der HSV Hamburg schafft den Anschlusstreffer. Doch die Badener bleiben vorne, haben in den letzten Sekunden bei einer eigenen 28:27-Führung den Ball. Sie könnten die Zeit also einfach herunterspielen. Doch Børge Lund verliert das Spielgerät, der HSV schafft durch Hans Lindberg 17 Sekunden vor dem Ende der regulären Spielzeit den Ausgleich. Es gibt Verlängerung, Michael Kraus bringt den HSV kurz vor dem Ende der Extrazeit per Siebenmeter mit 33:32 in Führung. Die Gelbhemden haben noch die Chance zum Ausgleich, doch Karol Bielecki scheitert an Hamburgs Schlussmann Dan Beutler. Die Löwen sind draußen, der HSV eine Runde weiter und kommt schließlich bis in das Halbfinale.

29. Mai 2016: MKB Veszprém liegt im Finale der Champions League 14 Minuten vor dem Ende der Partie mit 28:19 in Führung[68]. Es sieht so aus, als würden die Ungarn nicht nur einfach die

Königsklasse gewinnen, sondern ihren Gegner KS Kielce regelrecht demontieren. Doch so kommt es nicht. Was folgt, ist vielmehr eine völlig verrückte Schlussphase. Kielce holt Tor um Tor auf, hätte die Partie sogar noch in der regulären Spielzeit gewinnen können. Doch die Polen verwerfen in der Schlussphase zwei Siebenmeter. Krzysztof Lijewski rettet Kielce mit seinem Treffer zum 29:29-Ausgleich drei Sekunden vor dem Ende der regulären Spielzeit in die Verlängerung. In dieser erzwingt dann Veszprém durch einen späten Treffer zum 35:35 das Siebenmeterwerfen, in dem sich Kielce schließlich mit 4:3 durchsetzt – und nach einem furiosen Comeback jubeln darf.

28. Januar 2017: Mitte der zweiten Halbzeit des Spiels um Platz drei bei der Handball-WM in Frankreich scheint es so, als könnten die Kroaten mit den Feierlichkeiten zum Gewinn der Bronzemedaille bereits beginnen[69]. Der Weltmeister von 2003 sieht beim 27:20-Zwischenstand schon wie der sichere Sieger aus. Doch die Slowenen, der Gegner, stecken nicht auf, gestatten den Kroaten in der restlichen Spielzeit fast keinen Treffer mehr, holen so den 7-Tore-Rückstand noch auf – und krönen ihre furiose Aufholjagd mit einem 31:30-Erfolg und der ersten WM-Medaille in der Geschichte des Landes.

Drei Beispiele, die zeigen, wie geil Handball ist – auch wenn die Löwen nicht in allen Beispielen vorkommen und Beispiel Nummer eins ein bitterer Abend für die Badener war. Klar, auch in anderen Sportarten gibt es spannende Spiele mit großer Dramatik. Erinnert sei beispielsweise an die 1:2-Finalniederlage von Bayern München in der Fußball-Champions-League gegen Manchester United 1999 oder an das Königsklassen-Endspiel 2005 zwischen dem FC Liverpool und dem AC Mailand (6:5 nach Elfmeterschießen), als die Engländer zur Pause noch 0:3[70] hinten lagen. Doch in kaum einer Sportart können Rückstände so schnell aufgeholt werden wie im Handball. Drei Treffer innerhalb von einer Minute, im Handball ist das möglich. Das vermittelt dem Zuschauer, dass die Leistungen, die Aufholjagden noch größer, noch heroischer sind.

Und na klar, es klingt spektakulärer, einen 9-Tore-Rückstand in einem Champions-League-Finale aufzuholen und den Titel zu gewinnen, als einen 3-Tore-Rückstand – wenn die beiden Begegnungen auch nur schwer miteinander zu vergleichen sind, weil im Handball generell deutlich mehr Tore fallen als beim Fußball. Doch wer die oben genannten Partien gesehen hat (und Beispiele für spannende Spiele und furiose Aufholjagden gibt es im Handball zuhauf), wird sich der Faszination des Handballsports nur schwer entziehen können.

 75. GRUND

Weil die Rhein-Neckar-Region ohne die Löwen um eine Attraktion ärmer wäre

Die Rhein-Neckar-Region verläuft geografisch etwa von Bensheim im Norden bis Wörth im Süden, von hinter Bad Dürkheim im Westen bis Hardheim im Osten. Sie umfasst Städte wie Mannheim, Heidelberg oder Ludwigshafen. Und hat in vielen Bereichen etwas zu bieten: Landschaftlich etwa mit dem Odenwald und dem Pfälzerwald. Kulturell mit dem Heidelberger Schloss oder der Pfälzer Weinstraße. Und natürlich auch sportlich.

Da wären zum Beispiel die Adler Mannheim, die seit 1997 sechs Mal Deutscher Eishockeymeister geworden sind[71] (Stand: 2017) und regelmäßig über 10.000 Zuschauer in die Mannheimer SAP-Arena locken. Da wären die Bundesliga-Fußballer von 1899 Hoffenheim, die 2008 in die Bundesliga stürmten, eine Halbserie lang den großen FC Bayern München ärgerten und seitdem der obersten Spielklasse angehören. Und da wäre der SV Waldhof Mannheim, ein Traditionsverein, dessen große Zeiten schon ein bisschen länger zurückliegen. Von 1983 bis 1990 kickten die Waldhof-Buben in der Bundesliga.

Das jüngste sportliche »Kind« der Rhein-Neckar-Region sind zweifelsohne die Rhein-Neckar Löwen. Doch sie haben sich innerhalb kürzester Zeit von einem Aufsteiger aus der 2. Liga zu einem Bundesligaspitzenteam gewandelt, das nach vielen knapp verpassten Titeln mittlerweile auch in der Lage ist, solche zu gewinnen. Das zeigen der Gewinn des EHF-Cups 2013 und vor allem die Deutsche Meisterschaft 2016 und im Jahr darauf.

Die Löwen locken zu ihren Bundesliga-Heimspielen im Schnitt mittlerweile fast 9000 Zuschauer an[72]. Das ist im Vergleich zur TSG 1899 Hoffenheim natürlich weniger, allerdings ist der Vergleich zwischen Fußball und Handball auch nicht fair. Doch über 145.000 Zuschauer alleine in den Heimbegegnungen in der Meistersaison 2016/17 (Heimspiele in der Champions League und im DHB-Pokal nicht eingerechnet) zeigen, dass die Rhein-Neckar-Region ohne die Rhein-Neckar Löwen um eine sportliche Attraktion ärmer wäre.

76. GRUND

**Weil unser Angstgegner zugleich
unser Lieblingsgegner ist**

Es gibt schon Geschichten, die nur der Sport schreibt. Geschichten, die eigentlich so klingen, als könnten sie gar nicht wahr sein. Oder zumindest so klingen, als habe sie irgendein Regisseur für einen Hollywood-Film geschrieben, um das Publikum bestmöglich zu unterhalten. Zum Beispiel wie die Geschichte zweier Handballteams, mit die zwei besten Mannschaften in Deutschland, deren Aufeinandertreffen in jüngster Vergangenheit zu eigenartigen Siegesserien führte, die sich eigentlich keiner so recht erklären kann.

Treffen jene beiden Teams, die Rhein-Neckar Löwen und die SG Flensburg-Handewitt, nämlich im DHB-Pokal aufeinander, was sie in den vergangenen Spielzeiten fast jedes Jahr taten, dann gewinnt eigentlich immer die Mannschaft aus Norddeutschland. Sechs Mal in den vergangenen sieben Spielzeiten (Saisons 2010/11 bis 2016/17) scheiterten die Löwen im Pokal an den Flensburgern, davon alleine vier Mal in Folge im Halbfinal-Final-Four-Turnier um den DHB-Pokal. Zudem unterlagen die Badener in der Bundesliga in den Spielzeiten 2015/16 und 2016/17 jeweils in den Bundesliga-Begegnungen in eigener Halle gegen die Spielgemeinschaft.

Man könnte jetzt also denken, die SG Flensburg-Handewitt ist der Angstgegner schlechthin für die Löwen (wobei die Gelbhemden sicherlich eine Bundesliga-Heimniederlage gegen die Norddeutschen auch künftig in Kauf nehmen würden, wenn sie dafür am Ende der Saison dann weiterhin jeweils den Meistertitel holen würden). Doch da gibt es ja noch eine andere Serie. Eine quasi gegenläufige Serie. Eine Erfolgsserie der Löwen in den Bundesliga-Begegnungen in Flensburg. War die »Hölle Nord« für die Badener lange Zeit alles andere als eine Wohlfühloase – wie für eigentlich alle Mannschaften, die dort spielen mussten –, haben sich die Aufwärtsauftritte dort zuletzt zu einer angenehmen Angelegenheit für die Badener entwickelt: Denn in den Spielzeiten 2013/14, 2014/15, 2015/16 und 2016/17 konnten sie jeweils in Flensburg gewinnen. Macht vier Auswärtssiege in Folge bei einem der heimstärksten Teams der Liga, ja in Europa.

In dieser Serie sind gewiss knappe und glückliche Siege dabei – wie das 23:21 am viertletzten Spieltag in der Saison 2016/17, als Flensburgs Kentin Mahé ein paar Minuten vor dem Ende der Partie das leere Löwen-Tor verfehlte – die Gelbhemden agierten im Angriff mit dem siebten Feldspieler – und die Norddeutschen somit den Ausgleichstreffer zum 22:22 verpassten. Wer weiß, wie dieses Spiel dann geendet wäre. Aber es waren auch deutliche Löwen-Erfolge dabei wie der 32:25-Sieg in der Saison 2015/16. Da zeigten die Gelbhemden im ersten Durchgang (18:10) die vielleicht besten 30 Minuten ihrer Geschichte und spielten phasenweise Handball wie von einem anderen Stern.

Der Angstgegner ist damit zugleich der Lieblingsgegner. Es scheint einfach nur darauf anzukommen, wo und in welchem Wettbewerb die Spiele ausgetragen werden. Und so wie die Löwen in den vergangenen Jahren vielleicht mit dem Gedanken im Hinterkopf zum Final Four nach Hamburg gefahren sind, dass die Gefahr besteht, erneut gegen Flensburg rauszufliegen, fahren sie zur Bundesliga-Begegnung mit dem Wissen, hier zuletzt immer gewonnen zu haben. Kim Ekdahl du Rietz sagte vor der Bundesliga-Partie im Mai 2017 mit Blick auf zuvor wettbewerbsübergreifend vier Niederlagen in Folge gegen die Norddeutschen: »Dafür haben wir auch drei Mal in Serie in Flensburg gewonnen.« Die Löwen bauten ihre Serie aus. Ihre Serie, die keiner so richtig erklären kann. Wie auch die Negativserie im Pokal.

77. GRUND

Weil wir eine Hochburg für Isländer sind

Auf den ersten Blick hat die Fußballeuropameisterschaft 2016 mit den Rhein-Neckar Löwen nichts zu tun. Gut, der eine oder andere Spieler der Badener wird die Partien in Frankreich aufmerksam am Fernseher verfolgt haben. Aber größere Überschneidungen gab es ansonsten eigentlich nicht. Wenn, ja wenn da nicht dieser isländische Schlachtruf Huh gewesen wäre. Der wurde durch den unerwarteten Erfolg des kleinen nordeuropäischen Landes (erst im Viertelfinale folgte das Aus gegen Gastgeber Frankreich) nicht nur bekannt, sondern auch zu einem beliebten Ausruf außerhalb von Island. Huh. Huh. Huh.

So auch in der Mannheimer SAP-Arena bei den Heimspielen der Rhein-Neckar Löwen. Denn wenn Guðjón Valur Sigurðsson oder Alexander Petersson vor dem Spiel vorgestellt wird oder während der Partie einen Treffer erzielt hat, dann rufen die Fans nicht nur den Namen des Torschützens. Sie schreien dann auch noch ein lautes Huh hinterher.

Dabei sind die beiden nicht die ersten Isländer, die bei den Rhein-Neckar Löwen spielen. Der erste war Ólafur Stefánsson[73], der zusammen mit dem früheren Bundestrainer Dagur Sigurðsson im Sommer 1996 aus seiner Heimat zum damaligen Zweitligisten LTV Wuppertal wechselte – beide waren somit die ersten Isländer, die in einer der oberen deutschen Spielklasse aktiv waren. Über verschiedene Stationen kam Stefánsson 2009 zu den Löwen, wo er zwei Jahre blieb. Während ihm ein Titel mit den Gelbhemden verwehrt blieb, gewann er in dieser Zeit 2010 mit der isländischen Nationalmannschaft die Bronzemedaille bei den Europameisterschaften in Österreich. Der Coach der Isländer war damals übrigens Guðmundur Þórður Guðmundsson.

Und jener Guðmundsson war ab Sommer 2010 dann Sportdirektor bei den Rhein-Neckar Löwen und übernahm ab Ende September des Jahres zudem das Amt des Trainers bei den Badenern. Dies übte er bis 2014 aus, gewann mit den Löwen in der Saison 2012/13 den EHF-Pokal und verpasste in der Spielzeit darauf die Meisterschaft gegenüber dem THW Kiel bei Punktgleichheit nur aufgrund der um zwei Treffer schlechteren Tordifferenz.

Unter Guðmundssons Ägide als Trainer verpflichteten die Löwen zwei seiner Landsmänner: Alexander Petersson[74], der im Sommer 2012 von den Füchsen Berlin zu den Löwen wechselte und Stefán Rafn Sigurmannsson[75]. Sigurmannsson kam im Dezember 2012 nach der Achillessehnenverletzung von Uwe Gensheimer von seinem Heimatverein Haukar Hafnarfjördur nach Mannheim. Die guten Kontakte von Trainer Guðmundsson in seine isländische Heimat spielten bei dem Wechsel mitten in der Saison eine große Rolle. Sigurmannsson, damals eigentlich nur als Ersatz für Gensheimer geholt, entwickelte sich so gut, dass er bis 2016 bei den Löwen blieb und mit diesen zum Abschluss seiner Zeit die Deutsche Meisterschaft gewann.

Vor ihm waren für die Badener auch seine Landsleute Róbert Gunnarsson[76] und Snorri Steinn Guðjónsson aktiv. Kreisläufer Gunnarsson spielte von 2010 bis 2012 bei den Löwen und ging dann nach Paris, auch weil ihn Trainer Guðmundsson nicht so viel einsetzte, wie er sich das gewünscht hätte. Guðjónsson[77] war die Saison vor Gunnarsson bei den Badenern. Der Spielmacher kam sehr kurzfristig vor dem Saisonbeginn, nachdem sich Grzegorz Tkaczyk am Knie verletzt hatte, und ging nach einem Jahr bei den Badenern zu AG Kopenhagen.

Der weiter oben schon angesprochene Guðjón Valur Sigurðsson spielte sogar zwei Mal bei den Löwen: Von 2008 bis 2011 und ab Sommer 2016. Zwischenzeitlich war er bei AG Kopenhagen, dem THW Kiel und dem FC Barcelona aktiv und sammelte eine ganze Reihe an Titeln. Doch bei keiner seiner Stationen ist er vermutlich so gefeiert worden. Huh!

78. GRUND

Weil unser Nachwuchs zu den Besten gehört

In den sechs Spielzeiten der seit 2011/12 bestehenden A-Junioren Bundesliga (Stand vor der Saison 2017/18) haben die A-Junioren der Rhein-Neckar Löwen[78] vier von sechs Mal die Runde in der Süd-Staffel auf einem der ersten beiden Ränge beendet – und sind damit in das Viertelfinale um die Deutsche Meisterschaft eingezogen. Drei Mal war dann im Viertelfinale Endstation, einmal im Halbfinale. Das sind Zahlen, die zeigen, dass der Nachwuchs der Rhein-Neckar Löwen seit Jahren zu den besten Handball-Nachwuchsmannschaften in Deutschland gehört.

Der größte Erfolg des Nachwuchses war der deutsche Meistertitel in der Saison 2007/08. Damals gab es die A-Junioren-Bundesliga noch nicht. Mit Patrick Groetzki hatten die Löwen einen Spieler in ihren Reihen, der damals schon einige Bundesliga-Begegnungen absolviert hatte. Dem Kader gehörte beispielsweise auch David Ganshorn an, der in der Saison 2014/15 sieben Spiele in der Bundesliga, vier Partien in der Champions League und eine Begegnung im Pokal für die erste Mannschaft der Rhein-Neckar Löwen absolvierte. Die Mannschaft um Groetzki und Ganshorn gewann in der Saison 2007/08 den süddeutschen Meistertitel bei den A-Junioren und setzte sich dann in den beiden Viertelfinalspielen um die Deutsche Meisterschaft gegen den Nachwuchs des VfL Gummersbach durch. Beim Final-Four-Turnier in Duisburg/Rheinhausen folgte im Halbfinale ein Erfolg über die SG Spandau/Füchse Berlin, und im Endspiel gewann der Gelbhemden-Nachwuchs mit 27:26 gegen die Jugendspielgemeinschaft SC Magdeburg/Concordia Staßfurt[79] und schnappte sich so den Titel.

Einen ähnlichen Erfolg hätte die B-Jugend fast in der Spielzeit 2016/17 erzielt. Die gewann die Oberliga Baden-Württemberg, setzte sich dann in den Zwischenrundenspielen um die Deutsche Meisterschaft durch und erreichte so das Halbfinale. Dort konnte der Nachwuchs des TBV Lemgo die SG Kronau/Östringen nicht stoppen, die das Hinspiel mit 26:20 gewann und so trotz einer 20:21-Niederlage im Rückspiel in das Finale einzog. Gegen die Füchse Berlin gab es im Final-Hinspiel in der Hauptstadt ein 20:20, die Titelchancen waren also gut. Im Rückspiel stand es 21:21 kurz vor dem Ende der Begegnung[80], als die Spielgemeinschaft die Chance zum Siegtreffer hatte – aber nicht nutzte. So verpasste die Mannschaft von Trainer Daniel Meyer vor 900 Zuschauer in der Stadthalle Östringen den Titel aufgrund der Auswärtstorregel denkbar knapp. 1996 war es der TSG Kronau[81], einem der beiden Vorgängervereine der Rhein-Neckar Löwen, gelungen, Deutscher B-Jugend-Meister zu werden.

Aus dem Nachwuchs der Rhein-Neckar Löwen haben eine ganze Reihe von Spielern den Sprung in die erste Mannschaft geschafft. An erster Stelle ist da natürlich Patrick Groetzki zu nennen, der später mit den Löwen viele Erfolge wie den Gewinn des EHF-Cups und deutsche Meistertitel feierte. Aber auch viele weitere Spieler, die in der Bundesliga spielen oder spielten, waren in den Nachwuchsteams der Rhein-Neckar Löwen aktiv. Kevin Klier, Roko Peribonio oder David Schmidt, Marco Hauck, Pascal Durak, Kai Dippe oder Michael Abt wären da beispielsweise zu nennen.

KAPITEL 7

DIE LÖWEN-DOMPTEURE

Weil Nikolaj Jacobsen einer der besten Trainer der Welt ist

Es ist eines dieser Auswärtsspiele, die man halt gewinnen muss, als Spitzenteam. Zwei Stunden später fragt niemand mehr, ob die Differenz nun ein oder zwölf Tore betragen hat, ob es ein glücklicher oder ein total verdienter Erfolg war. Wichtig ist nur, dass man die zwei Punkte geholt hat. Genau solch ein Spiel hatten die Löwen Mitte Februar 2017 beim TSV Hannover-Burgdorf zu absolvieren. Es lief eigentlich auch gut für die Badener, die Mitte der zweiten Hälfte scheinbar sicher mit sieben Toren Vorsprung führten (25:18). Doch dann schluderte der Deutsche Meister – und Hannover konnte fünf Minuten vor dem Ende auf 25:27 verkürzen. Der Außenseiter witterte seine Chance auf einen Punktgewinn.

Löwen-Trainer Nikolaj Jacobsen nahm eine Auszeit, brachte Alexander Petersson für Harald Reinkind, dem zuvor innerhalb kürzester Zeit zwei Fehler unterlaufen waren, und im Tor Andreas Palicka für Mikael Appelgren, dem seit ein paar Minuten keine Parade mehr gelungen war. Petersson bereitete sogleich den Treffer zum 28:25 durch Patrick Groetzki vor, Palicka parierte den ersten Ball, der auf sein Tor geworfen wurde, und ließ sich dann auch, bis auf einen Siebenmeter in der Schlusssekunde, nicht mehr überwinden – die Löwen gewannen 30:26. Man kann nun im Nachhinein sagen: Ist ja noch mal alles gut gegangen. Man kann aber auch sagen: Ein guter Trainer weiß genau, was er wann tun muss.

Nikolaj Jacobsen ist ohne Frage ein guter Trainer, einer der besten der Welt sogar. Ansonsten hätte sich wohl auch nicht der dänische Handballverband so um ihn bemüht, dessen Nationalmannschaft Jacobsen seit dem Frühjahr 2017 übernommen hat – erst einmal in Doppelfunktion. Ab 2019 kann er sich dann, dank einer Ausstiegsklausel in seinem Vertrag bei den Löwen, nur noch auf die Nationalmannschaft seines Heimatlandes, ohne Frage eine der besten der Welt, konzentrieren[82].

Jacobsen hat die Löwen zu einem – für ihn – denkbar ungünstigen Zeitpunkt übernommen. So dachte man zumindest. Die Badener hatten gerade den deutschen Meistertitel gegenüber dem THW Kiel bei Punktgleichheit um zwei Treffer verpasst, Übungsleiter Guðmundur Guðmundsson war gegangen – um dänischer Nationaltrainer zu werden. Viele sogenannte Experten hatten den Löwen eine schwierige Saison prophezeit, orakelt, die Badener könnten an der Last des so knapp verpassten Titels zerbrechen. Doch Pustekuchen. Jacobsen baute die Spieler wieder auf, erreichte in der Meisterschaft Platz zwei und das Final Four im DHB-Pokal – im Halbfinale war, wie immer, gegen die SG Flensburg-Handewitt Schluss. Nur in der Champions League offenbarte sich noch Steigerungspotenzial: Die Löwen schieden bereits im Achtelfinale aus.

Was auch immer der 148-fache dänische Nationalspieler in seiner Trainerkarriere noch erreicht: Sein Name wird vermutlich auch 2041 oder 2066 noch fallen, weil man sich immer in Zusammenhang mit dem ersten Meistertitel der Vereinsgeschichte bei den Rhein-Neckar Löwen an den Baumeister dieses Erfolges erinnern wird: Und der Meistertrainer war eben Nikolaj Jacobsen.

Zwei Mal in seinen ersten drei Trainerjahren bei den Löwen gewann er mit den Badenern den Titel – viel erfolgreicher geht nicht, wenn man bedenkt, dass er einen in der Quantität schlechteren Kader als die Konkurrenz aus Flensburg und Kiel zur Verfügung hat. Doch mit kluger Trainingssteuerung, einer Verteilung der Belastung und der Fokussierung auf einen Wettbewerb macht Jacobsen diesen Nachteil wett. Er ist eben nicht nur Deutscher Meister mit den Löwen, sondern auch ein Meister seines Faches.

Weil sie mit Guðmundur Guðmundsson mal den wohl perfektionistischsten Trainer der Welt hatten

Wenn man im Vorfeld eines Spiels der Rhein-Neckar Löwen den Trainer Guðmundur Guðmundsson (Übungsleiter von 2010 bis 2014) erreichen wollte, brauchte man entweder gute Nerven – oder das richtige Timing. Denn von Guðmundur Guðmundsson, von Ende September 2010 bis Ende der Saison 2014 der Löwen-Domp-teur, erzählt man sich, dass er jeden Tag ungefähr 23,5 Stunden mit Videostudium des kommenden Gegners verbrachte – was dieser übrigens auch nicht abstritt. Und wenn er mal gerade kein Video-studium zum kommenden Gegner betrieb, dann nur, weil er ent-weder gerade neues Material suchte, ein technisches Problem vorlag oder er die Erkenntnisse des Videostudiums in einen Matchplan einarbeitete – auch wenn man damals noch gar nicht von einem Matchplan sprach. Ach ja, oder er stand gerade in der Halle, um das Training zu leiten.

Störungen in Form von Anrufen beim Videostudium konnte der Isländer jedenfalls nicht gebrauchen. Manchmal ging er an das Handy und sagte, man solle später noch mal anrufen. Manchmal ging er auch nicht an das Handy. Dann musste man es eben später noch einmal versuchen. Das Studium des kommenden Gegners war ihm jedenfalls deutlich wichtiger als bohrende Fragen der Journa-listen zum kommenden Gegner.

Es sei denn, man erwischte den Moment, man muss schon fast sagen den einen Moment am Tag, an dem Guðmundsson mal nicht mit Videostudium beschäftigt war. Beispielsweise am frühen Morgen gegen neun Uhr (was zumindest aus journalistischer Sicht früh am Morgen ist). Da war Guðmundsson nämlich des Öfteren mit dem Ausräumen der Spülmaschine beschäftigt. Und während er Teller und Tassen in den Schrank räumte, was im Hintergrund übrigens für eine lustige Geräuschkulisse sorgte, plauderte er im Regelfall ganz entspannt über den nächsten Gegner.

Es gibt durchaus Leute (auch Spieler), die sich über Guðmundssons Akribie in der Gegner-Vorbereitung das eine oder andere Mal ein bisschen amüsiert haben (und es noch immer tun). Allerdings war er der Trainer, der die Löwen endgültig zu einer Spitzenmannschaft formte. In Deutschland – und auch in Europa. Mit ihm gewannen die Löwen ihren ersten Titel, den EHF-Pokal 2013, nachdem der Isländer sie im Vorjahr schon in das Halbfinale des europäischen Wettbewerbs geführt hatte. Und er erreichte in der Bundesliga die Abschlussplatzierungen vier, fünf, drei und zwei mit den Badenern, dazu zweimal das Final-Four-Turnier um den DHB-Pokal.

Wie viele Stunden Guðmundsson in den knapp vier Jahren bei den Löwen mit dem Videostudium von Gegnern verbrachte, ist hingegen nicht bekannt. Aber man ahnt, dass diese Stundenzahl wohl sehr groß sein muss.

81. GRUND

Weil wir immer einen der weltbesten Trainer als Coach haben

Dänemark zählt im Welthandball zu den Nationen mit einem großen Namen. Genaugenommen zu den Nationen mit einem ganz großen Namen. Die Männernationalmannschaft aus dem Land im Norden Europas hat in den vergangenen Jahren einige große Erfolge vorzuweisen: Bei den Weltmeisterschaften 2011 und 2013 zogen die Dänen jeweils in das Endspiel ein, verloren die Finalpartien allerdings gegen Frankreich (35:37 nach Verlängerung) beziehungsweise gegen Spanien (19:35). Bei den Europameisterschaften 2008 (24:20-Finalerfolg gegen Kroatien) und 2012 (21:19-Finalerfolg gegen Serbien) holten die Dänen jeweils die Goldmedaille, 2014 verloren sie das Endspiel gegen Frankreich mit 32:41. Bei den Olympischen Spielen 2016 in Rio de Janeiro gewannen die Dänen Gold durch einen Erfolg im Finale gegen Frankreich mit 28:26. Macht summa summarum sechs Medaillen bei 13 internationalen Großereignissen in den zehn Jahren von 2008 bis 2017[83]. Eine starke Bilanz.

Doch Dänemark zählt im Handball nicht nur zu den Nationen mit einem großen Namen. Dänemark hat auch einige Spieler mit einem großen Namen zu bieten. Torhüter Niklas Landin etwa, von 2012 bis 2015 bei den Rhein-Neckar Löwen unter Vertrag, oder die ebenfalls aus der Bundesliga bekannten René Toft Hansen, Hendrik Toft Hansen oder Hans Lindberg. Und vor allem natürlich Mikkel Hansen, einen der besten, wenn nicht gar den besten Handballer der Gegenwart.

Es gibt also Gründe, warum der Job als Nationaltrainer Dänemarks durchaus seinen Reiz hat: Man arbeitet mit einigen der weltbesten Spieler zusammen. Und wenn man mit einigen der weltbesten Spieler zusammenarbeitet, dann gehört man bei internationalen Meisterschaften von ganz alleine immer zu dem Kreis der Mannschaften, die um die Medaillen und den Titel spielen. Erfolge sind dadurch zwar nicht vorprogrammiert, aber – wie man an der Aufzählung weiter oben sieht – schon fast der Regelfall.

Gute Mannschaften werden im Normalfall auch von sehr guten Trainern trainiert. Von Übungsleitern, die zu den besten der Welt zählen. So gesehen ist es auch eine Auszeichnung für die Rhein-Neckar Löwen, dass sowohl Guðmundur Guðmundsson (von 2010 bis 2014 bei den Badenern aktiv, seit September 2010 dabei als Trainer) als auch sein Nachfolger Nikolaj Jacobsen (seit 2014 bei den Löwen, seit Frühjahr 2017 zudem Nationaltrainer in Doppelfunktion) die Gelbhemden verließen beziehungsweise verlassen werden, weil sie unbedingt eine der besten Nationalmannschaften der Welt trainieren wollten. Denn hätten sie bei den Löwen keine gute

Arbeit abgeliefert, wären sie wohl kaum für den Job des dänischen Nationaltrainers infrage gekommen. Beide waren beim dänischen Verband so begehrt, dass sie per Ausstiegsklausel die Löwen ein Jahr vor Ablauf ihres Vertrages verließen beziehungsweise verlassen werden.

Bei Nikolaj Jacobsen, der von März 2017 bis Sommer 2019 in einer Doppelfunktion sowohl als Vereins- als auch als National-trainer arbeitet[84], kommt hinzu, dass es sein großer Wunsch war, mal Nationaltrainer seines Heimatlandes zu werden. Doch für die Fans der Löwen wird der Name Nikolaj Jacobsen, was er auch mit den Dänen erreicht, immer mit der ersten Deutschen Meisterschaft der Vereinsgeschichte im Jahr 2016 verbunden sein.

82. GRUND

Weil wir die einzige Managerin der Bundesliga haben

Als die Rhein-Neckar Löwen am Abend des 31. Mai 2017 den THW Kiel mit 28:19 schlugen und damit vorzeitig den Titel des Deutschen Meisters verteidigten, kam auch Jennifer Kettemann nicht um eine Bierdusche herum. Lange Zeit war sie als ziemlich Einzige aus dem Löwen-Rudel »trocken« geblieben. Als sie dann bei Hallensprecher Kevin Gerwin am Mikrofon zum Interview stand, schüttete ihr Patrick Groetzki von hinten einen großen Bierkübel über. Kettemann meinte danach: »Der muss sich nun einen neuen Verein suchen.« War natürlich nur ein Spaß gewesen. Es war eine Szene, die zeigt: Auch als Frau an einer wichtigen Schaltstelle im Verein hat man eben keine Sonderrolle – was Kettemann sicherlich ganz recht ist.

Wenn die Löwen-Geschäftsführerin zu Treffen mit den Managern der anderen Vereine der Bundesliga fährt, dürfte sie sich ungefähr so vorkommen wie ein Mann in einem Kosmetikladen. Schließlich treffen sich dort in der Regel 17 Männer – und eine Frau: Jennifer Kettemann. In einem Interview hat sie mal erzählt, dass sie damit gut zurechtkommt. »In der Bundesliga bin ich wirklich die einzige Frau, was für mich aber überhaupt kein Problem ist. Auch bei SAP gab es viele Meetings, bei denen ich die einzige Frau war. Das ist nichts Neues.«[85]

Und immerhin hat der eine Verein mit einer Frau als Managerin im Sommer 2016 die 17 Vereine mit einem Mann als Manager in der Tabelle alle hinter sich gelassen. In der Tabelle, in der die Punkte aus den Saisonspielen eingehen, versteht sich. Deutscher Meister der Spielzeit 2015/16 sind schließlich die Rhein-Neckar Löwen geworden – auch wenn Kettemann erst im Laufe der Meistersaison ihren Job bei den Löwen antrat. Und an dem Abend Ende Mai 2017, an dem sie die Bierdusche erhielt, durfte sie dann über den ersten Meistertitel jubeln, bei dem sie von Saisonbeginn in der Verantwortung als Managerin stand.

Im Frühjahr 2016 fing Kettemann bei den Löwen an. Damals war doch eine gewisse Skepsis ihr gegenüber vorhanden[86]. Bei den Fans, aber auch bei dem einen oder anderen, der im Umfeld mit den Löwen zu tun hatte. Und in Zeitungen war doch der eine oder andere eher kritisch gestimmte Text über Kettemann zu lesen. Schließlich war die damals 33-Jährige eine Quereinsteigerin, hatte nie selbst Handball gespielt und war fast niemandem vorher bekannt gewesen – und dann auch noch eine Frau.

Kettemann, die zuvor beim Softwareunternehmen SAP arbeitete[87], hat diese Stimmen durchaus bemerkt. »Ich habe das schon registriert, man muss da ruhig bleiben – und einfach beweisen, dass man es kann«, hat sie etwa ein halbes Jahr nach ihrem Beginn als Geschäftsführerin mal in einem Interview gesagt[88]. Es klingt, als habe sie sich davon überhaupt nicht beeinflussen lassen.

Mittlerweile hat sich die Stimmung auch gewandelt. Nicht nur innerhalb der Löwen-Familie, auch in der Bundesliga häuften sich bereits nach ein paar Monaten die Stimmen, die sich positiv über Kettemanns Arbeit äußerten. Von ihren beruflichen Qualifikationen her hätte ja auch überhaupt kein Zweifel an ihrer Eignung bestehen dürfen. Denn das Rüstzeug für ihren Job hat sie schließlich jahrelang gelernt: BWL-Studium, Arbeit in einer Marketingagentur, dann der Wechsel zu SAP (Vorstandsassistentin und Projektleiterin).

Im Endeffekt ist es auch nicht Kettemann alleine, die Entscheidungen trifft, auch wenn die finanzielle Gesamtverantwortung am Ende als Geschäftsführerin bei ihr liegt. Wichtige Dinge bespricht sie mit Sportdirektor Oliver Roggisch und Trainer Nikolaj Jacobsen. Die drei treffen sich regelmäßig zum Gedankenaustausch auf der Geschäftsstelle und haben zudem eine WhatsApp-Gruppe, über die sie sich auf dem Laufenden halten.

KAPITEL 8

DIE BABY-LÖWEN

VOM UNBEKANNTEN VEREIN
ZUM SPITZENCLUB

Weil wir gegen den großen FC Barcelona auf tragische Weise ausscheiden dürfen

Was war das für eine Partie am 20. April 2014. Eine denkwürdige auf jeden Fall. Eine, in der die Rhein-Neckar Löwen rund 50 Minuten Handball wie von einem anderen Stern zeigten. Aber auch eine, die nicht Gala genug war – wie sich sechs Tage später herausstellen sollte. Doch der Reihe nach: Am jenem Ostersonntag des Jahres 2014 gastierte der große FC Barcelona im Viertelfinal-Hinspiel der Champions League in der Mannheimer SAP-Arena. Die Rollen waren vor der Partie klar verteilt. Hier der Underdog, die Löwen. Dort der große Favorit, die Übermannschaft aus Spanien. Als besonders groß galten die Chancen der Badener auf den Einzug in das Final-Four-Turnier jedenfalls nicht.

Doch dann folgte ein Hinspiel, an das sich vermutlich auch heute noch jeder einzelne der 13.200 Zuschauer in der ausverkauften Halle erinnern kann. Die Löwen jedenfalls zeigten eine Leistung, wie man sie von ihnen bis dahin wohl noch nicht gesehen hatte, wie man damals in einem Spielbericht schrieb. Die Gastgeber überrollten das zu dem Zeitpunkt als bestes Team der Welt geltende spanische Starensemble förmlich – und bauten den Vorsprung sogar bis auf elf Treffer nach rund 40 Spielminuten aus. Elf Tore Vorsprung. Elf Tore Vorsprung gegen den FC Barcelona! Es war schwierig, Superlative für das zu finden, was in der SAP-Arena an jenem Nachmittag passierte.

Die Löwen spielten wie im Rausch – und das nur vier Tage nach einem 29:26-Erfolg in der Bundesliga gegen den THW Kiel, der ihnen die Tabellenführung einbrachte. Zwei Spiele in Folge vor ausverkaufter Halle, zwei grandiose Auftritte in Serie – es waren vielleicht die beiden besten aufeinanderfolgenden Leistungen, die eine Löwenmannschaft jemals zeigte – neben den beiden Erfolgen der Löwen in Flensburg und zu Hause gegen den THW Kiel drei Tage später Ende Mai 2017 und der daraus resultierenden Titelverteidigung.

Nur leider, muss man sagen, dauerte der Rausch gegen die Spanier nur etwa 50 Minuten lang an – und keine 60. Denn in der Schlussphase ließen die Löwen zu viele gute Möglichkeiten aus, sodass der FC Barcelona den Rückstand in den letzten Spielminuten auf sieben Treffer verkürzen konnte und »nur« mit 31:38 (14:22) verlor. So war es eine Galavorstellung mit fadem Beigeschmack – und die Nachlässigkeiten sollten sich sechs Tage noch bitter rächen. Der damalige Löwen-Trainer Guðmundur Guðmundsson, ein sicherlich nicht zu Übermut neigender Mensch und Meister darin, auch den kleinsten Gegner gefährlich zu reden, ahnte jedenfalls schon nach dem Schlusspfiff des Hinspiels: »Es wird natürlich eine sehr schwere Aufgabe in Barcelona.«

Es wurde nicht nur eine schwere Aufgabe, es wurde auch eine Aufgabe, die die Löwen ganz knapp nicht zu meistern wussten. Bis neun Minuten vor dem Ende sah es dabei gut aus für die Gelbhemden, die zu dem Zeitpunkt nur knapp zurücklagen (21:24). Eine Niederlage mit sechs Treffern hätte ja zum Weiterkommen gereicht. Doch dann gelang ihnen neun Minuten lang kein Treffer mehr, Barcelona zog auf 30:21 davon. Die Badener konnten zwar noch einmal verkürzen, verloren allerdings 24:31 – und verpassten den Einzug in das Final Four daher aufgrund der weniger erzielten Auswärtstore.

Das war bitter. Sehr bitter. Nur keiner aus dem Löwenrudel wusste damals, dass es vier Wochen später noch viel, viel bitterer werden würde. Denn da folgte der Tag, an dem die Löwen den Gewinn der Deutschen Meisterschaft um nur zwei Tore verpassen sollten.

Weil wir trotz schmerzhafter Abgänge immer ein Spitzenteam geblieben sind

Welcher Verein – egal in welcher Sportart – kennt das nicht, egal ob Erstligist oder in der Kreisklasse zu Hause? Gegen Ende der Saison – oder kurz nach dem Ende der Spielzeit – verkündet ein Leistungsträger, den Verein zu verlassen und zu einem größeren, potenteren oder erfolgreicheren Verein zu wechseln. Und wenn man Pech hat, geht nicht nur ein Leistungsträger. Sondern gleich zwei oder drei wichtige Spieler verlassen den Verein. Solche Wechsel sind immer mit einem Qualitätsverlust verbunden – und jeder noch so gute Manager kann sich nicht sicher sein, dass der Nachfolger, oder die Nachfolger, genauso gut und erfolgreich spielen wie die Abgänge, die man zu verschmerzen hatte. Was folgt, ist in gewisser Weise immer eine Reise ins Ungewisse.

So etwas hat vermutlich jeder Fan schon einmal erlebt – davon ausgenommen sind allerhöchstens die Anhänger der Überfliegermannschaft der Sportart. Zu dieser wollen ja alle Spieler immer wechseln. Und dann nicht mehr weggehen. Denn ein höheres Gehalt und eine größere Chance auf möglichst viele Erfolge gibt es ja nirgends sonst.

Und da die Rhein-Neckar Löwen nicht DIE Überfliegermannschaft im Handball sind – da gibt es in Deutschland mit dem THW Kiel und in Europa mit dem FC Barcelona, Paris St. Germain, dem ungarischen Spitzenclub KC Veszprém oder den Polen von KS Kielce einige größere Namen –, haben sie natürlich auch mehrmals diese leidvolle Erfahrung machen müssen. Diese leidvolle Erfahrung, dass man denkt mit dem Spieler X auf der Position Y hat man genau den richtigen Mann für die kommenden Jahre gefunden. Bis der Spieler X einem dann mitteilt, er werde den Verein verlassen. Und die Suche auf der Position Y beginnt von vorne.

Ein Beispiel für Spieler X bei den Rhein-Neckar Löwen ist Niklas Landin. Der Torwart aus Dänemark wechselte 2012 von Bjerring-bro-Silkeborg ins Badische. Der damalige Löwen-Trainer Guðmun-dur Guðmundsson hatte Landin schon zuvor beim dänischen Erst-ligisten GOG Svendborg trainiert und zur Nummer eins gemacht. Da war Landin gerade 20 Jahre jung. Drei Jahre lang, bis 2015, begeisterte der Europameister von 2012 und Olympiasieger von 2016 mit seinen Paraden die Fans der Löwen. Dann wechselte der Schlussmann zum THW Kiel. Schon ein Jahr zuvor war Manager Thorsten Storm von Mannheim in den hohen Norden gewechselt. Auch Nationalspieler Hendrik Pekeler, seit 2015 ein Löwe, schließt sich 2018 dem THW an. Der finanzielle Aspekt und die größeren Titelchancen spiel(t)en dabei wohl jeweils eine Rolle, aber auch die Nähe zur Heimat.

Doch nicht nur an die nationale, auch an die internationale Kon-kurrenz verloren die Badener gute Spieler. Uwe Gensheimer, das Gesicht des Vereins, wechselte im Sommer 2016 zu Paris St. Ger-main. Gensheimer hatte zuvor 13 Jahre für die Löwen gespielt, sei-nen Vertrag trotz lukrativer Angebote stets verlängert.

Aber es spricht eben auch für die Löwen, dass sie durch die Ab-gänge, die ohne Frage alle sehr schmerzhaft waren, nie wirklich an Qualität eingebüßt haben. Sondern einfach immer weitergemacht haben, als wäre nichts passiert. Neue Spieler geholt, integriert und besser gemacht haben. Sie sind ja dann in der Spielzeit 2015/16 auch ohne Landin und Storm Deutscher Meister geworden. Und ohne Gensheimer 2016/17 gleich noch einmal. Für den THW reichte es indes jeweils nur zu Platz drei.

Weil uns in der Saison 2009/2010 einfach das Glück fehlte

Es hätte die Erfolgsstory des Jahres sein können. Die Spieler der Rhein-Neckar Löwen feiern am 11. April 2010 in Hamburg ausgelassen den Gewinn des DHB-Pokals, den ersten Titel der Vereinsgeschichte. Und dann erinnert in der Stunde des Erfolges noch einmal einer der Akteure oder Verantwortlichen daran, dass es ja auch ganz anders hätte laufen können. Nämlich daran, dass man in der ersten Pokal-Runde ja eigentlich schon ausgeschieden war.

Nur kann diese Geschichte so leider nie erzählt werden. In der ersten Runde waren die Löwen zwar tatsächlich schon fast ausgeschieden, wendeten eine Blamage beim TV Bittenfeld gerade noch ab – nachdem Neuzugang Ólafur Stefánsson in der Schlusssekunde per Siebenmeter den Ausgleich erzielte, setzten sich die Badener in der Verlängerung durch. Doch den Titel verpassten die Gelbhemden trotzdem hauchdünn. Zwar gewannen sie nach weiteren Erfolgen gegen Hannover-Burgdorf, Melsungen und Göppingen im Halbfinale des Final-Four-Turniers in Hamburg gegen den VfL Gummersbach mit 31:21. Doch im Finale gegen den HSV Hamburg hatten die Löwen einfach Pech. Pech in einer klasse Partie, die für viele Beobachter und Experten das beste Handballspiel der damaligen Saison war. Nach 60 Spielminuten war noch kein Sieger gefunden. Und auch in der Verlängerung agierten beide Teams lange auf Augenhöhe. Eine Minute vor dem Ende hieß es 33:33. Dann gelang dem HSV Hamburg noch ein Tor, den Löwen gelang kein Tor mehr. So durften die Spieler des HSV den Pokal stemmen, die Spieler der Löwen hingegen mussten mit ihrer großen Enttäuschung fertig werden[89].

Ähnlich bitter verlief in dieser Saison das Ausscheiden in der Champions League, wo die Badener das erstmalige Erreichen des

Final-Four-Turniers ganz knapp verpassten. Nach den glanzvollen Auftritten im Viertelfinale gegen den spanischen Spitzenclub BM Valladolid (30:29, 37:33) schieden die Badener in der Runde der letzten acht denkbar knapp gegen den THW Kiel aus. 28:29 hieß es im Hinspiel zu Hause. Im Rückspiel führten die Gelbhemden auswärts zur Pause gegen den späteren Champions-League-Sieger mit 13:12, unterlagen dann aber erneut mit einem Treffer (30:31). Ganze zwei Tore hatten im Rückspiel zum Weiterkommen gefehlt.

Dabei hatte die Saison für die Badener gar nicht gut begonnen. Neben dem neuen Trainer Ola Lindgren kamen gleich fünf neue Spieler (und vier Nachwuchskräfte), wobei sich die Anzahl der Zugänge gleich noch einmal um zwei erhöhte, da nach der Verletzung von Spielmacher Grzegorz Tkaczyk noch zwei weitere Akteure verpflichtet wurden: Snorri Guðjónsson und Nikola Manojlović. Doch zum Saisonstart rumpelten die Löwen gewaltig über das Spielfeld. Die Blamage in der ersten Runde des DHB-Pokals konnte zwar gerade noch abgewendet werden, allerdings gab es in der Bundesliga Niederlagen gegen den THW Kiel (29:36) und den HSV Hamburg (30:34).

Danach zeigten die Löwen allerdings ihre Fähigkeiten, blieben zwei Monate ungeschlagen und sorgten auch in der Champions League für Furore. Gleich zum Auftakt in die Königsklasse gab es einen 32:29-Erfolg gegen den ungarischen Topklub KC Veszprém. Weil die Badener dann aber kurz vor der EM-Pause in Berlin und Lübbecke und kurz nach der EM-Pause erneut gegen Kiel und Hamburg verloren, war eine Top-Platzierung in der Liga bereits im Februar, und damit schon kurz nach der Halbzeit der Saison, illusorisch. So konnten die Badener ihre Aufmerksamkeit vermehrt auf die beiden anderen Wettbewerbe richten. Im DHB-Pokal erreichten sie schließlich zum fünften Mal in Folge das Final Four in Hamburg und in der Champions League das Viertelfinale. Und dann folgten jene bitteren Niederlagen, von denen die Löwen so viele erlitten, bis auch sie mal Titelträger werden sollten ...

Weil wir bei unserer ersten Champions-League-Teilnahme gleich ins Halbfinale stürmten

Jetzt kann man von einer Mannschaft mit Spielern wie Sławomir Szmal, Henning Fritz, Grzegorz Tkaczyk, Karol Bielecki, Mariusz Jurasik, Christian Schwarzer, Jan Filip und (damals) jungen Talenten wie Uwe Gensheimer und Patrick Groetzki sicherlich einiges erwarten. Aber dass diese Löwen-Mannschaft bei ihrer ersten Teilnahme an der Champions League in der Spielzeit 2008/09 gleich in das Halbfinale stürmt, ist nicht unbedingt im Vorfeld zu erwarten gewesen. Natürlich ist Qualität plus Qualität plus Qualität gleich sehr viel Qualität. Und klar stehen Spieler wie die eben genannten, auch wenn diese bis auf Schwarzer, Jurasik, Filip und Fritz damals noch am Anfang ihrer erfolgreichen Karrieren standen, für viel Qualität. Aber um im Sport etwas erreichen zu können, ist neben der Qualität auch die Erfahrung wichtig. Die Erfahrung, in den entscheidenden Momenten, in den engen Spielen, zu wissen, was man tun muss. Und Erfahrung muss man eben erst sammeln. Auch in der Champions League. Am besten durch Spiele in der Champions League.

Was dann folgte, war allerdings eine Saison, in der es (zumindest lange Zeit) schien, als hätten die Löwen Champions League schon immer gespielt. Denn sie fremdelten vor allem mit der Bundesliga. Der Auftakt in die Liga verlief überaus holprig. Die Erwartungen waren hoch, doch nach einem Stotterstart mit nur fünf Zählern aus den ersten vier Begegnungen musste Trainer Juri Schewzow am 18. September gehen. Auf ihn folgte interimsmäßig Spieler(trainer) Christian Schwarzer und dann Wolfgang Schwenke als neuer Coach. Trotzdem sollte es in der Liga noch eine ganze Weile dauern, bis die Löwen endlich das zeigten, was man von ihnen erwartete. Dank eines famosen Zwischenspurtes (zehn Siege in Serie) in der zweiten Saisonhälfte reichte es immerhin noch zu Platz drei im End-klassement und der erneuten Champions-League-Qualifikation – dem bis dahin besten Ergebnis der Vereinsgeschichte. Dabei wäre ohne zwei Niederlagen in der Schlussphase der Saison sogar die Vizemeisterschaft hinter dem THW Kiel möglich gewesen[90].

Von Beginn an lief es hingegen in der Champions League. Gleich in ihrer Debüt-Begegnung in der Königsklasse, nimmt man die beiden Qualifikationsspiele gegen den luxemburgischen Vertreter HB Dudelange (41:16, 46:15) mal mal außen vor, überzeugten die Löwen. Beim kroatischen Serienmeister RK Zagreb mit Superstar Ivano Balić holten die Löwen ein 33:33. In der Gruppenphase gaben die Badener nur beim Rückspiel gegen die Kroaten nochmals einen Zähler ab und beendeten die Gruppenspiele so ungeschlagen als Zweiter hinter Zagreb.

Und weil die Löwen sich auch in der Hauptrunde mit zwei un-gefährdeten Erfolgen gegen Celje und einem spektakulären 40:25 gegen Chambery nicht aufhalten ließen, standen sie im Viertel-finale. Dort wartete der russische Meister Medvedi Čechov. Im Hinspiel lagen die Löwen auswärts zur Pause schon 15:21 zurück, konnten sich durch eine Leistungssteigerung im zweiten Abschnitt und die knappe 31:33-Niederlage aber noch eine gute Ausgangs-position fürs Rückspiel schaffen. Dort siegten sie 36:28. Das hieß zwei Halbfinalspiele gegen den THW Kiel. Wobei eigentlich ein Spiel reichte, um den Finalisten zu ermitteln, das Hinspiel. Dort glänzte der THW und die Löwen enttäuschten, verloren mit 23:37. Torhüter Hennig Fritz meinte damals: »Der größte Optimist würde jetzt verzweifeln.«[91] Immerhin, die Löwen gewannen das Rückspiel mit 31:30. Und es beim ersten Versuch gleich unter die besten vier Mannschaften in Europa zu schaffen, ist ja auch ein Erfolg.

Weil die Löwen nach jeder großen Niederlage gegen Kiel wieder aufgestanden sind

Blättert man durch die Ergebnisse der Historie der Rhein-Neckar Löwen, dann findet man viele Halbfinalteilnahmen, viele Endspielteilnahmen, viele fast gewonnene Titel. Gereicht hat es am Ende aber oftmals nicht für den großen Wurf. Und ziemlich oft stand den Löwen dabei der gleiche Verein im Weg, machte ihre Titelträume zunichte: der THW Kiel. Wie ein Schreckgespenst.

- Saison 2006/07, Finale um den DHB-Pokal, die Löwen verlieren 31:33.
- Saison 2007/08, Halbfinale im DHB-Pokal, die Löwen verlieren 34:38.
- Saison 2008/09, Halbfinale der Champions League, die Löwen scheiden aus (23:37, 31:30) und scheitern kurz darauf auch im Halbfinale des DHB-Pokals an den Kielern (35:36).
- Saison 2009/10, Viertelfinale der Champions League, den Löwen fehlen zwei Tore zum Weiterkommen (28:29, 30:31).
- Saison 2013/14, die Löwen schlagen am sechstletzten Spieltag der Bundesligasaison zu Hause den THW mit 29:26, verpassen am Ende aber die Meisterschaft gegenüber Kiel bei Punktgleichheit wegen des um zwei Treffern schlechteren Torverhältnisses.
- Saison 2014/15, die Löwen verpassen den deutschen Meistertitel erneut knapp. Diesmal hat Kiel die 34 Spieltage über zwei Zähler mehr gesammelt.
- Saison 2016/17. Die Löwen führen im Achtelfinal-Hinspiel der Champions League in Kiel 19:13, gewinnen am Ende aber »nur« 25:24. Auch im Rückspiel liegen sie fast die gesamte Spieldauer über vorne. Am Ende aber gewinnt der THW 26:24 und kommt eine Runde weiter.

Man kann an Niederlagen verzweifeln, kaputtgehen, den Glauben an sich und seine Stärke verlieren. Die Löwen haben viele große Niederlagen gegen den THW Kiel kassiert. Manche waren bitter, manche waren sehr bitter, die um zwei Treffer verpasste Meisterschaft war so bitter, dass es schwer ist, diese Niederlage in Worte zu kleiden – noch heute. Aber die Löwen sind immer wieder aufgestanden, auch wenn ihnen das irgendwann der eine oder andere nicht mehr zugetraut hat. Vor allem nach jenem so knapp verpassten Meistertitel. Doch zwei Jahre später waren sie es dann, die die nationale Meisterschaft feiern konnten – sechs Zähler vor dem THW Kiel, der trotz eines deutlichen 31:20-Heimsieges gegen die Löwen kurz vor Weihnachten diese nicht mehr aufhalten konnte. Und auf das bittere Champions-League-Aus in der Saison 2016/17 folgte die Fokussierung auf die Liga – und der erneute Titelgewinn. Gefeiert wurde dieser dank eines 28:19-Erfolgs am drittletzten Spieltag – über den THW Kiel.

88. GRUND

Weil wir erst knapp an Göppingen scheitern müssen, um uns im Folgejahr zu revanchieren und den Titel zu gewinnen

Im Frühjahr 2012 war für die Rhein-Neckar Löwen in der Bundesliga als Tabellenfünfter mit 16 Zählern Rückstand auf den Spitzenreiter (und späteren Titelträger) THW Kiel die Meisterschaft schon lange außer Reichweite – und auch im DHB-Pokal war nach der bitteren 32:33-Niederlage nach Verlängerung im Achtelfinale gegen den HSV Hamburg schon früh Schluss. Ihre großen Hoffnungen setzten die Badener daher auf den europäischen Wettbewerb, den EHF-Pokal. Dort waren die Löwen dabei, weil sie in der Champions-League-Qualifikation gescheitert waren, im Finale des Qualifikationsturniers gegen KS Kielce, mit 30:32 nach Verlängerung. Die Gelbhemden marschierten dann recht souverän durch den EHF-Pokal. Nach dem Abschluss des Viertelfinales hatten sie jedenfalls noch keine Partie im laufenden Wettbewerb verloren. Und auch im Halbfinale gegen Frisch Auf Göppingen waren die Löwen der Favorit. Die Schwaben gingen zwar als Pokal-Titelverteidiger in das baden-württembergische Derby, die Löwen aber standen in der Bundesligatabelle vor den Göppingern und hatten auch zuvor die beiden direkten Duelle in Deutschlands höchster Spielklasse gewonnen – unter anderem mit 30:29 im Bundesliga-Auswärtsspiel bei Frisch Auf etwa einen Monat vor den beiden EHF-Pokal-Partien[92].

Und auch im Hinspiel im europäischen Wettbewerb in der heimischen SAP-Arena siegten die Löwen, wenn auch nur knapp mit 33:32. Trotzdem blickten die Badener dem Rückspiel rund eine Woche später optimistisch entgegen. Der Finaleinzug war jedenfalls weiterhin fest eingeplant. »Es ist erst Halbzeit. Wir fahren nach Göppingen und wollen dort gewinnen«, sagte etwa Kreisläufer Bjarte Myrhol nach dem Hinspiel.

Doch dann kam alles ganz anders. Der zuletzt angeschlagene Uwe Gensheimer war zwar wieder dabei, dafür fehlten allerdings die verletzten Patrick Groetzki und Børge Lund. Und auch irgendwie zu Beginn der Begegnung der unbedingte Wille, das Finale erreichen zu wollen. Die furios aufspielenden Göppinger führten jedenfalls nach 18 Spielminuten mit 13:5. Die Löwen kämpften sich zwar wieder heran, hatten den Rückstand zwischenzeitlich bis auf einen Treffer verkürzt. Doch in der Schlussphase konnten sich die Göppinger wieder etwas absetzen. Und als dann Gensheimer zwei Chancen ausließ, lagen die Gastgeber fünf Minuten vor dem Ende der Begegnung plötzlich mit 30:25 in Führung. Das reichte, die Schwaben zogen durch den 33:29-Erfolg in das EHF-Pokal-Finale ein und verteidigten ihren Titel schließlich durch einen Endspiel-Erfolg gegen den französischen Vertreter Dunkerque HB.

Ein Jahr später sollten die Löwen dann das Halbfinale gegen Frisch Auf Göppingen für sich entscheiden und anschließend den ersten Titel der Vereinsgeschichte holen. Doch das ist eine andere Geschichte.

Weil wir aufstehen können, nachdem wir hingefallen sind

Selten in den vergangenen Jahren war die Stimmung rund um die Rhein-Neckar Löwen so schlecht wie in den Tagen Ende März, Anfang April 2017. Dabei herrschte super Wetter, eine Art Vorfrühling mit eigentlich viel zu milden Temperaturen für diese Jahreszeit. Also eigentlich beste Voraussetzungen, um gut drauf zu sein, um mit der Sonne um die Wette zu lächeln.

Auch bei den Löwen sah es Mitte/Ende März noch gut aus. In der Bundesliga hatte man als Zweiter noch Chancen im Meisterschaftsrennen, denn die SG Flensburg-Handewitt hatte nur einen Zähler mehr auf dem Konto. Im DHB-Pokal ging es am zweiten April-Wochenende beim Final-Four-Turnier in Hamburg darum, endlich den Fluch zu beenden, den Pokal nicht gewinnen zu können. Im Lager der Löwen war man vor der zehnten Teilnahme optimistisch, wenn es im Halbfinale auch wieder gegen die SG Flensburg-Handewitt ging, an der man in den Vorjahren stets gescheitert war. Und in der Champions League hätte man zwar einen einfacheren Achtelfinal-Gegner als den THW Kiel haben können, wenn man an den letzten Vorrundenspieltagen eine bessere Ausgangsposition nicht leichtfertig verspielt hätte. Doch spätestens nach dem 25:24-Erfolg im Hinspiel am 22. März war man sich sicher, dass der Sprung in die Runde der letzten acht Teams, der ein Duell gegen den großen FC Barcelona beschert hätte, zu realisieren sein sollte.

Doch dann kam alles ganz anders – und die Löwen durchlitten eine der brutalsten Phasen der Vereinsgeschichte, in der sie innerhalb von zehn Tagen die Titelchance in zwei Wettbewerben verspielten und nur mit viel Mühe und ein wenig Glück verhinderten, auch noch die dritte Titelchance durch eine Heimniederlage wegzuwerfen.

Dass ein 1-Tor-Vorsprung aus dem Hinspiel gegen eine Mannschaft wie den THW Kiel kein Ruhepolster ist, war den Löwen klar – zu frisch waren da noch die Erinnerungen an die Vorsaison, als man ebenfalls im Achtelfinale der Königsklasse das Hinspiel in Zagreb mit 24:23 gewann und nach einer 29:31-Heimniederlage noch ausschied. Dass die Löwen gegen Kiel aber bis in die Schlussphase hinein ein gutes Spiel ablieferten, dann allerdings zu viele Fehler im Angriffsspiel machten und nach einer 24:26-Niederlage denkbar knapp ausschieden, war schon bitter für die Badener.

Ähnlich bitter und deprimierend verlief dann zehn Tage später das Halbfinale im Final-Four-Turnier um den DHB-Pokal in Hamburg. Hier hielten die Löwen gegen Flensburg rund 40 Minuten mit, um dann in der Schlussphase einzubrechen und von den Norddeutschen völlig demontiert zu werden – 23:33. Innerhalb von nur zehn Tagen waren so zwei mögliche Titelchancen den Löwen aus den Krallen geglitten. Und zwischen diesen beiden brutalen Niederlagen verspielten die Gelbhemden beinahe noch die Chance in der Meisterschaft. Im Heimspiel gegen den SC DHfK Leipzig war den Badenern die Enttäuschung und die Müdigkeit aus dem Königsklassen-Rückspiel gegen Kiel 48 Stunden zuvor noch anzumerken. Lange Zeit gelang nicht viel, unter anderem ließen die Löwen fünf Siebenmeter aus, lagen nach 40 Minuten mit 15:18 hinten.

Eine Niederlage hätte drei Punkte Rückstand auf Flensburg-Handewitt bedeutet und wäre einer Vorentscheidung im Kampf um die Meisterschaft gleichgekommen. Doch die Löwen zeigten Biss und Leidenschaft, getragen von einer großartigen Kulisse, die merkte, dass die Mannschaft die Zuschauer brauchte. In der Schlussphase wechselte die Führung ständig. Drei Minuten vor dem Ende sah es noch so aus, als würde Leipzig gewinnen – doch dann folgte der finale Endspurt der Löwen, Andy Schmid warf in den Schlusssekunden den viel umjubelten 24:23-Siegtreffer.

Was in den Tagen auf diese schwierige Phase folgte, war die Reaktion eines wahren Spitzenteams. Nur vier Tage nach der Pokal-Klatsche gegen Flensburg folgte ein 34:20-Erfolg gegen den Altmeister VfL Gummersbach, bei dem die Löwen wie ausgewechselt agierten. Waren sie in den vorherigen Partien teilweise schwerfällig über das Parkett getapst, spielten sie nun locker und leichtfüßig. Vier Tage später folgte ein 28:24-Derbyerfolg in Göppingen. Das Ergebnis klingt dabei knapper, als es war: Die Löwen führten 19:9 zur Halbzeit und 26:18 nach 50 Spielminuten. Und da Flensburg-Handewitt einen Tag später in Berlin verlor, waren die Löwen plötzlich Bundesliga-Spitzenreiter mit einem Zähler Vorsprung.

Es hatte sich also gelohnt, den Kopf nach den zwei bitteren Niederlagen und den verpassten Titelchancen nicht in den Sand zu stecken, sondern aus den Pleiten die Motivation zu ziehen, in der Meisterschaft alles zu geben. Um am Saisonende (beziehungsweise schon kurz davor) dann den Titel feiern zu können.

 90. GRUND

Weil die Abwehrspezialisten auch Spektakel können

Wenn man in den vergangenen Jahren Handball-Experten fragte, wer denn die beste Abwehr der deutschen Bundesliga stellt, dann waren sich diese Experten meistens einig. Denn für die meisten von ihnen stellen die Rhein-Neckar Löwen seit einigen Jahren die beste Abwehr der höchsten deutschen Spielklasse. Eine Abwehr, die es oftmals schafft, ihrem Gegner nicht mehr (oder nur etwa) 20 Gegentore zu gewähren. Das zu erreichen, ist in jedem Spiel das erklärte Ziel der Badener. Denn wer seinem Gegner nur 20 Gegentore (oder weniger) gestattet, der kann sich ziemlich sicher sein, dass er die Partie am Ende auch gewinnen wird. Denn die Zeiten, in denen Handballspiele regelmäßig 17:15 ausgingen, sind ja schon seit längerer Zeit vorbei.

Das Ganze lässt sich auch durch Zahlen belegen: In der Saison 2015/16 kassierten die Löwen mit 704 Gegentreffern[93] in den 32 Bundesliga-Begegnungen deutlich die wenigsten aller Bundesligateams – im Durchschnitt sind das übrigens genau 22 Gegentreffer pro Partie. Ein Spitzenwert. Und auch in der Spielzeit 2016/17 stellten die Löwen mit 840 Gegentreffern[94] gemeinsam mit Flensburg (837) die Top-Abwehrreihe der Liga.

Doch die Rhein-Neckar Löwen, die Abwehrspezialisten, können nicht nur möglichst gut Tore des Gegners verhindern. Die Rhein-Neckar Löwen können auch richtig gut Spektakel im Angriff. Am effektivsten im Angriff mag bei den Gelbhemden immer noch der Tempogegenstoß nach Ballgewinnen in der Abwehr sein. Einfache, schnelle Tore also, erzielt ohne großen Offensiv-Aufwand, wenn der Außenspieler schon weit über die Mittellinie gelaufen ist, bis der Gegner überhaupt merkt, dass er selbst nicht mehr im Angriff ist. Spieler wie Uwe Gensheimer, Guðjón Valur Sigurðsson oder Patrick Groetzki waren und sind bei den Gelbhemden Experten auf diesem Gebiet. Fünf bis zehn Löwen-Tore per Tempogegenstoß in einer Partie sind keine Seltenheit bei den Badenern.

Doch wenn die Angriffsmaschine der Löwen mal richtig ins Rollen kommt, dann können die Gelbhemden weit mehr, als nur einfache Tore per schnellem Gegenangriff erzielen. Das hängt natürlich vor allem mit Andy Schmid zusammen. Ist der Spielmacher der Löwen in Form, ist er kaum zu stoppen. Dann erzielt er schon mal zehn Treffer und mehr pro Partie und setzt dazu seine beiden Nebenleute im Rückraum und auch den Spieler am Kreis so gut in Szene, dass diese eigentlich gar nicht anders können, als Tor um Tor zu erzielen.

Und in solchen Fällen brennen die Löwen dann schon auch mal ein Offensiv-Feuerwerk ab, bieten den Zuschauern ein Handball-Spektakel und nehmen den Gegner nach allen Regel der Handballkunst auseinander. Der 36:19-Erfolg über den ThSV Eisenach oder das 33:19 gegen den TBV Lemgo in der Saison 2015/16 sind sicherlich solche Spiele, die dem Zuschauer im Gedächtnis bleiben. Oder das 34:21 in der Saison zuvor gegen die Füchse Berlin. Noch in Jahr(zehnt)en erinnern werden sich die Löwen-Fans natürlich auch an den 38:31-Heimsieg im Viertelfinal-Hinspiel der Champions League gegen den FC Barcelona in der Saison 2013/14. Und an den Zeitraum von Mitte Februar bis Ende März 2014[95], als die Badener in zwölf Partien 410 Treffer erzielten. Das macht im Schnitt fast 35 Tore pro Partie. In dieser Phase befanden sich Andy Schmid und seine Mitspieler über Wochen im Offensivrausch.

91. GRUND

Weil wir auch aufsteigen können

Verglichen mit vielen Traditionsclubs haben die Rhein-Neckar Löwen eine eher kurze Bundesliga-Geschichte, auf die sie zurückblicken können. Der THW Kiel und der VfL Gummersbach etwa sind (als einzige Clubs) seit Beginn der eingleisigen Bundesliga im Jahr 1977 dabei – zuvor hatte es seit der Spielzeit 1966/67 eine zweigleisige Bundesliga mit einer Nord- und einer Südstaffel gegeben.

Verglichen mit einigen Traditionsclubs haben die Rhein-Neckar Löwen aber auch bewiesen, dass sie aufsteigen können. Zweimal sogar. Denn sie, beziehungsweise der Vorgängerverein SG Kronau/Östringen, mussten sich zu Beginn des Jahrtausends ja von der 2. Liga in die 1. Liga hieven. Das gelang der SG Kronau/Östringen in der Saison 2002/03 und nach dem postwendenden Abstieg in der

Spielzeit 2004/05 dann gleich noch einmal. Und davor war ja auch noch der Aufstieg aus der Regionalliga in die 2. Liga nötig gewesen.

Es waren spannende und ereignisreiche Jahre Anfang des Jahrtausends – in ganz anderer Art und Weise als heutzutage, da die Löwen ja längst zu den Topteams in Deutschland zählen und um Titel spielen. In der Saison 2001/02 verpasste der TSV Baden Östringen ganz knapp in der Relegation die Aufstiegsspiele zur 1. Liga. Anschließend kam es zum Zusammenschluss mit der TSG Kronau, die damals als HSG Kronau/Schönborn in Liga 2 spielte. Durch die Fusion entstand dann die SG Kronau/Östringen. Und die marschierte im Folgejahr recht souverän durch die 2. Liga, gab nur acht Punkte ab und stieg so am Saisonende mit deutlichem Vorsprung als Tabellenführer in die Bundesliga auf. Bereits am drittletzten Spieltag, am 26. April 2003, wurde im Auswärtsspiel in Aue mit einem 32:18-Erfolg der erste Bundesliga-Aufstieg der Vereinsgeschichte perfekt gemacht[96].

Am 29. August 2003 folgte dann die Bundesligapremiere für die Spielgemeinschaft, bei der ein erst 17-jähriger Nachwuchsspieler im Laufe der Saison seine ersten Bundesligaeinsätze bekommen sollte. Sein Name: Uwe Gensheimer. Eintrag in die Geschichtsbücher fand auch der 27. September 2003, als gegen den VfL Pfullingen mit einem überzeugenden 34:25-Erfolg der erste Bundesliga-Sieg gelang. Wie viele Bundesliga-Aufsteiger war die SG zwar durchaus heimstark, auswärts war das Team von Trainer Michael Roth allerdings schwach, sodass es von Beginn an gegen den Abstieg ging. Nicht unbedingt förderlich war da eine zwölf Spiele andauernde Niederlagenserie um die Pause für die Handball-EM im Januar/Februar herum. Doch die SG kämpfte sich aus dem Tief heraus und schaffte am vorletzten Spieltag durch einen 33:29-Heimsieg über Frisch Auf Göppingen den Sprung auf Relegationsplatz 16. Am letzten Spieltag gab es zwar mit einem 20:36 in Kiel die höchste Saison-Niederlage, trotzdem gelang es Kronau/Östringen aufgrund des besseren Torverhältnisses gegenüber Eisenach und Stralsund den direkten Abstieg zu vermeiden und die Relegation zu erreichen. Und die schien nach dem Hinspiel in eigener Halle gegen den Zweitligisten Post SV Schwerin und einem 39:30-Erfolg schon fast gemeistert. Doch dann folgte im Rückspiel einen bittere 29:39-Niederlage, und die SG Kronau/Östringen musste zurück in Liga 2.

Die SG Kronau/Östringen war dann – im Gegensatz zu der vorherigen Zweitligasaison – nicht so dominant, Trainer Frédéric Volle musste nach einer eher enttäuschenden Hinrunde gehen. Rolf Bechtold übernahm das Kommando an der Seitenlinie und führte die Mannschaft dank einer langen Siegesserie noch bis auf Tabellenplatz zwei. Da die beiden bisherigen Erstligisten SG Wallau/Massenheim und TUSEM Essen die Lizenz entzogen bekamen, fand nur eine Relegationspartie der beiden Zweitliga-Zweiten von Nord- und Südstaffel statt, die Begegnung des Siegers gegen den Erstliga-16. entfiel. Die SG Kronau-Östringen gewann nach Halbzeit-Rückstand das Hinspiel gegen Eintracht Hildesheim zu Hause mit 33:29, setzte sich im Rückspiel mit 26:22 durch und kehrte so nach nur einem Jahr in der 2. Liga in die Bundesliga zurück.

92. GRUND

Weil wir in der Bundesliga gleich durchgestartet sind

Okay, nach dem ersten Aufstieg in die Bundesliga war es nicht einfach. Die Rhein-Neckar Löwen, die damals noch SG Kronau/Östringen hießen, fanden sich in ihrer Premiere-Saison 2003/04 in der Eliteklasse sehr schnell am Tabellenende wieder – und es ging vom ersten Spieltag an nur gegen den Abstieg. Vor allem auswärts gelang den Badenern wenig, während es zu Hause noch den einen oder anderen überraschenden Erfolg gab, etwa gegen den VfL Gummersbach (25:23) oder den SC Magdeburg (27:25). Das reichte gerade so – bei Punktgleichheit – für den Relegationsplatz. Doch in der Addition der Ergebnisse der beiden Spiele um den Ligaerhalt unterlag die SG dem Post SV Schwerin knapp – und musste wieder zurück in das Unterhaus.

Nach dem zweiten Aufstieg, in der Saison 2005/06, waren die Löwen, die damals noch Kronau/Östringen hießen, dann allerdings um einiges gefräßiger, was das Sammeln von Punkten anging. Schon der Beginn der Saison verlief vielversprechend, denn die Badener gewannen die ersten drei Begegnungen und standen erst einmal weit oben im Tableau – auf Rang drei als eines von drei Teams mit 6:0 Punkten. Die Gelbhemden hatten diesmal auch einen weitaus besseren Kader als noch zwei Jahre zuvor. Trainer Juri Schewzow brachte von seiner vorherigen Station TUSEM Essen den Aufbauspieler Oleg Velyky mit, der Anfang 2010 einem Krebsleiden erliegen sollte. Zudem schlossen sich Andrej Klimovets und Sławomir Szmal der SG Kronau/Östringen an. Alle drei sollten in den kommenden Jahren ihre Spuren bei den Gelbhemden hinterlassen[97].

Sie hatten also alle einen großen Anteil daran, dass schon nach wenigen Wochen klar war, dass die Spielgemeinschaft diesmal nicht gegen den Abstieg spielen wird. Schon nach 16 (von 34) Spieltagen hatte der Aufsteiger mehr Zähler auf dem Konto als nach der gesamten Saison zwei Jahre zuvor. Bald sprachen die ersten Optimisten sogar schon vom Europapokal. Ganz unrecht hatten sie dabei nicht. Denn der sechste Platz, der zur Teilnahme am EHF-Cup berechtigte, war für die SG nie weiter als ein paar Punkte entfernt – über Teile der Saison nahmen die Badener diesen Rang auch ein.

Am 23. Spieltag, nach einem 33:32-Erfolg gegen den Tabellenvierten SC Magdeburg, schien die SG auf einem guten Weg hinsichtlich der ersten Europapokal-Teilnahme: Platz sechs und zwei Zähler Vorsprung. Dann folgte jedoch rund um das Final-Four-Turnier um den DHB-Pokal eine Negativserie mit nur einem Sieg aus sieben Partien, die Kronau/Östringen bis auf Rang zehn abrutschen ließ. Doch im Endspurt berappelten sich die Gelbhemden wieder, gewannen die letzten vier Saisonpartien – und profitierten davon, dass die HSG Nordhorn/Lingen am letzten Spieltag bei Frisch Auf Göppingen verlor. Die SG Kronau/Östringen konnte so noch an den Norddeutschen vorbeiziehen und die Saison als Sechster abschließen. Die Spielgemeinschaft hatte ihr letztes Saisonspiel gegen den TuS Nettelstedt-Lübbecke mit 36:25 gewonnen – übrigens in der Mannheimer SAP-Arena, in der die Badener seit jener Runde spielen. Das sorgte dafür, dass mehr Zuschauer die Spiele verfolgen konnten, und war dadurch auch finanziell ein Schritt nach vorne.

Einen Schritt nach vorne machten die Gelbhemden in jener Spielzeit auch im DHB-Pokal. Waren sie in dem Pokalwettbewerb bislang stets in der zweiten Runde ausgeschieden, erreichten sie diesmal das Endspiel, nachdem im Halbfinale der große – und damals noch größer erscheinende – THW Kiel mit 33:31 besiegt wurde. Im Endspiel gab es dann eine bittere 25:26-Niederlage gegen den HSV Hamburg. Doch Rang zwei war – zumindest aus damaliger Sicht und ohne das Wissen, dass der Pokalerfolg in den kommenden Jahren noch so oft knapp verpasst werden sollte – durchaus als Erfolg zu sehen. Die SG Kronau/Östringen war in jener Saison also gleich in mehrfacher Hinsicht durchgestartet.

93. GRUND

Weil wir mehr Tradition haben, als manche glauben

Am Anfang sind die Rhein-Neckar Löwen gerne auch mal als kleiner Dorfverein belächelt worden, als sie ihre ersten Gehversuche in der Bundesliga unternahmen. Damals noch als SG Kronau/Östringen, deren erste Saison im Oberhaus 2003/04 mit dem Abstieg endete. Später dann waren viele Menschen neidisch auf die Badener. Das lag daran, dass die Gelbhemden durch den Umzug in die SAP-Arena und die finanziellen Möglichkeiten nach dem Einstieg von Jesper Nielsen mehr Geld als andere Vereine zur Verfügung hatten und sich bessere Spieler leisten konnten. Und auch daran, dass sie – auch wenn sie die selbst gesteckten Ziele oftmals nicht erreichten – schnell zu einem Bundesliga-Spitzenteam wurden. Viele Menschen sahen die Rhein-Neckar Löwen als einen Verein ohne Tradition, der sich mit viel Geld einen teuren Kader leistete. So etwas ruft immer Neider auf den Plan.

Was viele Menschen damals (und zum Teil auch heute noch) einfach übersahen und übersehen: Die Rhein-Neckar Löwen, beziehungsweise die SG Kronau/Östringen und deren Vorgängervereine, haben mehr Tradition, als viele glauben.

Den TV Östringen etwa gibt es schon seit 1900. Seit 1927[98], also seit über 90 Jahren, hat der Verein eine Handball-Abteilung. Die DJK Kronau entstand sogar noch ein Jahr früher. Zum Vergleich: Beim THW Kiel wird auch erst seit 1923 Handball gespielt – also gerade einmal vier beziehungsweise drei Jahre länger als bei den beiden Löwen-Vorgänger-Vereinen.

Die DJK Kronau, die 1935 mit dem SV Viktoria 04 zur TSG fusionierte, feierte bereits in der Anfangszeit erste Erfolge, gewann 1932 den süddeutschen Meistertitel im Feldhandball[99] und schaffte es bis in das Halbfinale um die Deutsche Meisterschaft. In diesem unterlag man, nach dem verletzungsbedingten Ausscheiden des Torhüters, dem späteren Meister DJK Styrum 06 aus Mülheim an der Ruhr mit 6:11.

Die TSG Kronau war in der Premierensaison der Oberliga Baden, damals unter der zweigleisigen Bundesliga die zweithöchste deutsche Spielklasse, in der Runde 1966/67 dabei, stieg aber am Saisonende ab. Sechs Jahre später gelang der Wiederaufstieg. Im Jahr 1978 folgte dann auch der TSV Östringen, im Jahr 1946 aus dem TV und der DJK Östringen entstanden, in die Oberliga. Der TSV schaffte Anfang der 1980er-Jahre sogar den Sprung in die Regionalliga Süd. Nach dem Abstieg zwei Jahre später folgte 1989 der erneute Aufstieg. Dieser gelang 1993 dann auch der TSG Kronau, nachdem diese zwischenzeitlich noch einmal in die Landesliga abgestiegen war. 1995 trennten sich die Wege der beiden Nachbarvereine, deren Spielstätten nur wenige Kilometer voneinander entfernt liegen, dann erneut: Der TSV Östringen schaffte erstmals den Sprung in die 2. Liga, die TSG Kronau hingegen stieg in die Oberliga ab.

Während sich der TSV Östringen in der 2. Liga halten sollte und sich dabei immer mehr zur Zweitliga-Spitzenmannschaft entwickelte, bildete die TSG Kronau ab dem Jahr 1997 eine Spielgemeinschaft mit dem HV Bad Schönborn (HSG Kronau/Schönborn). Dieser gelang 1999 der Sprung in die Regionalliga und im Jahr darauf der Aufstieg in die 2. Liga. Die SG Kronau/Östringen entstand schließlich am 1. Juli 2002 aus der Fusion der TSG Kronau mit dem TSV Baden Östringen. Gleich am Ende der ersten gemeinsamen Saison gelang der Aufstieg in die Bundesliga.

KAPITEL 9

LÖWEN ÜBERALL

KRONAU-ÖSTRINGEN, MANNHEIM UND DIE WEITE WELT

Weil in der sportverrückten Metropolregion Rhein-Neckar noch Platz für eine Handballmannschaft ist

Über zu wenige Auswahlmöglichkeiten, wem man im Sport die Daumen drücken soll, kann sich der Nachwuchs (und auch jeder, der erst später Geschmack daran findet, einen Verein zu unterstützen) in der Metropolregion Rhein-Neckar sicherlich nicht beschweren. Denn wächst man in der Region auf, kann man zum Beispiel den Fußballern von 1899 Hoffenheim die Daumen drücken. Oder aber dem Traditionsverein Waldhof Mannheim. Dazu ist es von Mannheim oder Heidelberg auch nicht weit nach Frankfurt, Darmstadt, Karlsruhe oder Kaiserslautern, wo mit der Eintracht, dem SV 98, dem KSC und dem 1. FCK vier Traditionsclubs mit großer Anhängerschaft und großem Faneinzugsgebiet beheimatet sind. Vor allem im Fußball ist also für reichlich Auswahl gesorgt.

Hinzu kommen noch die Mannschaften in weiteren Sportarten, mit kleiner oder größerer Anhängerschaft. Vor allem die Adler Mannheim sind hier zu nennen. Die Adler sind eine der besten und erfolgreichsten deutschen Eishockeymannschaften, die in den vergangenen Jahren zu ihren Heimspielen im Durchschnitt stets über 11.000 Zuschauer in die Mannheimer SAP-Arena[100] gelockt haben. Da kommt an einem Wochenende schon mal eine ziemlich große Zahl heraus, wenn man zusammenrechnet, wie viele Menschen in und um die Metropolregion Rhein-Neckar herum zu sportlichen Großveranstaltungen pilgern. Zumindest wenn mehrere der erwähnten Mannschaften zu Hause spielen.

Und trotzdem tut es der Region gut, dass es seit nun mehr als über zehn Jahren auch ein Handball-Bundesligateam gibt – nicht nur, um für ein bisschen Abwechslung neben dem alles dominierenden Fußball zu sorgen. Dafür spricht zum einen der Zuschauerzuspruch bei den Heimspielen der Rhein-Neckar Löwen. Der

Schnitt liegt mittlerweile bei über 8.000 Besuchern pro Partie, was Platz zwei in diesem Ranking in der Handball-Bundesliga hinter dem THW Kiel bedeutet[101]. Dafür sprechen zudem die Erfolge der Löwen in den vergangenen Jahren: 2013 EHF-Pokalsieger, 2016 und 2017 Deutscher Meister. Und dafür spricht auch, dass man, gäbe es die Löwen nicht, von Mannheim und Umgebung aus eine ziemlich lange Strecke zurücklegen müsste, um Erstliga-Handball zu sehen. Geografisch der nächstgelegene Verein ist der TBV 1898 Stuttgart (Stand: Anfang 2017) – und bis in die Schwabenmetropole kann man schon mal zwei Stunden von Mannheim aus unterwegs sein. Und was man nicht vergessen sollte: Handballtradition gibt es in der Metropolregion Rhein-Neckar reichlich. Denn die SG Leutershausen, der TV Hochdorf und die TSG Friesenheim können schon auf eine Bundesliga-Zugehörigkeit verweisen, wie beispielsweise auch der TSV Birkenau und der VfL Heppenheim.

95. GRUND

Weil es ein Gegengewicht zu den starken Teams aus Norddeutschland braucht

Es gab mal Zeiten im deutschen Handball, da gab es auch im Süden der Republik Mannschaften, die regelmäßig um den Gewinn des deutschen Meistertitels mitspielten – und diesen auch gewannen. Frisch Auf Göppingen zum Beispiel (in den 50er-, 60er- und 70er-Jahren neun Mal Deutscher Meister). Der TV Großwallstadt (in den 70er-, 80er-Jahren und Anfang der 90er-Jahre sieben Mal Deutscher Meister) zum Beispiel. Und die SG Wallau/Massenheim zum Beispiel (Deutscher Meister 1992 und 1993). Nach dem zweiten Titel der SG Wallau, die nach finanziellen Problemen mittlerweile in der Unterklassigkeit des Handballsports verschwunden ist[102], gab es allerdings fast ein Vierteljahrhundert keine Mannschaft mehr südlich einer gedachten Linie bei Frankfurt quer durch Deutschland, die Deutscher Meister wurde.

Denn seit Anfang/Mitte der 90er-Jahre dominieren vor allem die Teams aus dem hohen Norden die Handball-Bundesliga. Vor allem der THW Kiel, der alleine zwischen 1994 und 2015 17 Mal Deutscher Meister wurde. Hinzu kamen mit je einem Titel die SG Flensburg-Handewitt (2004) und der HSV Hamburg (2011). Und wenn mal nicht ein Team aus dem Norden in diesem Zeitraum Deutscher Meister wurde, dann waren es mit dem SC Magdeburg 2001 und dem TBV Lemgo 1997 und 2003 eben Mannschaften aus dem Osten oder dem Westen Deutschlands, die sich den Titel schnappten. Die Teams aus dem Süden gingen jedenfalls immer leer aus. 22 Spielzeiten lang[103].

Betrachtet man die Abschlusstabellen der Bundesliga-Spielzeiten der vergangenen zehn Jahre, finden sich vor allem der THW Kiel, die SG Flensburg-Handewitt und der HSV Hamburg (bis zu den finanziellen Problemen, die schließlich zur Insolvenz und zum Lizenzentzug führten) auf den Rängen ganz vorne im Klassement der obersten Spielklasse. Aber da ist ja noch eine Mannschaft, die den Nordclubs das Leben im Kampf um die Deutsche Meisterschaft mittlerweile sehr schwer macht: die Rhein-Neckar Löwen, die sich – neben den Füchsen Berlin, die man in diesem Zusammenhang nicht unterschlagen sollte – in den vergangenen rund zehn Jahren zu einem Spitzenteam gemausert haben.

Und das ist gut. Denn auch im südlichen Teil Deutschlands steckt viel Handball-Tradition – neben den oben bereits aufgeführten Vereinen wären da beispielsweise noch der TuS Schutterwald oder die SG Leutershausen (Deutscher Meister 1968) zu nennen. Nur gab es lange Zeit zwar viele Süd-Vereine, die in der Bundesliga spielten, und viel Tradition. Aber die großen Erfolge auf der nationalen Bühne blieben aus. Auch im DHB-Pokal ist der letzte Titelgewinn eines Südvereins lange her, die SG Wallau/Massenheim gewann diesen Wettbewerb 1994 (Stand: Ende 2017)[104].

Daher ist es umso schöner, dass die Löwen mittlerweile zu einem echten Gegengewicht zu den Nordvereinen gereift sind und dafür sorgen, dass ein Großteil der Titel nicht immer nur zwischen Vereinen aufgeteilt wird, die geografisch gesehen ganz in der Nähe liegen. Denn nach der Spielzeit 2015/16 hieß der Deutsche Meister Rhein-Neckar Löwen, Flensburg wurde Zweiter, Kiel Dritter – 23 Jahre nach der letzten Meisterschaft eines Südvereins, der SG Wallau/Massenheim. Und in der Folgesaison schnappten sich die Löwen erneut den Titel vor Flensburg und Kiel.

96. GRUND

Weil die Rhein-Neckar-Region eine große Handballtradition hat

Handball und die Rhein-Neckar-Region, das hat schon immer zusammengepasst. Die Handball-Tradition in dieser Gegend ist groß. Ziemlich groß sogar. Nicht nur, was die Vereine betrifft, sondern auch, was die Erfolge betrifft.

Die SG Leutershausen gewann in der Spielzeit 1967/68[105] den deutschen Meistertitel. Die SGL, die von der Gründung der Bundesliga 1966 an 40 Jahre lang ununterbrochen in der höchsten oder zweithöchsten deutschen Spielklasse aktiv war, setzte sich damals in den beiden Finalspielen gegen den VfL Gummersbach durch. In der Spielzeit darauf standen sich im Finale die gleichen Mannschaften gegenüber, diesmal holte sich jedoch das Team aus dem Oberbergischen den Titel. Schon in der Spielzeit 1965/66 hatte sich der VfL gegen die SGL im Endspiel durchgesetzt. 48 und 49 Jahre nach der SGL gewannen dann jeweils die Rhein-Neckar Löwen den Deutschen Meistertitel.

Und auch im Feldhandball, der Vorgängervariante des Hallenhandballs, waren Teams aus der Rhein-Neckar-Region sehr erfolgreich. Leutershausen gewann 1969 die Deutsche Meisterschaft, nachdem es für das Team von der Bergstraße 1956, 1957 und 1968 jeweils Finalniederlagen gegeben hatte.[106] Die TSG Haßloch gewann 1975[107] den Titel auf dem Feld – die Haßlocher sind damit der letzte Deutsche Feldhandballmeister. Der Titel wurde anschließend nicht mehr ausgespielt.[108] Der TV Hochdorf stand 1970 und 1972 im Endspiel, verlor allerdings jeweils das Finale.[109] Blickt man zeitlich noch weiter zurück, findet man weitere Feldhandballmeister aus der Rhein-Neckar-Region. Den TV Friesenheim Ludwigshafen bei der Deutschen Turnerschaft 1929 und 1930 sowie den TV Hernsheim 1932 und den SV Waldhof Mannheim bei der Deutschen Sportbehörde für Leichtathletik 1933.[110]

Handball hatte in der Rhein-Neckar-Region also schon in den vergangenen 90 Jahren einen hohen Stellenwert. Und die Vereine der Region sind auch derzeit sehr erfolgreich. Aktuell (Stand: Saison 2017/18) gibt es mit den Eulen Ludwigshafen, wie die erste Mannschaft der TSG Friesenheim mittlerweile heißt, immerhin einen weiteren Bundesligisten in der Rhein-Neckar-Region. Das Aushängeschild der Region aus handballerischer Sicht sind natürlich die Rhein-Neckar Löwen. Die Gelbhemden haben in den vergangenen Jahren international mit dem Gewinn des EHF-Cups 2013 und national mit dem Gewinn der Deutschen Meisterschaft 2016 und 2017 für Aufsehen gesorgt.

Nicht zuletzt spielten in der 3. Liga Süd in der Saison 2016/17 mit der SG Nußloch, dem TV Hochdorf, den VTV Mundenheim, dem TV Großsachsen, der SG Kronau-Östringen II (zweite Mannschaft der Rhein-Neckar Löwen), der HG Oftersheim/Schwetzingen und der TSG Haßloch sieben Vereine – unter 16 Mannschaften. In der Spielzeit 2017/18 waren es nach dem Mundenheimer Abstieg noch fünf Teams (SG Nußloch, Rhein-Neckar Löwen II, HG Oftersheim/Schwetzingen, TSG Haßloch, TV Hochdorf) in der Süd-Staffel und zwei (SG Leutershausen und TV Großsachsen) in der Ost-Staffel.

Weil Deutschland ohne uns 2016 nicht Europameister geworden wäre

Es war ein Sportmärchen, ein modernes Sportmärchen im 21. Jahrhundert: Eine junge Handballmannschaft, zum Teil ohne große internationale Erfahrung, machte sich im Januar 2016 zu den Europameisterschaften nach Polen auf. Erwartet hat niemand wirklich viel von den Jungs von Trainer Dagur Sigurðsson. Denn nach dem Weltmeistertitel 2007 im eigenen Land folgte eine recht trostlose Zeit. Negative Höhepunkte waren die verpassten Qualifikationen für die Olympischen Spiele 2012, die Europameisterschaft 2014 und die Weltmeisterschaft 2015 – zur WM durfte die deutsche Nationalmannschaft dank einer fragwürdigen Wildcard immerhin nachrücken und wies dort mit Rang sieben eine aufsteigende Tendenz nach.

So hatte von den »Bad Boys«[111], wie sich die Mannschaft nannte, vor den kontinentalen Titelkämpfen in Polen also niemand besonders viel erwartet. Aber manchmal ist es ja gar nicht schlecht, wenn die anderen Teams den Druck haben und man selbst unbedarft und locker an die Sache herangehen kann. Dass etwa Finn Lemke und Löwenspieler Hendrik Pekeler den wohl besten Innenblock aller EM-Teams bilden, war im Vorfeld nicht unbedingt zu erwarten gewesen. Pekeler war leider der einzige Löwenspieler im deutschen Kader. Nationalmannschaftskapitän Uwe Gensheimer (Muskelfaserriss in der rechten Wade und Reizung der rechten Achillessehne) und Patrick Groetzki (Wadenbeinbruch) fehlten in Polen verletzt. Bitter für die beiden Akteure, bitter auch für die Nationalmannschaft.

Doch es ging dann eigentlich ganz gut los. Gegen Spanien, einen der Topfavoriten auf den Titel, gab es nur eine knappe Niederlage – 29:32, das konnte sich sehen lassen. Dann folgte nach einem

13:17-Halbzeitrückstand eine starke zweite Hälfte gegen Schweden und ein knapper 27:26-Erfolg. Der Einzug in die Hauptrunde war damit sicher – wenn im abschließenden Gruppenspiel gegen Slowenien keine Niederlage folgte. Die folgte auch nicht, Deutschland siegte 25:21 und zog als Gruppenzweiter in die Hauptrunde ein. In diese startete Deutschland mit einem furiosen 29:19-Erfolg gegen Ungarn. Und nach dem 30:29-Sieg gegen Russland war plötzlich klar, dass es im abschließenden Hauptrundenspiel gegen Dänemark um den Einzug in das Halbfinale geht – das war schon mehr, als vor der EM von der deutschen Mannschaft zu erwarten gewesen war[112].

Die Dänen coachte mit Guðmundur Þórður Guðmundsson übrigens ein ehemaliger Löwen-Trainer. Doch auch Guðmundsson hatte nicht das passende Rezept gefunden, um diese deutsche Mannschaft zu bezwingen. Die Sigurðsson-Sieben gewann mit 25:23 – und plötzlich ging es für Deutschland um die Medaillen.

Im Halbfinale folgte dann eine dramatische Partie gegen Norwegen. Nach 51 Minuten lag Deutschland mit zwei Treffern zurück und musste in Unterzahl agieren. Die Entscheidung? Nein, die deutsche Mannschaft kämpfte sich wieder heran, 15 Sekunden vor dem Ende der regulären Spielzeit traf Rune Dahmke von Linksaußen – Verlängerung. In dieser blieb es weiterhin spannend, kein Team konnte sich entscheidend absetzen. Kai Häfner erzielte fünf Sekunden vor dem Ende der Extrazeit den Treffer zum 34:33. Deutschland stand im Finale.

In diesem ging es dann gegen Spanien. Und im Gegensatz zum ersten EM-Spiel waren die Deutschen diesmal deutlich besser als die Iberer[113]. Eine starke Abwehr mit Pekeler, die reihenweise Würfe der Spanier blockte und die Anspiele an den Kreis unterband. Dazu ein überragender Andreas Wolff im Tor – Spanien gelangen in den ersten 44 Spielminuten gerade einmal neun Treffer. Am Ende siegte Deutschland mit 24:17 – und wurde zum zweiten Mal nach 2004 Europameister. Weniger Treffer hatte ein Europameister in einem Finale übrigens noch nie kassiert – auch dank Hendrik Pekeler.

Weil eigentlich alle Weltstars schon mal in Mannheim gespielt haben

Wer Fan der Rhein-Neckar-Löwen ist, ist (beziehungsweise sollte) regelmäßig in der Mannheimer SAP-Arena zu Gast (sein). Und wer regelmäßig in der Mannheim SAP-Arena (oder einer der anderen Heimspielstätten der Löwen in den vergangenen Jahren) zu Gast ist, der hat auch so ziemlich alle Weltstars des vergangenen Jahrzehnts schon einmal live Handball spielen sehen. Zum Beispiel bei der Handball-Weltmeisterschaft 2007, als in Mannheim in der Hauptrunde die Kroaten, Dänen, Spanier, Russen, Ungarn und Tschechen spielten. Und derjenige, der regelmäßig in der Mannheimer SAP-Arena zu Gast ist, hat natürlich auch schon die Weltstars aus den Reihen der Löwen (oder ehemaligen Löwen) wie Uwe Gensheimer, Niklas Landin, Andy Schmid oder Guðjón Valur Sigurðsson spielen gesehen.

Hinzu kommen dann natürlich noch die vielen großen Spieler, die in den vergangenen Jahren (leider) nicht bei den Löwen gespielt haben, aber mit ihrem Verein in der Bundesliga oder in der Champions League Gegner der Löwen waren. Ivano Balić (HSG Wetzlar), Iker Romero (Füchse Berlin), Filip Jícha, Nikola Karabatić oder Stefan Lövgren (alle THW Kiel). Und da die Badener seit der Saison 2008/09 quasi Dauergast in der europäischen Königsklasse sind, gibt es kaum einen Spieler, den man als Weltstar bezeichnet, der noch nicht in Mannheim gespielt hat: Laszlo Nagy, Julen Aguinagalde, Victor Tomás und so weiter.

Wer möglichst viele Weltstars einer Sportart sehen will, der hat es in der Metropolregion Rhein-Neckar also wohl am einfachsten, wenn er sich Spiele der Löwen anschaut.

Weil man nirgends in der Region für so wenig Geld so tollen Sport sehen kann

Die Rhein-Neckar-Region hat für Sportfans ziemlich viel zu bieten. In Hoffenheim wird Erstliga-Fußball geboten, in Mannheim Spitzen-Eishockey. Und dann gibt es im Umkreis der Metropolregion ja noch eine ganze Reihe von Fußball-Traditionsvereinen wie dem Karlsruher SC, dem 1. FC Kaiserslautern, Darmstadt 98, Eintracht Frankfurt oder dem VfB Stuttgart – wenn auch der eine oder andere den eigenen Ansprüchen (und auch den Meriten aus der Vergangenheit) derzeit deutlich hinterherhinkt.

Und neben den Zweitliga-Basketballern des USC Heidelberg oder dem Fußball-Regionalligisten SV Waldhof Mannheim, einem Ex-Bundesligisten mit großer Tradition, gibt es in der Rhein-Neckar-Region eigentlich keine Sportart, die es nicht gibt – und das meistens noch auf dem höchsten Niveau: etwa die Käfertaler Faustballer, die Mannheimer Hockeyspieler vom TSV und vom MHC oder die Turnerinnen der TG Mannheim. Die Liste ließe sich beliebig fortführen.

Und dann sind da ja noch die Handballer der Rhein-Neckar Löwen, die, seit ihrem Umzug – oder besser Einzug – nach Mannheim in die dortige SAP-Arena zu einem Aushängeschild der Stadt und der ganzen Region geworden sind. Spätestens nach ihren großartigen Erfolgen wie dem EHF-Cup-Sieg 2013 und den deutschen Meistertiteln in den Jahren 2016 und 2017.

Und das Tolle ist: Nirgends in der Rhein-Neckar-Region (und dem näheren Umland) kann man für so wenig Geld so viel Spitzensport erleben wie bei den Löwen. Denn will man beispielsweise zum Bundesliga-Fußball nach Hoffenheim, muss man schon mindestens mal zwölf Euro für eine Karte auf den Tisch legen. Und auch in Frankfurt, Darmstadt oder Kaiserslautern ist das Vergnügen,

22 Spieler einem Ball hinterherjagen zu sehen, nicht viel billiger. Und auch bei den Adlern Mannheim muss man immerhin 15 Euro zahlen, um eine Eishockeypartie in der Deutschen Eishockey-Liga (DEL) zu sehen.

Bei den Löwen hingegen kommt man schon ab 7,50 Euro (zum Beispiel das Pokalspiel gegen Leipzig im März 2018) in den Genuss, ein Handballspiel in der Bundesliga zu sehen. Und ein Handballspiel in Mannheim zu sehen, heißt, in der selbst ernannten »besten Liga der Welt« auch immer einige Topstars auflaufen zu sehen. Dafür muss nicht unbedingt der THW Kiel in der SAP-Arena spielen, denn den einen oder anderen Hochkaräter hat fast jede Mannschaft in ihrer Reihe. Und die Löwen haben ja gleich einige davon in ihrem Kader.

Jetzt kann man zwar sagen: Eine Eintrittskarte bei den Eulen Ludwigshafen, der SG Leutershausen oder beim USC Heidelberg ist billiger als bei den Löwen. Allerdings tummeln sich dort auch nicht so viele Weltklassespieler wie im Löwen-Rudel. Und viele Weltklassespieler versprechen in der Regel ja auch tollen Sport – und am Ende mancher Saison auch Erfolge, die es dann zusammen zu feiern gilt.

100. GRUND

Weil Mannheim ansonsten weniger zu feiern hätte

Es sind derzeit erfolgreiche Jahre für Mannheim. Zumindest für den Mannheimer Sport. Denn nicht jede Stadt dieser Größe – in Mannheim leben etwas mehr als 300.000 Einwohner – hat in den vergangenen Jahren so viele deutsche Meistertitel in Sportarten geholt, die jetzt nicht unbedingt als Rand-Rand-Randsportarten gelten.

Denn überlegt man, was in Deutschland die bekanntesten und damit meistbeachteten Mannschaftssportarten sind, dann kommen hinter Fußball wohl Handball, Basketball und Eishockey (diese Reihenfolge ist keine Wertung). Und wenn nun innerhalb von drei Jahren Vereine aus einer Stadt drei dieser zwölf Titel gewinnen, dann ist das schon eine beachtliche Leistung. Denn der Meister im Fußball 2015, 2016 und 2017 lautete jeweils Bayern München[114], die Meister im Handball THW Kiel und zweimal Rhein-Neckar Löwen[115], der Meister im Basketball jeweils Brose Baskets Bamberg[116] und die Meister im Eishockey Adler Mannheim und zweimal EHC Red Bull München[117]. Vergibt man jetzt für jeden Titel einen Punkt an die Stadt, aus der der Meister kommt, bekäme München fünf Zähler, Bamberg und Mannheim erhielten jeweils drei Punkte. In dieser fiktiven Tabelle nur knapp hinter der Weltstadt München, das klingt für Mannheim nicht schlecht.

Da jetzt die Mannheimer Meistertitel auch noch auf die Jahre 2015, 2016 und 2017 verteilt sind, kann man sagen: Die sportbegeisterten Menschen in Mannheim hatten 2015, 2016 und 2017 ziemlich viel zu feiern. 2015 die Meisterschaft der Adler, die sich die Mannschaft in Ingolstadt sicherte. Fast 11.000 Fans waren beim Public Viewing in der SAP-Arena dabei, über 2000 Anhänger empfingen die Mannschaft nachts gegen 3 Uhr nach ihrer Rückkehr in der Arena. Rund ein Jahr später fieberten dann über 5000 Fans beim Public Viewing im Mannheimer Friedrichspark, der ehemaligen Heimspielstätte der Adler, mit, als die Rhein-Neckar Löwen sich durch einen Erfolg beim TuS Nettelstedt-Lübbecke erstmals die Deutsche Meisterschaft sicherten, und empfingen am Abend die Mannschaft. Bei beiden Titelgewinnen war die Meisterparty nach einem ersten Empfang für die Mannschaft natürlich noch nicht vorbei – und Mannheim bewies, dass es Deutsche Meister gebührend feiern kann. So auch 2017, als die Löwen den Titel mit einem Sieg zu Hause gegen den THW Kiel sicherten – und die Fans die Nacht zum Tag machten.

Hinzu kommt noch ein Titel, der allerdings nicht wirklich etwas wert ist. Der SV Waldhof Mannheim feierte in der Saison 2015/16 den Titel des Meisters der Fußball-Regionalliga Südwest. Anschließend scheiterten die Waldhöfer, einst als Bundesligist (1993 bis 1990) der Stolz der Stadt, in den Aufstiegsspielen zur 3. Liga jedoch an den Sportfreunden Lotte.

101. GRUND

Weil wir einen Olympiasieger haben

Wenn Löwen-Trainer Nikolaj Jacobsen seiner Mannschaft während der Saison mal ein paar Tage am Stück freigibt, dann nutzt Mads Mensah Larsen dies meistens für einen Kurztrip in seine Heimat Dänemark. Ist ja nicht besonders weit. Schnell zum Flughafen, einmal kurz abheben, wieder landen – und schon ist man da.

Dänemark ist für Mads Mensah Larsen aber nicht nur wichtig, weil es seine Heimat ist, sondern auch handballerisch. Denn Larsen gehört auch der dänischen Nationalmannschaft an. Und so war es möglich, dass der Sommer 2016 auch der Sommer von Mads Mensah Larsen war.

Innerhalb von 87 Tagen gewann er gleich drei Titel: Erst wurde er mit den Rhein-Neckar Löwen Deutscher Meister, dann mit Dänemark Olympiasieger, und zu guter Letzt holte er mit den Löwen auch noch den deutschen Supercup.

Der Sohn eines Ghanaers und einer Dänin war im Sommer 2014 zu den Badenern gekommen, also ein paar Wochen nach der bei Punktgleichheit um zwei Tore gegenüber dem THW Kiel verpassten Deutschen Meisterschaft. »Ich will dazu beitragen, dass die Mannschaft der Rhein-Neckar Löwen in der Zukunft noch besser wird«, sagt Larsen zu Beginn seiner Zeit. Besser geworden sind die Löwen seitdem auf jeden Fall. Im ersten Jahr bei den Gelbhemden klappte es zwar noch nicht mit dem nationalen Titel für Larsen und die Löwen. Im zweiten Jahr, in der Spielzeit 2015/16, dann aber schon.

Und anschließend ging es für Larsen ab Richtung Olympia. In der Vorrunde überzeugten die Dänen nicht wirklich, verloren zwei von fünf Begegnungen (gegen Kroatien und Frankreich). Doch in der K.-o.-Runde waren die Nordeuropäer nicht mehr zu stoppen. Einem 37:30-Erfolg gegen Slowenien mit drei Larsen-Treffern im Viertelfinale folgte ein 29:28-Sieg nach Verlängerung gegen Polen im Halbfinale. Und im Finale stand dann das Wiedersehen mit Frankreich an, gegen das es in der Vorrunde eine 30:33-Niederlage gegeben hatte. Diesmal jedoch legten die Dänen in einem über weite Strecken ausgeglichenen Spiel meistens vor und schafften es, sich in der letzten Viertelstunde abzusetzen – scheinbar schon vorentscheidend (25:20/49.). Doch die Franzosen kämpfen sich wieder heran, hatten beim 25:26 drei Minuten vor dem Ende der Partie den Anschluss wiederhergestellt. Die Begegnung drohte zu kippen, den Dänen der Olympiasieg zu entgleiten. Doch dann war es auch Mads Mensah Larsen, der die Dänen zum Erfolg warf. Der Löwen-Spieler erzielte nämlich den Treffer zum 28:25 in der Schlussminute – das war die endgültige Entscheidung zugunsten der Nordeuropäer, die schließlich mit 28:26 gewannen[118].

Larsen begann seine Karriere bei Holbæk Håndbold. Über mehrere Stationen in Dänemark kam er zu AG Kopenhagen. Mit dem Verein gewann er 2012 die dänische Meisterschaft und erreichte das Final-Four-Turnier der Champions League. Nach der Insolvenz von AG Kopenhagen wechselt er zu Aalborg Håndbold und damit zu Trainer Nikolaj Jacobsen. 2013 wurde er erneut dänischer Meister. 2014 kam er dann zusammen mit Jacobsen zu den Rhein-Neckar Löwen. Larsen war damals auch eine Investition in die Zukunft, vor allem, weil er nicht nur im linken Rückraum, sondern auch auf der Position des Mittelmanns spielen konnte und mit gerade einmal Anfang 20 noch großes Entwicklungspotenzial offenbarte. »Natürlich ist es niemals ein einfacher Schritt, wenn man ins Ausland geht«, sagt der zu diesem Zeitpunkt 22-Jährige. »Aber die Länder, die Kulturen, die Mentalitäten sind ja nicht so unterschiedlich, ich bin nicht so weit von zu Hause weg.« Denn er kann ja immer mal schnell heimfliegen.

102. GRUND

Weil wir dank der Löwen Europa kennenlernen durften

Nach ihrem zweiten Aufstieg in die Bundesliga im Jahr 2005 haben die Löwen dank des auf den letzten Drücker erreichten sechsten Platzes im Abschlussklassement in der Spielzeit 2005/06 gleich in ihrer zweiten Bundesliga-Saison das erste Mal an einem europäischen Wettbewerb teilnehmen dürfen.

Das ist nun (Stand: Saison 2017/18) schon mehr als ein Jahrzehnt her – und seitdem sind die Badener keine einzige Saison nicht in einem europäischen Vereinswettbewerb gestartet. Zwölf internationale Teilnahmen in Folge sind es bis zur Saison 2017/18 für die Löwen gewesen, davon acht in der Champions League, einer im mittlerweile abgeschafften Europapokal der Pokalsieger und drei im EHF-Pokal beziehungsweise EHF-Europa-Pokal. Mit dem bisherigen internationalen Höhepunkt im Frühjahr 2013, als die Löwen den Cup durch einen 26:24-Endspielsieg beim Final-Four-Turnier in Nantes gegen das Gastgeber-Team gewannen – Uwe Gensheimer trumpfte bei seinem Comeback nach langer Verletzungspause groß auf und sicherte seinem Herzensklub so den ersten Titel der Vereinsgeschichte.

Das internationale Debüt für die Rhein-Neckar Löwen erfolgte am 1. November 2006, zu Gast bei dem internationalen Debütanten war damals SPE Strovolos, ein Verein aus Zypern, der gegen die Löwen keine Chance hatte. Die Gelbhemden führten sich mit einem 42:19-Erfolg auf der europäischen Handball-Landkarte ein. Zehn Tage später folgte im Rückspiel der dritten Runde dann die

Auswärtsreise nach Zypern, die erste europäische in der Geschichte der Löwen. Das Weiterkommen war natürlich nur noch Formsache, das 22:22 nebensächlich[119].

Während die erste Europapokal-Saison für die Löwen eher erfolglos verlief – im auf die dritte Runde folgenden Achtelfinale war gegen den Bundesliga-Konkurrenten SC Magdeburg Endstation (26:39, 38:34) –, kann man das für die Geschichte der Löwen auf internationaler Bühne nicht sagen. Denn mittlerweile haben die Badener schon eine dreistellige Anzahl an Europapokal-Partien absolviert, Halbfinals und Finals erreicht und jenen weiter oben schon erwähnten Titel gewonnen.

Doch neben großen Siegen und schmerzhaften Niederlagen haben die Fans der Löwen noch etwas erfahren: Sie haben Europa kennengelernt. Beziehungsweise sie haben Städte und Vereine in Europa kennengelernt, die sie ohne die Löwen-Spiele gegen diese Vereine vermutlich nicht kennengelernt hätten – sei es jetzt durch Auswärtsfahrten oder einfach nur durch das Aufschnappen des Namens.

Höhepunkte auf der nun seit über einem Jahrzehnt andauernden Löwen-Tournee durch Europa waren, misst man dies an der Güte der Gegner, sicherlich die Partien gegen den FC Barcelona – vor allem die Heimspiele. Aber es gab eben auch Vereine wie den oben bereits erwähnte Verein SPE Strovolos als Gegner der Löwen. Wo Strovolos liegt, gehört jetzt nicht unbedingt zur Allgemeinbildung. Ähnliches gilt für IF Guif Eskilstuna aus Schweden (Gegner im Achtelfinale des EHF-Pokals 2011/12), RK Gorenje Velenje aus Slowenien (Gegner im Viertelfinale des EHF-Pokals 2011/12) oder HC Motor-ZNTU-ZAS Saporischja aus der Ukraine (Gegner in der EHF-Pokal-Gruppenphase 2012/13 und der Champions-League-Gruppenphase in der Saison darauf).

Weil wir mal ein Dorfverein waren

Anhänger eines großen Vereins zu sein hat den Vorteil, dass man oftmals auch Erfolge, große Erfolge, feiern kann. Titel auf nationaler Ebene und Teilnahmen an internationalen Wettbewerben – die im besten Fall ebenfalls Titel mit sich bringen – sind möglich. Und manchmal sogar an der Tagesordnung. Dazu hat der große Verein internationale Stars im Kader, Gegner mit großen Namen (und Spielern mit großen Namen) kommen zu Pflichtspielen vorbei. Diese Spiele finden dann in einer großen Halle oder Arena vor vielen (oder sogar sehr vielen) Zuschauern statt, die Stimmung ist gut. Das lässt das Herz eines Fans im Regelfall höherschlagen. Der eine oder andere Handball-Fan in Deutschland ist in der Situation, genau das alles durchgängig erlebt zu haben, seit er im Kindesalter angefangen hat, sich für die Sportart und für seinen Lieblingsverein zu interessieren.

Ein kleiner Verein hingegen schafft es eher selten in höhere Spielklassen. Okay, sicherlich gibt es Ausnahmen. Es kommt ja sportartenübergreifend immer mal wieder vor, dass es ein sogenannter Dorfverein in die höchste Spielklasse geschafft hat – oder sogar noch mehr erreicht hat. Aber generell muss man sich als Spieler – und auch als Fan – eines kleineren Vereins eher schon damit zufrieden geben, im besten Fall mal Meister der Verbands-, Ober- oder, das ist dann aber schon das höchste der Gefühle, der Regionalliga zu werden. Oder einen Pokalsieg auf regionaler Ebene zu feiern. Oder den Sprung von der Kreisebene auf die Verbandsebene geschafft zu haben.

Jetzt könnte man natürlich eine einfache Rechnung aufmachen. Eine einfache Rechnung mit dem Ergebnis, bei großen Vereinen ist alles toll. Und bei klein(er)en Vereinen – auch die Vorgängervereine der Rhein-Neckar Löwen, der TSV Baden Östringen und die TSG

Kronau, die 2002 zur SG Kronau/Östringen fusionierten, zählten ja mal zu diesen – ist alles weniger toll. Das wäre allerdings eine Rechnung, die schlichtweg nicht ganz richtig wäre.

In großen Vereinen kann es zum Beispiel schnell mal vorkommen, dass es unpersönlich zugeht, dass die Leute, die das Sagen haben, nicht mal alle ihre Mitarbeiter kennen. Oder nur vom Hörensagen kennen und nach Jahren der »Zusammenarbeit« noch nicht einmal erkennen würden. In großen Vereinen kann es zum Beispiel vorkommen, dass Leute das Sagen haben, denen es nicht unbedingt um das Wohl des Vereins, sondern um ihre eigene Reputation, ihre eigene Karriere geht. Und in großen Vereinen kann es zum Beispiel vorkommen, dass die Interessen der Anhänger nicht so wirklich berücksichtigt werden. Das sind dann alles Sachen, die Fans, denen der Verein sehr am Herzen liegt, schmerzen.

In kleinen Vereinen ist – im Regelfall – alles persönlich. Jeder kennt jeden. Die Spieler kennen die treusten Fans, alle sind per Du, es gibt viel ehrenamtliches Engagement, der Verein steht im Mittelpunkt (oder sollte es zumindest). Stichwort zweite Familie. Das kriegt man oft zu hören, wenn es um die Arbeit in kleinen Vereinen geht.

So gesehen kann man sagen: Es ist toll, welche Entwicklung die Rhein-Neckar Löwen seit Beginn dieses Jahrtausends genommen haben. Es ist aber auch toll, dass sie, beziehungsweise die Vorgängerclubs, zuvor ein kleiner(er) Verein waren, sodass die Menschen, die die Gelbhemden schon seit vielen Jahren oder gar Jahrzehnten begleiten, beide Seiten und somit die Vorteile beider Seiten kennenlernen durften.

KAPITEL 10

DAS LÖWEN-HERZ

Weil wir in Andy Schmid den besten Feldspieler-Torwart der Liga haben

Es gibt ziemlich viele Spiele mit den Rhein-Neckar Löwen, an die sich Andy Schmid auch noch in einigen Jahren erinnern wird. Spiele, die er aufgrund von Treffern in der Schlusssekunde entschied. Spiele, bei denen er eine zweistellige Anzahl an Treffern zum Erfolg beisteuerte. Spiele, bei denen er als Mittelmann glänzend Regie führte und seine Mitspieler immer wieder in gute Wurfpositionen brachte. Auch dieses eine Spiel bei der SG Flensburg-Handewitt am 2. Dezember 2015 wird Andy Schmid in bester Erinnerung behalten. Allerdings nicht (oder nicht nur) wegen des entscheidenden Treffers, einer Vielzahl an Toren oder einer klasse Leistung als Regisseur. Dieses Spiel wird Andy Schmid vor allem wegen seiner im entscheidenden Moment schnell ausgefahrenen linken Hand in der 13. Spielminute in Erinnerung behalten.

Jenem Gastspiel der Löwen in Flensburg fieberte Handball-Deutschland seit Wochen entgegen: Der Spitzenreiter Rhein-Neckar Löwen gastiert beim Tabellendritten SG Flensburg-Handewitt. Es war eine vorentscheidende Partie im Kampf um die Meisterschaft. Die Badener erwischten dabei einen klasse Start und setzten sich Tor um Tor ab. 9:5 führten die Gelbhemden. Das war schon mehr als ein Ausrufezeichen. Und dann folgte jene 13. Spielminute, die im Nachhinein die wohl entscheidende in der Partie sein sollte. Die Löwen mussten nach einer 2-Minuten-Strafe in Unterzahl agieren, brachten dafür im Angriff für den Torwart einen sechsten Feldspieler. Alexander Petersson verlor den Ball allerdings. Flensburgs Lasse Svan, einer der besten Spieler der Bundesliga für solche Gegenstoß-Situationen, machte sich alleine auf in Richtung des Gehäuses der Gäste. Das Tor war verwaist, Löwen-Schlussmann Mikael Appelgren saß wegen der Einwechslung des sechsten Feldspielers ja auf der Bank. Doch Andy Schmid gelang es, rechtzeitig zurückzueilen und sich zwischen den Torpfosten zu positionieren. Die Regel besagte damals – anders als heute –, dass dies der Spieler mit dem roten Leibchen darf.

Svan also stürmt auf das Löwen-Tor zu, der »Aushilfstorwart« Schmid ihm entgegen, Svan setzt zum Wurf an, Schmid fährt Arme und Beine wie ein Hampelmann aus, dreht aber den Kopf weg. »Ich hatte Angst«, wird er später sagen. Doch mit dem linken Arm erwischt er den Ball, der über das Tor fliegt. Entsetzen in den Gesichtern der Flensburger, ein Grinsen bei Schmid, Jubel bei seinen Mitspielern. Und ein lustiger Kommentar von Schmid hinterher: »Ich habe meinen linken dünnen Arm ausgefahren, dahin hat er geworfen.«

Die »Monsterparade«[120], wie die Aktion von Schmid später betitelt wurde, verhinderte eine Flensburger Aufholjagd, stattdessen setzten sich die Löwen bis zur Pause auf 18:10 ab. Am Ende gelang den Badenern ein souveräner 32:25-Auswärtserfolg. Es war einer der wichtigsten Siege auf dem Weg zum Gewinn der Deutschen Meisterschaft, was den Löwen am Saisonende erstmalig gelang – übrigens mit einem Zähler Vorsprung vor der SG Flensburg-Handewitt.

Die Sache mit dem siebten Feldspieler im Angriff (oder dem sechsten bei eigener Unterzahl) war lange ein taktischer Kniff, den in der Bundesliga vor allem Balingens Trainer Rolf Bracke nutzte. Ende der Saison 2014/15 wendeten dieses Angriffsmittel dann allerdings immer mehr Mannschaften an. Auch Löwen-Trainer Nikolaj Jacobsen probierte diese Variante in der einen oder anderen Partie, die schon entschieden war, aus. Unter anderem im Bundesliga-Heimspiel gegen Balingen-Weilstetten am 33. Spieltag (36:25). Das klappte auch gut. Bis auf eine Situation in der 56. Spielminute, als die Löwen im Angriff den Ball verloren, Balingen schnell einen Gegenangriff initiierte und die Einwechslung von Schlussmann Bastian Rutschmann nicht mehr gelang. Seinen Platz als

»Torwart« nahm stattdessen Andy Schmid ein. Unter lauten »Andy-Schmid«-Rufen der Fans wehrte der Schweizer den Wurf der Balinger auch ab. Doch seine Meisterprüfung als Torwart sollte dann rund sechs Monate später in Flensburg folgen …

Mittlerweile gibt es die Regel mit dem roten Leibchen übrigens nicht mehr. Der Torwart darf zwar für einen weiteren Feldspieler ausgewechselt werden, jedoch darf kein Feldspieler mehr ins Tor.

105. GRUND

Weil Kim Ekdahl du Rietz sich seinen Traum erfüllen konnte

Normalerweise erzählen Berufssportler immer, wie toll sie ihr Leben als Berufssportler finden. Der eine oder andere findet es gar so toll, dass er seine Karriere am liebsten ins Unendliche verlängern würde. Der Absprung ist nicht immer leicht. Im Vergleich zu einem »normalen« Job mag vielen Menschen der Leistungssport wie ein Schlaraffenland vorkommen. Vielleicht zwei Stunden Training, also Arbeit, am Tag. Der Rest ist im Regelfall frei, dazu – je nach Sportart – eine fürstliche oder zumindest (ganz) gute Entlohnung. Zumindest die besseren Akteure einer Sportart können, auch außerhalb des Fußballs, für die Zeit nach ihrer Karriere etwas zurücklegen und vorsorgen.

Da ist es vielleicht auch nur allzu verständlich – und menschlich – wenn man nicht unbedingt im Alter von 23 Jahren seine Karriere beenden will, um anschließend einer 39-Stunden-Woche im Büro nachzugehen. In einem Job, der auch nicht 20 oder 30 Dienstreisen im Jahr beinhaltet. Die eine oder andere Auswärtsfahrt von Sportlern mag zwar auch mal stressig sein. Aber vermutlich gibt es genug Menschen der arbeitenden Bevölkerung in Deutschland, die nur zu gerne in solchen Momenten tauschen würden. Menschen, die vom Sport leben können, Spitzensportler sind, werden in der Regel für ihren Job beneidet.

Da ist es umso ungewöhnlicher, wenn es Sportler gibt, die durchklingen lassen, dass es ihnen gar nicht so viel bedeutet, Spitzensportler zu sein. So wie Kim Ekdahl du Rietz, von 2012 bis 2017 bei den Rhein-Neckar Löwen unter Vertrag. Der Schwede war nie der typische Sportler, der in ein vorgepresstes Muster passte. Er las gerne, lernte fremde Sprachen, studierte nebenbei Psychologie – und wenn er mit seinem Fahrrad in seinem damaligen Wohnort Heidelberg unterwegs war, hätte man ihn durchaus für einen der in der Neckarstadt so zahlreichen Studenten halten können. Und du Rietz ließ auch immer mal wieder in Interviews anklingen, dass er zwar gerne Handballer auf diesem Niveau ist, ihm das Handballer-Sein aber jetzt nicht soooooooooo viel bedeutet wie den meisten seiner Kollegen.

Deshalb kam es vielleicht nicht ganz überraschend, dass Ekdahl du Rietz Ende des Jahres 2016 ankündigte, dass er seine Karriere gerne im Sommer 2017 beenden möchte. Trotz eines für einen Handballer noch recht jungen Alters von 27 Jahren. Trotz eines noch bis Sommer 2018 gültigen Vertrages bei den Löwen. Und obwohl er auf seiner Position im linken Rückraum noch zu den besten Spielern in der Bundesliga zählte (und für viele auch über die Bundesliga hinaus).

Kim Ekdahl du Rietz' Schritt hat damals Verwunderung ausgelöst, er musste sich in vielen Gesprächen und Interviews erklären. Er sagte zum Beispiel: »Auch wenn es komisch klingt: Handball war nie mein großes Interesse.«[121] Oder: »Ich weiß, dass mit meinem Beruf viele Privilegien verbunden sind. Aber man sollte seinen Beruf lieben. Das ist bei mir nicht mehr der Fall. Handball-Profi ist für mich kein Traumberuf mehr. Ich will aber das machen, was mir Freude bereitet. Deswegen suche ich jetzt nach etwas Neuem, was mich erfüllt.«[122]

Die Löwen hätten auf die Erfüllung von du Rietz' Vertrag pochen können. Denn der Abgang des Schweden war ein herber Verlust für die Badener, ihn adäquat zu ersetzen schwer. Aber die Verantwortlichen bei den Gelbhemden merkten schnell, dass sie keinen Erfolg haben, du Rietz und sich keinen Gefallen tun würden. Also zeigten sie sich menschlich, ließen du Rietz gehen, sodass dieser sich seinen Traum erfüllen konnte. Was immer für den Schweden auch folgen sollte. Denn da wollte er sich erst einmal nicht festlegen. Nur eines war sicher, er wollte Deutschland verlassen, um eine neue Sprache zu lernen. Ein paar Tage nach dem letzten Saisonspiel im Juni 2017 verließ er jedenfalls seine Wohnung in Heidelberg und startete in ein neues Leben. Zum Abschied flossen beim Schweden Tränen. Er ging als Deutscher Meister in eine für ihn spannende Zukunft.

Anfang März 2018 kehrte du Rietz für drei Monate zu den Löwen zurück. Sein nur ruhender Vertrag, der offiziell bis Sommer 2018 lief, wurde wiederaufgenommen. Die Löwen hatten zuvor schon mehrfach angefragt. Nach dem längerfristigen verletzungsbedingten Ausfall von Gedeón Guardiola sagt du Rietz zu.

106. GRUND

Weil wir bei Karol Bieleckis Comeback dabei waren

Im Juni 2010 schien die Handballkarriere von Karol Bielecki von einer auf die nächste Sekunde vorbei zu sein. Bei einem Testländerspiel mit der polnischen Nationalmannschaft verletzte sich der Rückraumspieler am Auge. Die Verletzung hatte ihm der Kroate Josip Valčić bei einer Abwehraktion zugefügt. Unabsichtlich zugefügt. Es folgte eine sofortige Operation, später noch eine weitere. Doch die Sehkraft auf dem linken Auge bei Bielecki war verloren. Der damals 28-Jährige dachte trotzdem nicht an ein Karriereende. Er dachte daran, schnellstmöglich auf das Parkett zurückzukehren. »Ich möchte anderen Menschen, die auch Probleme mit den Augen haben, zeigen, dass es geht«, sagte er damals[123].

Bielecki also arbeitete für sein Comeback. Anfangs mit einem Softball. Erst lernte er den Ball zu fangen, dann mit diesem zu laufen, schließlich ihn zu werfen. Bald schon konnte er wieder mit der Mannschaft der Rhein-Neckar Löwen, für die er von 2007 bis 2012 spielte, trainieren. »Ich muss einfach mehr Kopfbewegungen machen und mehr denken«, sagt der 2,02-Meter-Mann damals und fügte an: »Ich möchte genauso spielen wie vorher, und ich möchte eine noch bessere Leistung bringen als in der vergangenen Saison.«

Am 22. Juli 2010, also knapp einen Monat nach dem verhängnisvollen Zwischenfall, feierte er beim Freundschaftsspiel der Rhein-Neckar Löwen gegen den TSB Horkheim ein emotionales Comeback. Bielecki agierte mit einer Spezialbrille. Diese Schutzbrille sollte er von nun an in jeder Partie tragen, und sie sollte auch ein bisschen zu seinem Markenzeichen werden.

Sein richtiges Comeback in einem Pflichtspiel folgte dann am 31. August 2010. Es war der zweite Spieltag der neuen Bundesliga-Saison, Frisch Auf Göppingen war in der Mannheimer SAP-Arena zu Gast. Drei Tage zuvor, beim Auftritt der Löwen bei HBW Balingen-Weilstetten (die Badener siegten 31:30), war Bielecki noch wegen der dort zu erwartenden sehr aggressiv agierenden Deckung der Gastgeber geschont worden. Gegen Göppingen absolvierte er dann sein vielleicht bestes Spiel im Löwen-Trikot. Elf Treffer steuerte Bielecki zum 28:26-Erfolg der Badener bei[124]. Als es seine Mannschaftskollegen in der Schlussphase nicht fertigbrachten, den erlösenden 3-Tore-Vorsprung herauszuwerfen, machte Bielecki das eben selbst. Der Pole erzielte die Treffer zum 27:24 und anschließend auch zum 28:25. Und er ließ viele, die an jenem Abend in der SAP-Arena waren, mit einem schon fast ungläubigen Staunen zurück. Die Fans feierten Bielecki mit »Karol, Karol«-Sprechchören. Der polnische Rückraumspieler war aufgrund seiner Leistung und des Zuspruchs der Zuschauer sichtlich gerührt. Er kämpfte mit den Tränen, als er die Halle verließ. Das Spiel und das Comeback Bieleckis waren sicherlich einer der bisher emotionalsten Momente in der Geschichte der Rhein-Neckar Löwen.

Viele haben ihm damals nicht zugetraut, in die Bundesliga, auf die internationale Bühne zurückzukehren. Bielecki aber wollte von Beginn an kein Mitleid, er wollte nur das tun, was er am liebsten macht: Handball spielen. Und das macht der Pole noch immer beeindruckend gut. 2012 verließ er die Löwen und wechselte zu KS Vive Kielce. Mit dem Verein, bei dem er auch schon vor seinem Abstecher nach Deutschland (SC Magdeburg, Rhein-Neckar Löwen) gespielt hatte, gewann er neben einigen nationalen Titeln in der Saison 2015/16 die Champions League.

107. GRUND

Weil sich bei uns Träume erfüllen

Als Roko Peribonio im Mannheimer Stadtteil Seckenheim wohnte und noch nicht bei den Rhein-Neckar Löwen spielte, lag es nahe, beim Joggen die Laufrunde so zu gestalten, dass diese an der SAP-Arena vorbeiführte. Das hat er damals auch oftmals so gemacht. Während der Laufeinheiten hat der Torhüter dabei immer wieder seine Blicke zur Heimspielstätte der Löwen schweifen lassen, sich vorgestellt, wie es wäre, dort zu spielen. Aber es waren eher die Träumereien eines Nachwuchs-Handballers als wirklich realistische Gedankenspiele. Denn vorstellen, dass es einmal für einen Wechsel zu den Löwen reichen würde, das konnte sich Roko Peribonio eigentlich nie.

Bis zu einem Tag im Sommer 2013. Dem Tag, als plötzlich aus Träumereien Realität wurde, als die Anfrage der Löwen kam, ob der damals von Leutershausen zum TVG Großsachsen gewechselte Peribonio nicht dritter Torwart werden möchte. »Ich war damals sehr, sehr aufgeregt«, gesteht der Kroate. Es waren überhaupt sehr aufregende Wochen für ihn. Zuerst hatte er einen Vertrag bei der TSG Haßloch unterschrieben. Der galt allerdings nur für die 3. Liga. Da die Pfälzer den angepeilten Aufstieg nicht schafften, war das Arbeitspapier nichtig. Daraufhin unterschrieb er in Großsachsen. Am Ende dieser aufregenden Wochen konnte er sogar sagen: »Es hätte für mich nicht besser kommen können.« So richtig gemerkt, dass er bei den Löwen gelandet ist, hat Peribonio eigentlich erst bei einer Sponsorenveranstaltung. »Da wollten die Menschen plötzlich Autogramme von mir«, erzählte er damals.

Roko Peribonio hat es als dritter Torhüter erwartungsgemäß nicht leicht gehabt. Acht Mal stand er in der Bundesliga auf dem Parkett – zumeist nur für ein paar Minuten. Einmal im DHB-Pokal gegen Nordhorn – er überzeugte. Dazu zwei Mal in der Champions League. Und nicht nur ihm wird wohl das Spiel in der Königsklasse in Zagreb für immer in Erinnerung bleiben. Dazu muss man wissen: Peribonio wurde in Spanien geboren, ist aber Kroate. Sein Vater Tonci, Olympiasieger und Champions-League-Gewinner, spielte damals dort. Nach einem kurzen Abstecher nach Kroatien ist Peribonio zwar größtenteils in Deutschland aufgewachsen, der Kontakt nach Kroatien ist aber nie abgerissen. Durch die Weltmeisterschaft 2007 und den bekannten Namen seines Vaters kam dann der Kontakt zum kroatischen Verband zustande, sodass er die kroatischen Jugendnationalmannschaften durchlief.

Und ausgerechnet in Kroatien, in Zagreb – sein Vater hatte mit RK 1993 den Europapokal der Landesmeister gewonnen – machte Peribonio ein super Spiel, vielleicht das beste seiner Karriere, rettete den Löwen mit mehreren Paraden in der Schlussphase den Sieg (28:24). Schon in der Partie der Hinrunde gegen Zagreb hatte Peribonio, der in der B-Jugend zusammen mit Patrick Groetzki bei der SG Pforzheim-Eutingen spielte, in der Schlussphase mitwirken dürfen – und bei seinem Königsklassen-Debüt mit vier Paraden überzeugt.

2015 schloss sich Peribonio der TSG Friesenheim, die mittlerweile unter dem Namen Eulen Ludwigshafen spielt, an.

Weil wir uns mit Myrhol freuten

Bjarte Myrhol wollten diesen Treffer unbedingt. Immer wieder bot er sich in diesen letzten Sekunden des Bundesligaspiels Rhein-Neckar Löwen gegen die TSG Friesenheim (37:21) an, immer wieder forderte er den Ball. Dann bekam er ihn von Mads Mensah Larsen, drehte sich, wurde gefoult. Siebenmeter für die Löwen, zwölf Sekunden vor Schluss. Zwölf Sekunden vor Schluss des letzten Heimspiels von Bjarte Myrhol bei den Löwen. Die Halle skandierte den Namen des Norwegers, Trainer Nikolaj Jacobsen beorderte Stefan Sigurmannsson, der schon zum Siebenmeterpunkt laufen wollte, zurück. Bjarte Myrhol schnappte sich den Ball, trat zum Siebenmeter an – und traf. Es war, an jenem 3. Juni 2015, sein letztes von vielen, vielen Toren in der SAP-Arena für die Rhein-Neckar Löwen.

Der Norweger, für den der Applaus schon vor dem Spiel besonders laut war, ging nach sechs Jahren bei den Badenern zu Skjern Håndbold nach Dänemark, um näher an seiner Heimat zu sein. Myrhol wurde nach der Partie lange von den Fans mit Sprechchören gefeiert. »Du warst immer ein Vorbild, ein besonderer Spieler für uns. Auf und neben dem Spielfeld«, sagte der damalige Löwen-Geschäftsführer Lars Lamadé. Myrhol war zudem der erste Löwenspieler, dessen Trikot von da an bei Heimspielen der Löwen unter dem Hallendach der SAP-Arena hängt. Im Beisein eines sichtlich gerührten Spielers, der über die Aktion im Vorfeld nicht eingeweiht worden war, wurde dies vollzogen, die Fans feierten ihr Idol als »Handballgott«. »Wenn ich mein Trikot da oben hängen sehe, weiß ich nicht, ob diese Trennung schön ist«, sagte Myrhol und fügte an: »Das war eine Riesenüberraschung. Und eigentlich möchte ich gerne noch eine Zahl hinzufügen, vielleicht komme ich irgendwann ja noch einmal als Ersatzspieler wieder.«

Myrhol hat sechs Jahre für die Löwen gespielt. Er hat mit ihnen in dieser Zeit den EHF-Pokal gewonnen, die ersten Meisterschaften feierten die Badener allerdings erst später. Myrhol war immer einer, der alles gegeben hat, den die Fans liebten, der sich hier wohlfühlte. Und dann wäre da ja noch diese eine Geschichte …

Rund drei Minuten sind an diesem Samstag Ende Oktober 2011 in der Mannheimer SAP-Arena in der Bundesliga-Begegnung zwischen den Rhein-Neckar Löwen und Frisch Auf Göppingen noch zu spielen. Bjarte Myrhol steht zum Wechsel bereit, kommt auf das Spielfeld gelaufen. Die Zuschauer in der Halle stehen auf und applaudieren. Es ist einer der emotionalsten Augenblicke der Saison, wohl auch in der Heimspielgeschichte der Rhein-Neckar Löwen. Denn Bjarte Myrhol feiert sein Comeback nach einer Krebserkrankung. »Als ich die Halle betreten habe, war das ein sehr emotionaler Moment«, sagte der damals 29-Jährige, der schon beim Aufwärmen von den Fans begeistert empfangen worden war.

Im August, rund zweieinhalb Monate zuvor, war bei dem Norweger Hodenkrebs diagnostiziert worden. Er hatte Schmerzen, ließ sich untersuchen, die Ärzte fanden einen Tumor mit einem Durchmesser von 2,5 Zentimetern. Drei Tage später folgte bereits eine Operation. Es schloss sich bald die Chemotherapie für Myrhol an. In zwei Zyklen. Er zweifelte nicht daran, wieder gesund zu werden. Trotzdem war es eine harte Zeit für ihn. Hoffnungen, wie zum Beispiel während der Therapiephase weiterhin Sport zu treiben, musste er bald fallen lassen. Er nahm rund zehn Kilogramm zu. Aber er schaffte es, den Krebs zu besiegen[125].

Und er glaubte in dieser für ihn schwierigen Zeit immer an ein Comeback auf dem Handball-Parkett. Und verblüffte alle. Seine Rückkehr war eigentlich für den Januar des kommenden Jahres vorgesehen. Doch Myrhol fing eigentlich sofort nach dem Behandlungsende an, an seiner Rückkehr zu arbeiten. Erst ging er für sich joggen, Anfang Oktober begann er wieder mit leichtem Training. Zwei Tage vor dem Spiel gegen Frisch Auf Göppingen stand Myrhol beim damaligen Löwen-Manager Thorsten Storm im Büro und eröffnete diesem[126], von nun an wieder spielen zu wollen. Das tat er dann auch. Und sagte nach seinem Comeback gegen Göppingen: »Ich habe eine harte Zeit hinter mir. Aber die ist Vergangenheit, ich schaue einfach nur noch nach vorne.«

109. GRUND

Weil wir ein »Rugby«-Team besiegten und so erster EHF-Cupsieger wurden

Ein Spitzenteam, das waren die Rhein-Neckar Löwen ziemlich schnell nach ihrem zweiten Bundesliga-Aufstieg im Frühjahr 2005. Allerdings ein Spitzenteam ohne Titel. Und das sollte auch noch einige Jahre so bleiben. Denn in der Meisterschaft waren die Badener meistens schon nach dem Ende der Hinrunde so weit abgeschlagen, dass ein Titelgewinn nicht einmal für die kühnsten Optimisten noch ein Traum war. Im DHB-Pokal war es ja eh immer das gleiche Dilemma: Die Löwen waren gut dabei, den Titel gewannen allerdings andere. Und in der Champions League reichte es zwar bei den ersten drei Teilnahmen zweimal zum Einzug in das Halbfinale – aber eben nicht zu mehr.

Dann aber folgte die Saison 2012/13. Und in dieser sollte es den Löwen endlich gelingen, einen Titel zu gewinnen. Den ersten Titel. Wenn auch der EHF-Pokal nicht unbedingt der bedeutendste Titel im Handballsport ist – und im Ranking deutlich hinter den mittlerweile gewonnenen deutschen Meistertiteln steht.

Da die Löwen die Saison 2011/12 nur als Fünfter in der Bundesliga abgeschlossen hatten, mussten sie international – wie schon in der Vorsaison – mit dem EHF-Pokal-Wettbewerb vorliebnehmen. Doch die Nordbadener, im Vorjahr im Halbfinale knapp am Bundesliga-Konkurrenten Frisch Auf Göppingen gescheitert, nahmen die Herausforderung schnell an – und zeigten, dass sie erneut vorhatten, in diesem Wettbewerb weit zu kommen – auch wenn der Start nicht gerade toll verlief. Die Löwen hatten in den ersten beiden Runden ein Freilos gehabt und stiegen in Runde drei gegen den griechischen Vertreter Diomidis Argous ein. Die Gelbhemden gewannen das Hinspiel zwar mit 37:17 so deutlich, dass das Weiterkommen eigentlich schon nach dieser Partie sicher war, verloren allerdings Uwe Gensheimer. Der Kapitän verletzte sich an der linken Achillessehne – und sollte erst beim Final-Four-Turnier rund ein halbes Jahr später wieder zur Verfügung stehen.

Aber auch ohne ihren Anführer lief es im EHF-Pokal für die Badener. Das Rückspiel gegen Diomidis Argous war eine reine Pflichtaufgabe für die Gelbhemden (27:27), sodass die Löwen die Gruppenphase erreichten. Diese schlossen sie mit fünf Siegen aus sechs Spielen ab, lediglich bei KIF Kolding gab es eine knappe Niederlage (23:25). Im Viertelfinale wartete dann der SC Magdeburg im Duell zweier Bundesligisten – die Löwen verloren das Hinspiel zwar knapp mit 28:31, zeigten aber vor allem in der zweiten Hälfte des Rückspiels eine klasse Leistung und erreichten nach dem 27:20-Erfolg gegen den SCM das Final-Four-Turnier in Nantes[127].

Dort ließen die Löwen beim Gensheimer-Comeback in der Neuauflage des Halbfinals der Vorsaison Frisch Auf Göppingen diesmal keine Chance und zogen durch einen 28:22-Sieg in das Endspiel am Folgetag ein. Dort wartete dann der Final-Four-Gastgeber HBC Nantes. Die Franzosen spielten sehr hart. Die Stimmung auf den Rängen war aggressiv, 5000 Fans peitschten ihre Mannschaft nach vorne. Andy Schmid, Löwen-Spielmacher, sagte hinterher in einem Interview: »In den ersten 20 Minuten spielten sie mehr Rugby als Handball. Die Grenze wurde mehrfach überschritten. Es gab Schläge ohne Ende und Provokationen. Aber wir steckten alles weg und hielten dagegen. Das ist auch ein Zeichen unserer Klasse.«[128]

Es war ein enges Spiel, in dem Gensheimer überragte und zehn Treffer warf. Die Löwen setzten sich letztendlich knapp durch, siegten mit 26:24. Sie waren somit das erste Team, das den EHF-Cup, der einigen Neuerungen unterworfen worden war, gewannen. Vor der Saison 2012/13 war der Cup mit dem Europapokal der Pokalsieger zusammengelegt worden. Zuvor waren alle Runden – inklusive des Finals – in Hin- und Rückspiel ausgetragen worden. In dem neuen Format folgt nach Runde drei eine Gruppenphase, dann ein Viertelfinale mit Hin- und Rückspiel und für die besten vier Teams ein Final-Four-Turnier, bei dem der Titel ausgespielt wird.

110. GRUND

Weil Marius Steinhauser als Kameramann berühmt wurde

Als die Rhein-Neckar Löwen ihren ersten großen Erfolg feierten, den Gewinn des EHF-Pokals 2013, konnte Marius Steinhauser nicht mitwirken. Er hatte wenige Wochen zuvor einen Kreuzbandriss erlitten. Aber Steinhauser war beim Final-Four-Turnier in Nantes natürlich dabei, er hatte ja auch im Saisonverlauf seinen Anteil gehabt, dass die Löwen in dem internationalen Wettbewerb so weit kamen. Und Steinhauser war nicht einfach nur dabei, um mit seinen Kollegen mitzufiebern (und schließlich den Erfolg mitzufeiern). Er war auch dabei, um das Ganze mit einer Videokamera festzuhalten, die sich so als sogenannte Steini-Cam einen Namen machte.

Steinhauser filmte nicht nur in Nantes, sondern auch danach noch das eine oder andere Mal – was auch daran lag, dass es mit seinem Comeback etwas dauerte. Das Comeback erfolgte dann an dem Tag, der einer der brutalsten für die Spieler der Rhein-Neckar Löwen war. Es war der Tag nach dem so knapp verpassten Meistertitel der Saison 2013/14. Der Tag, an dem Oliver Roggisch sein Abschiedsspiel machte. Eine lang geplante Veranstaltung, die mit ein bisschen mehr Glück eine Riesenparty geworden wäre. So war sie für die Löwen-Spieler eher ein Ereignis, bei dem sie gute Miene zum bösen Spiel machen mussten. Zumindest für die Löwen-Spieler, die nicht Marius Steinhauser hießen. Denn der Rechtsaußen sagt über diesen Tag: »Das war ein sehr emotionaler Moment für mich. Da ist der Ballast von 15 harten Monaten von mir abgefallen.«

Marius Steinhauser hat in jenem Oliver-Roggisch-Abschieds-spiel sein Comeback gefeiert. Er kam nach rund 45 Spielminuten aufs Feld, 13.000 Zuschauer in der SAP-Arena klatschten, Sekunden später warf der damals 21-Jährige sein erstes Tor. Sein erstes Tor in einem Spiel seit rund eineinviertel Jahren. So lange ging die Leidensgeschichte des gebürtigen Karlsruhers. Am 16. März 2013, als die EHF-Cup-Partie gegen Tatran Prešov schon fast zu Ende war, verletzte sich Steinhauser am Kreuzband. Rund vier Monate später, zur Vorbereitung auf die neue Runde, war er wieder fit, wollte er wieder angreifen. Doch das klappte nicht. Denn im August zog er sich erneut einen Kreuzbandriss zu.

Vor allem den zweiten Kreuzbandriss bezeichnet Steinhauser als »Schlag ins Gesicht«: »Da habe ich mich schon gefragt, was ich verbrochen habe.« Während seine Mannschaftskollegen in eine starke Runde starteten, musste Steinhauser erneut die Reha absolvieren. »Das war sehr schwer. Man zählt dazu, fühlt mit, kann aber nicht helfen«, sagt Steinhauser. Er, dem es viel bedeutet, bei der Mannschaft zu sein, musste erneut alleine schwitzen, ackern und schuften, für das Ziel, wieder auf dem Parkett der SAP-Arena zu stehen. Er ließ sich Zeit. Viel Zeit, wusste, er durfte nichts überstürzen. Doch einfach war es nicht. Im Gegenteil. »Es war eine sehr, sehr schwere Zeit«, sagt Steinhauser und fügt an: »Es gab Momente, in denen ich gezweifelt habe.«

Als er wieder fit war, als die Momente des Zweifelns vorbei waren, sagte Steinhauser: »Man kann das fast nicht in Worte fassen. Ich habe so lange gekämpft. Es ist wie im Traum, wieder dabei zu sein.« Während seiner Leidenszeit verlängerten die Löwen den Vertrag mit Steinhauser, der 2012 aus der A-Jugend der HG Oftersheim/

Schwetzingen kam, bis 2016. Steinhauser, diesem lebenslustigen, positiv denkenden jungen Mann, gelang es, den ganzen Ballast der vergangenen Monate, die Ängste und Sorgen abzuschütteln. So gewann er noch zwei Titel mit den Löwen, die deutsche Meisterschaft 2015/16 und 2016/17 – und war bei zwei Feiern unverletzt dabei. Im Sommer 2017 verließ der Rechtsaußen dann nach fünf Jahren die Löwen und ging zur SG Flensburg-Handewitt.

111. GRUND

Weil 110 Gründe schlichtweg nicht reichen

Schließlich sind die Rhein-Neckar Löwen für ihre Fans der geilste Handballverein der Welt.

Quellen

1 www.kicker.de/news/fussball/bundesliga/
   startseite/677871/2/slideshow_15-jahre-
   vizekusen---wie-leverkusen-dreimal-
   zweiter-wurde.html

2 www.sport.de/handball/co524/hbl-re-
   legation/ma2487122/rhein-neckar-loe-
   wen_eintracht-hildesheim/uebersicht/

3 www.fcbayern.com/de/club/erfolge/alle-
   titel

4 https://de.wikipedia.org/wiki/FC_Barcelo-
   na_(Handball)

5 www.thw-handball.de/thw-kiel/historie/
   geschichte

6 www.handball-world.news/o.red.r/news-1-
   1-1-60942.html

7 www.rhein-neckar-loewen.de/news/
   loewen-news/detail/6374

8 Die Rheinpfalz, 6. Juni 2016, Seite 9

9 www.thw-handball.de/team/kader/
   kader-2016-2017

10 www.kicker.de/news/fussball/bundesliga/
   startseite/677871/2/slideshow_15-jahre-
   vizekusen---wie-leverkusen-dreimal-
   zweiter-wurde.html

11 www.rp-online.de/sport/fussball/bayer-04/
   bayers-pokalspiel-weckt-erinnerung-an-
   fast-abstieg-aid-1.4028150

12 www.dfb.de/bundesliga/statistik/bisherige-
   meister/

13 www.kicker.de/news/fussball/bundesliga/
   spieltag/1-bundesliga/2012-13/spieltag.
   html

14 www.welt.de/sport/handball/artic-
   le106410281/Der-THW-Kiel-feiert-einen-
   Rekord-fuer-die-Ewigkeit.html

15 https://de.wikipedia.org/wiki/DHB-
   Supercup

16 Rheinpfalz, 7. Juni 2016, Seite 9

17 www.spiegel.de/einestages/200-jahre-fahr-
   rad-karl-drais-und-seine-erfindung-fu-
   er-milliarden-a-1120282.html

18 www.skygo.sky.de/video-clips/sport/
   handball/ekberg---viele-emotionen-
   und-eine-geile-stimmung-/clip/
   sportsection/49964.html

19 www.bundesligainfo.de/Archiv/HBL/
   ET.php

20 www.rnz.de/sport/rheinneckarloewen_
   artikel,-vier-spiele-in-sechs-tagen-rhein-
   neckar-loewen-trotzen-der-handball-
   belastung-_arid,307487.html

21 Rheinpfalz, 18. November 2017, Seite 11

22 Rheinpfalz, 25. August 2017, Seite 9

23 Die Rheinpfalz, 11. Mai 2014, Seite 14

24 www.morgenweb.de/mannheimer-
   morgen_artikel,-rhein-neckar-loewen-
   mit-rekord-zurueck-an-die-spitze-_
   arid,787074.html

25 www.sport1.de/handball/dkb-hand-
   ball-bundesliga/2017/03/dkb-hbl-sg-flens-
   burg-handewitt-schreibt-gegen-minden-
   geschichte

26 https://de.wikipedia.org/wiki/Rhein-
   Neckar_L%C3%B6wen

27 www.ka-news.de/sport/karlsruhe/
   TSV-OEstringen-Unnoetige-Niederla-
   ge;art112,20415

28 www.rhein-neckar-loewen.de/ueber-uns/
   historie/saison-2003-2004/

29 Handballwoche, Nummer 31 2017

30 www.spiegel.de/sport/sonst/spiel-
   zwischen-mt-melsungen-und-loewen-
   wird-wiederholt-a-1068733.html

31 http://archiv.thw-handball.de/
   thw/90dhbpok.htm

32 www.thw-handball.de/de/news/
   dhb-pokal/2013/3032-niederlage-
   gegen-die-loewen-pokal-final-
   four-ohne-thw/

33 www.sueddeutsche.de/sport/welthand-
   baller-henning-fritz-der-unglaubliche-
   1.925524

34 www.facebook.com/rnloewen/
    posts/10153939212720679?comment_
    tracking=%7B%22tn%22%3A%22O%
    22%7D

35 www.rnz.de/nachrichten/metropolregion_
    artikel,-Metropolregion-10-Jahre-SAP-
    Arena-Ohne-diese-Halle-gaebe-es-vieles-
    nicht-_arid,124175.html

36 www.rhein-neckar-loewen.de/news/
    loewen-news/detail/5374

37 http://digitale-sport-medien.com/
    wp-content/uploads/2016/10/
    DSM_2016_10de.pdf

38 www.welt.de/regionales/stuttgart/
    article123420328/Vom-Achilles-Patienten-
    zum-strahlenden-Weltstar.html

39 www.tagesanzeiger.ch/sport/handball/
    Ich-war-muehsam-Es-war-schwierig/
    story/21276060

40 www.wiwo.de/erfolg/gruender/
    startup-der-woche-socken-mit-
    knopf/9009476.html

41 www.rhein-neckar-loewen.de/news/
    loewen-news/detail/4159

42 Film von 2007, Regisseur Winfried
    Oelsner

43 https://de.wikipedia.org/wiki/
    Oliver_Roggisch

44 Quelle Handballwoche, Nummer 31,
    2017, S. 19

45 www.tagesspiegel.de/sport/die-schnelle-
    mitte/356822.html

46 www.handball-world.news/o.red.r/
    news-1-1-1-20829.html

47 https://de.wikipedia.org/wiki/
    Mariusz_Jurasik

48 www.handball-world.news/o.red.r/
    news-1-1-1-20302.html

49 Handballwoche Nr. 26 vom 27. Juni 2017

50 www.tbv-lemgo.de/news/zwei-neue-fuer-
    den-tbv/

51 https://de.wikipedia.org/wiki/Hand-
    ball-Weltmeisterschaft_der_M%C3%A4n-
    ner_2007#Platzierungsspiele_5.
    E2.80.938_.28Hamburg.2C_K.C3.B6ln.29

52 https://de.wikipedia.org/wiki/Hand-
    ball-Weltmeisterschaft_der_M%C3%
    A4nner_2009

53 https://de.wikipedia.org/wiki/Hand-
    ball-Europameisterschaft_2010

54 https://de.wikipedia.org/wiki/Hand-
    ball-Europameisterschaft_2012

55 https://de.wikipedia.org/wiki/Olympi-
    sche_Sommerspiele_2012/Handball

56 https://de.wikipedia.org/wiki/Hand-
    ball-Weltmeisterschaft_der_M%C3%
    A4nner_2013

57 https://de.wikipedia.org/wiki/Hand-
    ball-Europameisterschaft_2014

58 https://de.wikipedia.org/wiki/Hand-
    ball-Europameisterschaft_2016

59 https://de.wikipedia.org/wiki/Olympi-
    sche_Sommerspiele_2016/Handball

60 www.faz.net/aktuell/sport/mehr-sport/
    jesper-nielsen-ein-daene-fuer-alle-
    faelle-1782142-p2.html

61 www.handball-world.news/o.red.r/
    news-1-1-20-40030.html

62 www.welt.de/sport/handball/article
    106410281/Der-THW-Kiel-feiert-einen-
    Rekord-fuer-die-Ewigkeit.html

63 www.morgenweb.de/mannheimer-morgen_
    artikel,-rhein-neckar-loewen-nur-der-
    abschluss-geht-daneben-_arid,972794.html

64 www.kicker.de/news/handball/bundesliga/
    bundesliga-hb/2012-13/0/0/spieltag.html

65 www.kicker.de/news/handball/bundesliga/
    bundesliga-hb/2015-16/0/0/spieltag.html

66 www.kicker.de/news/handball/bundesliga/
    bundesliga-hb/2015-16/rhein-neckar-
    loewen/vereinstermine.html

67 www.rhein-neckar-loewen.de/news/
    loewen-news/detail/1015

68 www.eurosport.de/handball/champions-
    league/2015-2016/champions-league-
    ks-kielce-schlagt-mvm-veszprem-im-7-
    meter-krimi_sto5627177/story.shtml

69 www.sport1.de/handball/wm/2017/01/
    handball-wm-2017-slowenien-besiegt-
    kroatien-im-kleinen-finale

70 www.fussballdaten.de/championsleague/
2005/endrunde/finale/acmailand-liverpool/

71 www.eishockeypedia.de/ehm/Adler_
Mannheim

72 www.dkb-handball-bundesliga.de/de/
dkb-hbl/statistiken/saisonen/statistiken/
saison-16-17/saisonstatistik/zuschauer/

73 www.rhein-neckar-loewen.de/team/
zugaenge-abgaenge/

74 www.rhein-neckar-loewen.de/team/
zugaenge-abgaenge/

75 www.rhein-neckar-loewen.de/team/
zugaenge-abgaenge/

76 www.handball-world.news/o.red.r/
news-1-1-1-39443.html

77 www.rhein-neckar-loewen.de/ueber-uns/
historie/saison-2009-2010/

78 Ab der Spielzeit 2017/18 treten nun auch
die Jugendmannschaften als Rhein-Neckar
Löwen an, die zuvor noch als SG Kronau/
Östringen aufliefen

79 www.die-jungloewen.de/verein/
unsere-story/

80 www.fuechse.berlin/o.red.r/
news.php?id=4690

81 www.die-jungloewen.de/verein/
die-stammvereine/

82 www.sport1.de/handball/dkb-handball-
bundesliga/2017/03/dkb-hbl-loewen-
trainer-nikolaj-jacobsen-uebernimmt-
daenemark-sofort

83 https://de.wikipedia.org/wiki/
D%C3%A4nische_M%C3%A4nner-
Handballnationalmannschaft

84 www.sport1.de/handball/dkb-handball-
bundesliga/2017/03/dkb-hbl-loewen-
trainer-nikolaj-jacobsen-uebernimmt-
daenemark-sofort

85 Rheinpfalz, 24. Dezember 2016, Seite 9

86 www.morgenweb.de/mannheimer-
morgen_artikel,-rhein-neckar-loewen-
eine-umstrittene-Ueberraschung-_
arid,848853.html

87 www.sportschau.de/weitere/handball/
managerin-rhein-neckar-loewen-100.html

88 Rheinpfalz, 24. Dezember 2016, Seite 9

89 www.rhein-neckar-loewen.de/ueber-uns/
historie/saison-2009-2010/

90 www.rhein-neckar-loewen.de/ueber-uns/
historie/saison-2008-2009/

91 https://www.berliner-zeitung.de/die-hand-
baller-des-thw-kiel-feiern-ihr-37-23-im-
halbfinale-der-champions-league-gegen-
die-rhein-neckar-loewen---und-koennen-
die-manipulationsaffaere-trotzdem-nicht-
vergessen-hein-daddel-boxt-den-schieds-
richter-15657286

92 www.rhein-neckar-loewen.de/ueber-uns/
historie/saison-2011-2012/

93 www.kicker.de/news/handball/bundesliga/
bundesliga-hb/2015-16/0/0/spieltag.html

94 www.kicker.de/news/handball/bundesliga/
bundesliga-hb/2016-17/0/0/spieltag.html

95 www.kicker.de/news/handball/bundesliga/
bundesliga-hb/2013-14/0/0/spieltag.html

96 www.rhein-neckar-loewen.de/ueber-uns/
historie/saison-2003-2004/

97 www.rhein-neckar-loewen.de/ueber-uns/
historie/saison-2003-2004/

98 www.tsv-oestringen.de/index.php?op-
tion=com_content&view=article&id=8

99 https://de.wikipedia.org/wiki/Rhein-
Neckar_L%C3%B6wen

100 www.eishockeypedia.de/ehm/Adler_
Mannheim#Zuschauerschnitt

101 www.dkb-handball-bundesliga.de/
de/dkb-hbl/statistiken/saisonen/sta-
tistiken/saison-16-17/saisonstatistik/
zuschauer/

102 www.hessenschau.de/sport/handball/
handball-altmeister-wallaumassen-
heim-zieht-mannschaft-zurueck,wal-
lau-massenheim-absturz-100.html

103 https://dhb.de/der-dhb/verband/statistik/
deutsche-meisterschaften/deutsche-
meisterschaft-maenner.html

104 www.ndr.de/sport/handball/Handball-
DHB-Pokal-Sieger,finalfour14.html

105 www.morgenweb.de/mannheimer-
morgen_artikel,-hirschberg-sgl-erfuellt-

sich-in-den-sechzigern-einen-traum-_
arid,1004010.html

106 https://de.wikipedia.org/wiki/SG_Leuters-
hausen

107 http://tsghandball.eu/1975-76

108 https://www.sportbund-pfalz.de/veranstal-
tungsanzeige-439/events/deutscher-feld-
handball-meister-tsg-ha%C3%9
Floch-im-sportmuseum.html

109 http://www.bundesligainfo.de/Archiv/
HBL/Vereine/Hochdorf.php

110 https://de.wikipedia.org/wiki/Deutsche_
Handballmeister

111 www.badboys-handball.com/nationen/
deutschland

112 www.spiegel.de/sport/sonst/handball-
em-2016-spielplan-gruppen-und-
ergebnisse-a-1072082.html

113 www.faz.net/aktuell/sport/handball-
em/deutschland-holt-handball-em-
titel-2016-14044183.html

114 https://fcbayern.com/de/club/erfolge/
alle-titel

115 https://dhb.de/der-dhb/verband/statistik/
deutsche-meisterschaften/deutsche-meis-
terschaft-maenner.html

116 https://de.wikipedia.org/wiki/Deutscher_
Meister_(Basketball)

117 https://de.wikipedia.org/wiki/Deutscher_
Meister_(Eishockey)

118 http://sportal.spiegel.de/handball/olympia/
daenemark/frankreich/2016-08-21.html

119 www.kicker.de/news/handball/bundesliga/
bundesliga-hb/2006-07/0/0/spieltag.html

120 www.20min.ch/sport/weitere/
story/29915501

121 Rheinpfalz am Sonntag, 12. Februar 2017,
Seite 11

122 Mannheimer Morgen, 15. Februar 2017

123 Rheinpfalz, 27. Juli 2010, Seite 8

124 www.morgenweb.de/mannheimer-
morgen_artikel,-rhein-neckar-loewen-
ein-wunder-namens-karol-bielecki-_
arid,824837.html

125 www.spiegel.de/sport/sonst/handballer-
bjarte-myrhol-im-interview-ueber-seine-
krebserkrankung-a-826069.html

126 www.welt.de/sport/handball/
article13739653/Bjarte-Myrhol-wieder-
am-Ball-und-zurueck-im-Leben.html

127 www.kicker.de/news/handball/bundesliga/
bundesliga-hb/2012-13/rhein-neckar-
loewen/vereinstermine.html

128 www.handball.ch/de/handball_schweiz/
60_media/news-archiv.htm?page=208&sor
t=titel&sortdir=up&detailid=13634

111 GRÜNDE, BASKETBALL ZU LIEBEN

DAS RUNDE MUSS INS RUNDE – EINE LIEBESERKLÄRUNG AN DEN SPORT DER
LANGEN KERLE UND LADYS, DER SLAM DUNKS UND REBOUNDS

111 GRÜNDE, BASKETBALL ZU LIEBEN
EINE LIEBESERKLÄRUNG AN DEN SCHÖNSTEN SPORT DER WELT
Von Claus Melchior
392 Seiten, Taschenbuch
ISBN 978-3-86265-407-9 | Preis 9,95 €

111 GRÜNDE, BASKETBALL ZU LIEBEN bietet einen Streifzug durch die Geschichte und die Gegenwart des Basketballs in all seinen Facetten: von seiner Erfindung bis zu aktuellen Meisterschaften, von der NBA bis zum Rollstuhlbasketball, von Magic Johnson, Michael Jordan und LeBron James bis zu alten und jungen Stars des deutschen Basketballs, von den Meistermannschaften der NBA bis zu bedeutenden deutschen Teams.

Autor Claus Melchior ruft große Turniere ebenso in Erinnerung wie wichtige Spiele. Die Spanne reicht vom spannenden und kontroversen Finale der Olympischen Spiele 1972 über den deutschen Sieg bei der Europameisterschaft 1993 bis zu Dirk Nowitzkis Weg zum NBA-Meistertitel. Auch der Frauenbasketball hat seinen Platz. Aufgelockert wird das Ganze durch Anekdoten aus der weiten Welt des Basketballs.

111 GRÜNDE, EISHOCKEY ZU LIEBEN

RASTLOS, DYNAMISCH, KÖRPERBETONT: SO IST DER SCHNELLSTE MANNSCHAFTSSPORT DER WELT, SO IST WIRKLICH NUR EISHOCKEY

111 GRÜNDE, EISHOCKEY ZU LIEBEN
MIT EINEM VORWORT VON UWE KRUPP
Von Marcel Stein
240 Seiten, Taschenbuch
ISBN 978-3-86265-514-4 | Preis 9,99 €

Eishockey hat viele Facetten, es ist ein Sport, zu dessen Grundelementen die Härte gehört und der diese vereint mit atemberaubender Technik sowie nie nachlassendem Tempo.

Dieses Buch erzählt davon in vielen Geschichten, es berichtet von Helden, von besonderen Momenten, von großen Spielen und großen Gesten, von Eigenarten. Es blickt auch zurück in die Historie des schnellsten Mannschaftssports der Welt, schildert eigene Erfahrungen, die der Autor in Deutschland, Europa und Nordamerika gesammelt hat.

111 GRÜNDE, EISHOCKEY ZU LIEBEN vermittelt einen umfassenden, teils sehr persönlichen Einblick in einen besonderen Sport, der über Zahlen und Ergebnisse hinausreicht, in einen Sport, der in manchen Ländern sogar an erster Stelle steht.

WWW.SCHWARZKOPF-SCHWARZKOPF.DE

111 GRÜNDE, HANDBALL ZU LIEBEN

EINE LIEBESERKLÄRUNG AN DIE FASZINIERENDSTE SPORTART DER WELT,
DIE IN DEUTSCHLAND SCHON LANGE KEIN GEHEIMTIPP MEHR IST

111 GRÜNDE, HANDBALL ZU LIEBEN
EINE LIEBESERKLÄRUNG AN DIE GROSSARTIGSTE SPORTART DER WELT
Aktualisierte und erweiterte Neuausgabe
Mit einem Vorwort von Ex-Bundestrainer Dagur Sigurðsson
Von Julia Nikoleit
256 Seiten, Taschenbuch
ISBN 978-3-942665-72-8 | Preis 12,99 €

Schnell, torreich, attraktiv: Handball ist ein begeisternder Sport. Wer einmal die mitreißende Atmosphäre erlebt hat, die landauf, landab in den Hallen herrscht, wird nicht wieder darauf verzichten wollen.

In den vergangenen 100 Jahren hat der Handball viele Geschichten geschrieben – dieses Buch bündelt 111 davon. Es vereint Weltmeister und Olympiasieger mit dem Handballalltag von nebenan, umfasst unterhaltsame Anekdoten, berührende Schicksale und Rückblicke in die spannende Geschichte.

Deutschland ist das Mutterland des Handballs, es ist seine Heimat. Nicht nur deshalb gibt es viel mehr als 111 Gründe, Handball zu lieben – doch 111 sind zumindest ein Anfang. Ein Anfang, der einen tiefen Einblick in die faszinierende Welt des Handballs gewährt.

111 GRÜNDE, TENNIS ZU LIEBEN

EINE LIEBESERKLÄRUNG AN DEN GROSSARTIGSTEN SPORT DER WELT
VON DER MAGIE DER FLIEGENDEN BÄLLE UND DER POESIE IN BEWEGUNG

111 GRÜNDE, TENNIS ZU LIEBEN
EINE LIEBESERKLÄRUNG AN DEN GROSSARTIGSTEN SPORT DER WELT
Von Florian Goosmann
304 Seiten, Taschenbuch
ISBN 978-3-86265-456-7 | Preis 9,99 €

Tennis boomt wie nie zuvor – weltweit. Die entspannten Australian Open, die gedrängten French Open, das traditionelle Wimbledon, die lauten US Open: Wer einmal dort war, will immer wieder zurück, um Federer, Nadal und Co. live zu erleben.

Florian Goosmann geht es genauso. Und er fragt sich zeit seines Lebens, wie es möglich ist, dass einen das unbeschreiblich klare Geräusch eines sauber getroffenen Tennisballs so glücklich machen kann ... In 111 GRÜNDE, TENNIS ZU LIEBEN erzählt er Episoden rund um die glamourös-verrückte Profiszene sowie die weniger glamouröse, aber ebenso verrückte Welt des Vereinsspielers. Hintergrundgeschichten, Insider-Infos, Tipps für Spieler und Trainer, Reflexionen und Anregungen: In diesem Buch geht es um all das, was auf einem Tennisplatz so passiert.

THORSTEN EISENHOFER, geboren 1984, im Raum
Frankfurt aufgewachsen, mittlerweile in der Kurpfalz
zu Hause. Das bietet sich schon deshalb an, weil dort
mittlerweile erfolgreich(er) Handball gespielt wird.
Eisenhofer arbeitet als freier Journalist in der Mannheimer Gegend und in der angrenzenden Pfalz. »111
Gründe, die Rhein-Neckar Löwen zu lieben« ist sein
erstes Buch.

Thorsten Eisenhofer
111 GRÜNDE, DIE RHEIN-NECKAR LÖWEN ZU LIEBEN
Eine Liebeserklärung an den großartigsten Handballverein der Welt

ISBN 978-3-942665-62-9
© Schwarzkopf & Schwarzkopf Media GmbH, Berlin 2018
Vermittelt durch die Literaturagentur Brinkmann, München | Alle Rechte
vorbehalten. Dieses Werk ist urheberrechtlich geschützt. Jede Verwen-
dung, die über den Rahmen des Zitatrechtes bei korrekter und vollstän-
diger Quellenangabe hinausgeht, ist honorarpflichtig und bedarf der
schriftlichen Genehmigung des Verlages. Illustrationen im Innenteil:
© ranker666/depositphotos.de

VERLAG
Schwarzkopf & Schwarzkopf Media GmbH
Kastanienallee 32, 10435 Berlin
Telefon: 030 – 44 33 63 00
Fax: 030 – 44 33 63 044

INTERNET | E-MAIL
www.schwarzkopf-schwarzkopf.de
www.facebook.com/schwarzkopfverlag
info@schwarzkopf-schwarzkopf.de